U0933461

珍藏本
纪念版

汉译世界学术名著丛书

企业论

〔美〕凡勃伦 著

蔡受百 译

2017年·北京

Thorstein Veblen

THE THEORY OF BUSINESS ENTERPRISE

Charles Scribner's Sons

New York, 1904

汉译世界学术名著丛书
（120 年纪念版·珍藏本）
出 版 说 明

2017 年 2 月 11 日，商务印书馆迎来 120 岁的生日。120 年前，商务印书馆前贤怀揣文化救国的理想，抱持“昌明教育，开启民智”的使命，立足本土，放眼寰宇，以出版为津梁，沟通中西，为中国、为世界提供最富智慧的思想文化成果。无论世事白云苍狗，潮流左右激荡，甚至战火硝烟弥漫，始终践行学术报国之志，无改初心。

逐译世界各国学术名著，即其一端。早在 20 世纪初年便出版《原富》《天演论》等影响至今的代表性著作，1950 年代后更致力于外国哲学和社会科学经典的译介，及至 1980 年代，辑为“汉译世界学术名著丛书”，汇涓为流，蔚为大观。丛书自 1981 年开始出版，历时三十余年，迄今已推出七百种，是我国现代出版史上规模最大、最为重要的学术翻译工程。

丛书所选之书，立场观点不囿于一派，学科领域不限于一门，皆为文明开启以来，各时代、各国家、各民族的思想与文化精粹，代表着人类已经到达过的精神境界。丛书系统译介世界学术经典，引领时代思想，为本土原创学术的发展提供丰富的文化滋养，为推动中国现代学术和现代化进程做出了突出的贡献。

为纪念商务印书馆成立120周年，我们整体推出“汉译世界学术名著丛书”120年纪念版的珍藏本，寄望既利于文化积累，又便于研读查考，同时向长期支持丛书出版的译者、编者和读者致以敬意。

两甲子后的今天，商务印书馆又站在了一个新的历史时间节点上。我们不仅要铭记先辈的身影和足迹，更须让我们的步伐充满新的时代精神。这是商务人代代相传的事业，更是与国家和民族的命运始终紧密相连的事业。我们责无旁贷，必须做好我们这代人的传承与创造，让我们的努力和成果不仅凝聚成民族文化的记忆，还能成为后来人可以接续的事业。唯此，才能不负前贤，无愧来者。

商务印书馆编辑部

2017年10月

目　录

原　　序

本书对于企业的本质、目的、功用以及进一步动向的探讨，就它的出发点而言，与其他对于同样一般事实的研究有所不同。如果有任何不习见的结论，只是由于观点上的这种采择，而不是由于事实、理论条例或所使用的论证方法有什么特殊之处。观点是从企业家的事业——那些决定着当前企业经营的目的、动机和方法——产生的。一个观点的这种采择，它本身就是从当前的经济情况产生的，这个情况在根本上也就是一个企业情况。

对于企业和企业原理的许多支派和论断，要作格外广泛、详尽的探讨应当是办得到的，并且将得出有兴趣的结果。对于现代经济学说的主要部分，在不止一点上，也许可以由此引起某些修正（革新）。但在进行时，对于这个现代动力，除了它的直接经济关系以外，如果能深入钻研它及于文化发展的方面，则显然将证明更加特别有意味。不过企业的这种文化的方面，实在是属于社会学家而不是属于专门经济学家的范围；因此这次的研究，在本书最后几章里，关于这一题材不是短少了，而是违反了常规，超越了经济讨论的合法界限。为使减轻这一罪愆，应当指出，在那几章里所叙及的一般文化特征与经济情况本身是那样地密切，实在不容许把它们完全置之不顾。

列入本书的各章内第五章关于信用贷款，曾作为一篇专论，载芝加哥大学《十周年纪念刊》第四卷，转录时内容没有作多大变动。

第一章　引言

现代文明的物质基础是工业体系，而使它活跃起来的主导力量是企业。现代基督教国家面貌的形成，主要是由于它的经济组织，而不是由于其他任何已知的文化形态。这个现代经济组织就是所谓"资本主义体系"或"现代工业体系"。它的特征，同时也就是凭以支配现代文化的力量，是机械操作和目的在于获取利润的投资。

现代工业的规模和方法是机器所造成的。就一切工业而言，或者就那以产额的大小或劳动力消耗的总量来衡量的大部分工业而言，这一点好像并不确切。但是这一点实际上竟确切到这样程度，具有这样的普遍性，以致一个现代工业社会，除非依靠了已被接受的机械装备和机械操作的帮助，否则就不能进行。机器工业——就是在工业体系中以机械操作为主的那些部分——居于主导地位；工业体系中的其余部分唯它的马首是瞻。在这一意义下，今天是机械操作的时代。机械操作在工业中的这种主导性，使现在的工业情况与同类其他的一切情况截然划分。

在相类意义下，今天也是企业的时代。并不是一切工业活动都是在为利润而投资的规律下进行的，但工业力量的绝大部分却构成在这个基础上。有许多产业活动，量值很大，也很重要，但并不属于这些企业原则的直接范围之内。例如家庭妇女的工作、农业工作中的相当部分和有些手工业，就很难把它们列为企业。但是在工业领域中带头的、对工业事项起着远大的、强制性指导作用的那些人，他们的活动，其目的却是在于投资利润，是处于企业的原则和要求的指导之下的。企业家，特别是具有广泛自决权的企业家，已成为工业中的控制力量，这是因为通过投资和市场机构，他控制了工厂和操作，决定着其余分子的步调和动向。对于不直接在他掌握范围内的那些部分，他的控制无疑是有些松懈、有些不坚定的；但归根结底、即使对范围内那些边远部分，他的专断也是大都具有决定性的，因为他是唯一巨大的、自主的经济因素。他对别人行动的控制并不严格，因为除非通过对于在他们生活攸关的紧急情势下行使压力外，一般是不受他的压迫的；但是就现代任何人类权力的限度而言，大企业家是控制着社会赖以生存的命脉的。因此，文明人类的长远利益是集中在大企业家和他的财富上面的。

由此可见，对文明生活在当前以及在最近将来的进程要作理论上的探讨，没有一个在文化局势中的单独因素，其重要意义是可以跟企业家及其事业这一因素相比拟的①。

这里当然要特别着重于现代社会经济生活的探讨。理论者的目的既在于特别是对现代经济现象的解释，他的研究路线就必然

① “凡是一个客观的观察者就不得不认识到，在商业（在这里其意义相等于‘企业’）现象中含有一种有决定性的、普遍性的意识内容，造成了最有力的历史事实之一，任何时代不能不容许这一事实。……商业在一贯的、不可遏止的发展中，使之成为一项居于领导地位的工作。别的经济部门不可能阻止商业的发展，也不可能迫使它居于‘辅助’的地位。”——来印候特（K. Th. Reinhold）《工业与工具》第 9、10 页。

要循着企业家的观点，因为指引着这些现象的进程的正是这个观点。现代经济情况的理论，必然根本就是一个企业经营及其动机、目的、方法和效果的理论。

第二章　机械操作

“机械操作”，从它在现代生活和现代企业的意义上来看，它的涵义不只是为人类劳动作中介的一个机械装备的综合，应该比这个更广泛些，并且也不是这样肤浅。它的涵义是这样，但不止是这样。土木工程师、机械工程师、航海家、矿山技师、工业化学家、矿物学家、电机师——所有这些人的工作，以及发明家对操作装备的设计和机械师的把种种发明付诸实施并监督进行，都在现代机械操作的领域之内。操作的范围大于机器[①]。有些工业部门，使用了机械方法以后，有许多动作不属于机械装备，只是由于已牵入了操作，就成了操作中不可缺少的因素。例如在冶金操作的进行中，矿物的化学性能同处理矿质时那些机械装备的动作，是认为具有同样的确定性、同样可计算的效果的。在操作程序中牵涉到装备，也牵涉到材料，牵涉到这一方，也牵涉到那一方，两者是这样密切地交织在一起，因此不能把操作简单地说成只是一种装备对材料的动作。事情不只是装备改造了材料，而是材料借助于装备改造了自己。在其他操作中，如石油、油类和糖的提炼，如工业化学实验室的工作，如风力、水力或

① 参阅库克·泰勒(Cooke Tayler)《现代工厂制度》第74—77页。

电力的使用，情形也是这样。

凡是原来凭手工技巧、经验成法或季节时机的，一旦被以使用各项效力的系统知识为基础的合理程序所代替，这时即使没有复杂的机械设计，机器工业已脱颖而出。问题在于操作的性格，不在于所采用的设计的是否复杂。化学、农产和畜牧工业，用特有的现代方式经营并与市场有适当接触时，就得包括在机器工业的现代集合体之内①。

机械操作在使用一定的装备下进行时，没有一种操作是同在别处进行的其他操作相独立的。每一种操作总是在牵引着、承接着同样属于机械性的许多别的操作的正常进行。在机械工业操作中，没有一种是自给自足的。在一个无尽的连续中，每一种操作总是别的一些的后继者或先行者，每一个必须与这个连续关系相配合，必须使它自身工作能够适应这种要求。工业动作的整个一致，应该看作是由许多相互结合的具体操作构成的一个整体的机械操作，而不是一大堆只是各自管各自工作的机械装备。这个范围广大的工业操作，把涉及自然科学一切部门的知识吸收进行加以利

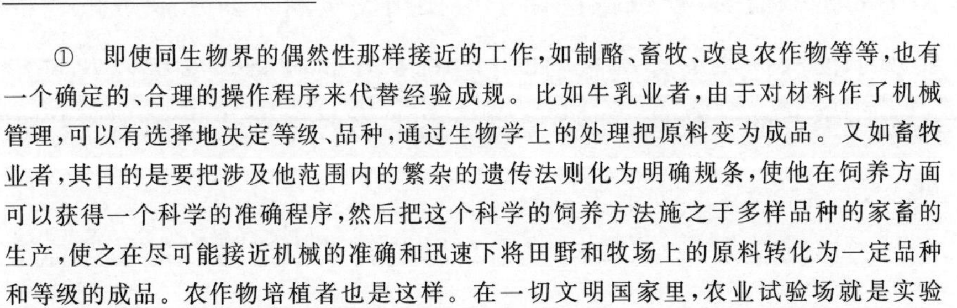

① 即使同生物界的偶然性那样接近的工作，如制酪、畜牧、改良农作物等等，也有一个确定的、合理的操作程序来代替经验成规。比如牛乳业者，由于对材料作了机械管理，可以有选择地决定等级、品种，通过生物学上的处理把原料变为成品。又如畜牧业者，其目的是要把涉及他范围内的繁杂的遗传法则化为明确规条，使他在饲养方面可以获得一个科学的准确程序，然后把这个科学的饲养方法施之于多样品种的家畜的生产，使之在尽可能接近机械的准确和迅速下将田野和牧场上的原料转化为一定品种和等级的成品。农作物培植者也是这样。在一切文明国家里，农业试验场就是实验室，其所努力的是要对生物因素作有效的科学管理，目的在于从农业生产程序中将那些偶然性的、不适用的、无益的因素去掉，使之转变为一个可以计算的、高速度的、无损耗的操作程序。

用,这就整个地构成了一个大体上密切平衡的许多分支操作的集合体[①]。

从这个角度来看,工业操作显示着两个显著的普遍性特征:(1)在各个分支操作或工业部门之间经常保持着间隙调整,在工业经营的持续中工作时处处相互接触;(2)关于量的准确的无间断的需要——在时间和序次方面,在对于影响成果的各种势力的适当取舍方面,在处理材料以及使用装备中种种物理特征(重量、体积、密度、硬度、张力、弹性、温度、化学反应、辐射线感受等等)的量的方面,都要求准确。由于这种对机械性准确以及对指定用途相密切配合的要求,就引起了逐渐的普遍厉行均一化,将所处理的材料归纳到主要等次和主要形质,使工具和量度单位彻底标准化。标准的物理量度是机器制度的精粹[②]。

现代工业社会对于正式采用的度量衡,显示了空前一致和精确均等。这类情况有的是出于商业需要,即使没有机器工业对于均一化的迫切要求也是会发生的。但是在工业范围内,标准化要求超过了商业需要的迫切,渗入了机器工业的每个角落。工业操作中的机械需要,使机械操作中所使用的资料以及所制成的产品实现了彻头彻尾的标准化;而专门商业方面对商品度量以及货币单位所需要的一致性,却没有使这些事物的标准化贯彻到这样程度。

当然的结果是,所使用的工具以及各种构造材料都是按标准

① 参阅桑巴特(Sombort)《现代资本主义》第 2 卷第 3 章。

② 参阅《第十二次国势调查》(美国):《制造业》第 1 部分,第 36 页。

的体积、形式和尺度做成的。当以几分之几寸或毫米计的面积、或以几分之几磅或克计的重量已经肯定时，熟练的工头或工人就可以有把握地、不假思索地推知他所需要知道的其余部分，就可以推知对于所经手的任何项目要用到的其余部分。关于部分对部分、操作对操作的调整和适应，已不再属于技巧熟练的范畴，而是属于机械标准化的范畴。或者这就是通过现代方法在生产速度和效率方面最大的、影响最深远的收获，因此也就是现代工业中最大的劳力节约。

工具、机械装置和机械运转以及结构材料，都按照着某种约定的等级和尺度；凡不符合标准的，对现代工业就没有什么用处，或者是很难加以利用。凡是未经充分标准化的，就会过多地需要技巧熟练、个别考虑和策划，因此在操作中就不能经济地使用。任何可衡量的事物的不合规格、脱离标准尺度，要在工业操作任何一个环节中获得使用，其本身就是一个错误，因为它造成了迟滞，对于拟投入的那个安排好了的操作削弱了它的现有效用；而在任何一点上的迟滞，就意味着在整个广大的工业操作中一个极大的、无可容忍的障碍。供作工业使用的产品如果不合规格，对于这个不守范围的生产者是有不利后果的，因此迫使他就范，使他不得不服从所需要的标准。

工业的材料和动力，也同样地在归纳到主要的种类、格式、等级和尺度[①]。即使是这样的动力——如水力、蒸气、电力和人类劳

① 例如木材、煤、钢、纸、羊毛、棉花、谷类、皮革、食用家畜——所有这些，还有许多别的，在接洽、递送、销售时，关于它们的质量、体积、重量、效力都以界限明确的主要等次为准，这种情况越来越显著。

动力——乍看起来，不论在它们的生产或使用方面好像并不适于标准化，但也使它们纳入了均一的量度。人力也许是最难服从标准化的，可是虽然如此，在议价、分配和利用时，在时间、速度和强度方面也指着一定的准则，而且还在不断努力，使之适合于更加精确的量度、更加彻底的均一化。

制成品的情况也是这样。对现代消费者供应他们的需要时，所供应的大部分商品在体积、重量和等级方面是与某些主要种别相一致的。消费者（那就是说一般的消费者）是用着标准重量和尺度的供应品来装备他的住宅、他的餐台以及他本人的，在若干程度上他可以按标准度量、用符号来具体说明他的需要或消耗。至于文明人类的大部分，其各个消费者的个人嗜好，必须依从工业的广大机械操作强加之于消费品的均一等级。所谓“地方色彩”，据说在现代生活中已不复存在，即使仍然有的话，也只是在标准度量的单位中保留着。

由于消费品这样的机械标准化，在生产中所处理的某些材料有着确定的等级，属于一定的、大致不变的形态和大小，结果使商品的需要固定在生产的某种规定范围；因此使生产操作导向界限明确的方法和量度，缩短了产品从最初原始形态到成品形态之间“成熟”的平均时期，减低了为适应经常需要、不论属于原料或成品形态的物品综合储存量[①]。标准化，在商品供应程序的几乎一切的方面，就是意味着节约，同时为适应日常需要的商业活动，几乎

① 小麦和面粉在这方面的情况最明显；但是关于生产者、包工者、零售者和消费者对其他商品的储存，情况也是这样。

在一切的方面，都意味着明确和迅速。还有，商品的标准化，使各个工业操作的相互依存，比机械标准化还没有达到像现在这样细密和严格的程度以前，归纳到更加明确的关系。在时间、地点、形态和数量上可容许的偏差限度缩小了。为了适应标准化工业的需要，材料必须按确定的供给率、从一定的标准来源取得。因此，任何一个具体工业获致它的供应时，总是要紧紧依靠着在经营操作中位次在先的、某些比较少数的工业组织。同样地，它自己的专业化和标准化产品，它的出路也可能要依靠着某些别的、严格限定的工业组织[①]。它也可能在严格的状态下依靠着特种的运输工具[②]。

机械生产使劳务和商品同样地走向标准化。比如现代交通工具以及这类工具所由组成的制度，也是一种机械操作性质，一切文明人类的生活多少要密切地牵涉到这种劳务的机械操作。为了对现代交通制度下每一种或一切的设备（街道、铁路、航线、电话、电报、邮政等等）作有效使用，人们必须使他们需求和动作与这个交通的文明方法所由实行的操作要求相适应。劳务已经标准化了，因此对于它的使用也必须标准化。时间、地点和情况的表格支配着一切。这个交通的制度说明，人们的计划、企图必须依照这个制度所用的标准单位来订立、来实现，如果对这个制度要加以充分利用，则安排日常生活计划时，对于在这个范围内为人类需要服务的操作要求必须予以严格注意。

对城市居民来说，关于消费品的分配，情形至少也是这样。就

① 钢铁生产中各个部门的相互依存是一个很好的例证。

② 可以看到的，例如油类生产或油类提炼的依靠管道及其管理，草原农民的依靠铁道线等等。

是游戏、消遣、一般人生的乐事的很多部分也构成了一种带几分严格性的操作，要利用它们所提供的便利，则人们的计划、需求及其时间、精力的安排必须同它们相适应。对于参加的个人而言，关于频率、期间、强度、等级和序次，大都不是自由选择的事情。在密切接触现代文化核心的人类生活组织的那个部分，自始至终贯穿着工业操作的势力，从而迫使在一定程度上符合准确量度的标准。于是在日常生活的细节中，渐渐流行着一定程度的标准化和精确的机械调整，使为这些标准化人类需要服务的所有那些操作，得以顺利地、无间断地进行。

由于生活的这样高度机械规律化的结果，任何事故，在任何一点上严重影响了工业操作，则个人生活就会在很大范围内受到情况几乎一致的影响①。

如前所述，每个工业单位，由一定的工业的“厂”体现着，是跟在他处(相近的或很远的)进行的别的工业操作保持着密切相互依存关系的，从那里它吸收材料、装备等等的供应，对那里它提供产品和废料的产额，或者关于辅助工作，如运输，还要有所依靠。现代作家已经注意到在工业中终于发生的这种连结关系。这一点大

① 这里可以注意到，一方面，凡是人民对于现代工业完全不习惯的，他们的生活方式就不能与这种供应人类需求的方法相适应。因此由于机器工业强制地插了进来，他们只能从中获得很少利益，可能还会感到很大困苦；比如对于许多边远地区未开化民族，西方文化现在就是在强迫着他们与之相密切接触。另一方面，这也是无可否认的，即使在最训练有素的现代社会，机器工业在那里是最熟悉的，对于这个制度所提供的要求和机会也不能完全胜任愉快地加以适应。对于机械操作的要求，在生活习惯方面、在观念和愿望方面的适应还没有接近完满，未经训练的人也还没有能直觉地俯就范围。即使在工业城市中训练得最成熟的人，纪律性最强的人，也有倔强不服的时候。

都是在分工这一标题下讨论的。显然，工业方法、手段和产品的标准化，大大地扩张了工业的这种连结关系的范围，同时，所产的不论是商品或劳务，在产品的时间、额度和品种方面厉行着密切的均一化[①]。

由于各项操作之间的这种连结关系，现代工业体系含有一种广泛的、平衡的机械操作性质。为了使整个工业操作得以有效地进行，各种不同分支操作的组成分子必须在全面彻底的适当协调下工作。在整个工业操作的间隙调整中，任何程度的处置失当，就会在若干程度上妨碍工作的进行。同样情况，任何一个具体操作或任何一个工厂，只有在它的工作与其余方面所做的工作之间取得适当调节，才能充分有利地做好工作。某一个工业社会达到的发展程度越高，则对于间隙调整的这种需要就越广泛、越迫切。某一个工业所具有的机械操作特征越充分，它的工作与其前导或后继的别的工业的依存关系越密切，则其他情况不变时，它与这些别的工业维持正常工作关系的需要就越迫切，这种惯常的工作关系如发生任何障碍时所受到的工业损害也越大，如果发生了变动，在重新调整时，从更加密切的适应和更加熟练的整理方法中，也可以获得更大的工业利益——而工业中在某一点上发生有实际影响的变动的机会也越大。工业操作的这种机械的连结关系促进了有关工业的团体在经营时的团结一致，也比较微弱地促进了社会中整

① 一种操作对于别种操作劳动的依靠有时是非常紧密的，比如钢铁业，包括矿砂及其他原料的提炼、加工等工作的，就是一个例子。在别的情况下，也有相互关系不怎样密切，甚至很薄弱的，比如报纸业通过木浆业的中介与伐木业所保持的关系就是这样，按木浆是现代报纸业的主要组成部分。

个工业经营在管理上的团结一致。

由于工业的任何一部门在整个系统的工作中没有完成它的那一份任务，因此在任何一点上发生了变动时，将立刻影响到关联中处于它前或处于它后的邻近或有关部门，然后再由于它们的动乱，传达到系统中的更远部分。变动是很少会限制在最初影响到的一个厂或一种生产业务的，而是多少要散播到其余部分的。在任何一点上的变动，将引起整个工业操作或多或少的动乱。因此，系统中的任何处理失当，所涉及的不只是在复杂的工业结构中一两个成员的削弱，而是比这个更大的浪费。

现在已经很清楚，如果生产机构要在有效的情况下进行工作，从而避免怠惰、浪费和困难，则工业中广大机械操作的保持平衡是一个极重大、迫切的问题。关于各工厂、各操作与一切其他部分的相互关系方面的管理以及对系统中间隙调整的监督，这些工作，大都认为比某一生产操作任何具体工作的进行对社会福利有着更重大的影响。只是从机器工业出现以后，这种间隙调整的工作，在大部分情况下还有对各种工业操作比较直接的监督工作，才感到迫切需要，其需要程度是随着机器工业在范围方面、在巩固程度方面的进展而比例增进的。

若干工业单位之间工作关系的平衡，是通过商业交易来维持或恢复、来调整和一再调整的，各个工业单位的业务也是在同样基础上用同样方法来调节的。任何独立的工业企业跟它的职工之间以及跟别的企业之间所存在的关系，总是可以归纳到金钱上的关系的。就是在这一点上，企业家作为一个决定性因素插进了工业操作。各种工业的组织以及整个工业操作的间隙调整和矛盾，都是属于金钱交易和金钱责任性质的。所以工业经常调整进行时的成和败，在于企业家。工业系统越庞大、连结得越紧密、平衡得越细致、组成单位越大，则在这方面每一个企业行动的影响也越广大、越深远。

第三章　企业

企业的动机是金钱上的利益，它的方法实质上是买和卖，它的目的和通常的结果是财富的积累①。谁要是目的并不在于增加财产，他就不会参加企业，更不会在独立的基础上经营企业。

至于企业的这类动机和方法，在商业企业——贸易和银行业务——本身的经营中怎样实现，除非是就这些企业部门而言在较严格意义下影响到工业的进行时，一般是同这里的研究无关的。此外关于企业日常工作中的细节，不论在商业或工业方面，这里也没有叙述的必要。研究的重点特别是在于现代企业，那就是与上述的机械操作共同发展、以大机器工业为骨干的企业。目的是对这样的企业提出一套足够完整的理论纲要，从而说明企业方法和原则，结合着机器工业，是怎样在影响着现代文化情况的。为了节省篇幅，避免冗沓，关于企业的特征，凡不属概括性的，不是这个现

① 关于对积累财富的努力的真正动机，在《有闲阶级论》第 2 及第 5 章里曾有比较详尽的讨论；关于企业家工作的经济意义，在《工业工作与金钱上的工作》一篇论文(载美国经济协会第十三届年会《会议录》)里曾有所论列。并可参阅马歇尔(Marshall)《经济学原理》(第 3 版)第 1 册第 3 章、第 4 册第 12 章、第 5 册第 4 章、第 7 册第 7 及第 8 章；巴佐特(Bagehot)《经济研究》，特别是其中第 53 页起；瓦克尔(Walker)《工资问题》第 14 章；还有更加应该注意的是桑巴特《现代资本主义》第 1 卷第 1、8、14 及 15 章；马克思《资本论》第 1 册第 4 章；西摩勒耳(Schmoller)《国民经济概论》第 2 章第 7 章。

代文化情况中所特有的，既已为众所周知的，就一概不再论及。

当近代早期、机器工业制度还没有盛行以前，具有相当规模的企业大都采取商业——贸易和银行业务——的形式。当时对广大的机器装备、操作的投资与管理，其情况可以与现代机器工业情况相比拟的唯一大行业是航运业[①]。然而航运业大都是同贸易结合在一起的。但在早期，即使是航运业也带有很大的偶然性，在这一点上跟农业或任何别的工业，它们的成果要受到风力和气候极大的影响，都很相像。那时从事航运业的人们，其命运所寄托，比现在要不稳定得多。现代经营运输和国外贸易的大商行，其冒险事业能否获得成就，主要是依靠敏锐的眼光和日常财务上的策划，而那时的航运业经营者却不是这样。在那时的环境下，企业家的工作主要还是在于如何迎合季节趋向和供求变化的时机，而不是在于如何使事势的趋向有以适应他自己的目标。那时的大企业家与现在相对照，作为一个财务策划者的成分比较少，作为一个投机的买主或卖主的成分却比较多。

自从机器时代到来以后，情势变化了。当然，工业的方式方法不论有了怎样的变化，企业在这一点上并没有发生根本变化；这是因为方式方法，过去和现在都是为所有权这一现实所决定的。但商人是投资于从生产者到消费者之间的商品的，而现在企业家的投资对象却是工业操作；他不再把他的财产打赌在捉摸不定的时

① 关于组织与管理方面的合资经营方式——也就是非个人性质的资本主义方式——可以从近代早期的航运公司组织中找到它们的起源和早期形成，这一点是值得注意的。参阅雷梅因(K. Lehmann)《商法以前公司法的历史发展》。哀伦堡(Ehrenberg)在《孚刻(Fugger)的时代》里也有同样见解，见该书第2卷第325页起。

机和天命上，而是寄托在由各种工业操作相互作用而引起的局势上，这种局势大部分是在企业家控制之下的。

机械操作的情况如果还只是略有发展的、分散的、比较孤立的、在工业上相互独立的，如果还只是为了对比较狭隘的市场的供应、小规模地经营的，那么在管理上就要受到情况的限制，这些情况在许多方面将同英国家庭工业在十八世纪所受到的限制相类似。上一代经济学家对于工业中企业家的地位，就是在机器还在萌芽时代的这种情况下提出他们的理论的。那时多数的情况还是那样，工业装备的负责人也就是所有人，对于机械操作以及他的企业所从事的银钱交易都由他直接监管；那时除了比较不多见的例外，事业成功的首要因素还是在于单纯的生产效力[①]。那种前期资本主义的情况还有一个特征：凡是企业，不论手工业或商业，经营时通常的目的是在于谋生活而不是在于博取投资的利润[②]。

随着机器工业的渐占优势，随着工业操作以及市场在现代连结方面的发展，企业变得越来越多样化，规模更加扩大，同时也更加有利于机敏的操作。这时通过业务联系，企业经营盈亏得失的机会，除了单单是工业效率这一点外，在数字上、在量值上有了非常的扩大，因此企业的财务一面就更加需要一刻不停地留意。在同样情势下，也唤起了一种企业精神，引起了为博取利润的有组织

① 参阅坎提伦（Cantillon）《商业论文》第1部分第3、6、9、14及15章；《国富论》第1册；布丘（Bücher）《国民经济的成长》（第3版）第4及第5章；桑巴特《现代资本主义》第1卷第1册。

② 参阅桑巴特《现代资本主义》第1卷第4至第8章；阿士力（Ashley）《经济历史与理论》第2册第6章，特别是第389—397页。

的投资。由于组织严密、范围广大的现代工业系统的进一步发展，企业家已不再像过去那样全力注意在同他的生活一度密切结合在一起的某个工业操作，对它进行着那种旧式的监督和管理；他现在所集中注意的是：怎样灵活调动他的投资，随时从利润较薄的移转到利润较厚的冒险事业[①]，怎样通过机敏的投资以及同别的企业家的联络对企业局势作战略控制。

如前所述，现代工业体系是一个各种操作的连结，它带有一种单纯的、广泛的、平衡的机械操作的许多特性。这种平衡在任何一点上发生了变动，则对于发生变动的许多分支操作的一个或许多所有人，将带来程度不一的利益（或损害）；同时对操作连结中许多关系比较淡薄的成员，也往往会发生得失的影响，因为平衡在整个关联中是微妙的，一点的变动是常常可以传播得很远的。变动甚至还可以带有一种累积性，因此可以使有些工业部门，同在连结中最初发生变动的那些成员并没有直接接触的，也会受到严重影响，减弱它们的力量或加速它们的进程。例如会有这样的情形：发生工业恐慌时，最初感到的显然只是一个很细微的变动，但可以成为广泛紊乱的诱因。另一方面，当在某一工业中突然发生了有利情况时，也会有这样的情形：比如由于军需品的紧急需要，使某些工业的产品有了巨大的、利益优厚的出路，而这又惊动了整个关联中

① 参阅马歇尔《经济学原理》关于《置换法则》(Law of Substitution)的部分，例如第6册第1章。置换法则含有自由投资的意义，只有当投资者不是与某一工厂或甚至某一种工业永久地结合在一起时，方才是充分应用了这个法则的。当投资关系由这一点移转到别一点时，需要具有高度的便利。因此只有企业情况已接近现代方式时，置换法则在经济理论上才占有重要地位；在中世纪及近代初期的企业情况下，这个法则作为一种企业理论是没有论述必要的。

的它们的近邻，这样辗转传布，就形成了企业活跃的繁荣高潮。

所以，如上面所指出的，工业平衡的保持和若干工业操作在工作上、需求上的调节，在任何现代社会中是一个具有严重、远大后果的问题。所由保持这种平衡的手段既然是商业交易，因此保持的掌握者是企业家。在广大工业系统中成员与成员彼此间变动传播的渠道，是若干成员之间的业务关系。凭着业务关系，通过在系统中散布而形成的所谓萧条或繁荣，其最初的表现只是企业局势的现象。至于所述变动，使有关的机械操作在本质方面或量的方面出现了某些改革时，这种情况只是从属性质的。工业的经营是为了企业，但是不能反过来说，工业的进步与活跃决定于市场的形势，而市场形势就是企业利润产生的机会所在。

所有这些都是当然的事理，说起来好像是徒然令人生厌的[①]。但是由于这一点在企业理论上所发生的后果，必须将企业与工业间在这种关系上的本质牢牢记住。工业的获得调整是出于银钱交易的中介，而这类交易的发生是出于企业家之手，他们所以这样做，并不是为了在比较狭义下的工业目的，而是为了企业目的。

整个工业系统所由构成的各种操作如能顺利地、无间断地相互配合，是最有利于整个社会的经济福利的；但事情的处理掌握在企业家手中，而工业平衡无阻碍的维持，并不一定最有利于企业家。尤其是那些大企业家，他们的利害关系非常广泛，情况就更加是这样。这些人在财务上的活动是大规模的，他们的利益往往并不是同工业系统中某一分支操作的顺利进行永远结合在一起的。

① 参阅桑巴特《现代资本主义》第1卷第8章。

与他们利益有关的，毋宁是在于整个工业系统的较大的局面，间隙的调整，或系统中一些巨大部门的局势。就他们与工业的关系而言，关于加强整个工业系统的顺利进行这一点，也并不是跟他们的利害关系完全一致的。系统中的某一变动，可能使他们获得利益，但这个变动所带来的可能是效率提高，也可能是广泛的困苦艰难。这同一个谷物期货的投机者很相类，他可以是一个价格看涨的多头，也可以是一个看跌的空头。对一个企业家来说，他目的在于从工业系统的间隙调整或变动中获取优厚利润，至于他的动作对于整个系统发生的是直接促进还是妨碍的作用，这对他是无所容心的。目标是金钱上的利益，方法是工业系统中的变动——除非博取利润时所使用的是对某个工业或商业机构作固定投资的旧式方法，而这个情况与目前所讨论的并无关系，对于这一点现在是存而不论的[①]。当前所讨论的是，企业家在这里所叫做工业系统的间隙调整中所扮演的角色；至于在这方面接触到他的交易时，他的行动对系统的影响从全体来看是有利还是有害，在他是漠不关心的。同他的利益（或亏损）有关的是发生变动的量，而不是对于社会福利的关系。

由于工业工作这样通过银钱交易进行支配的结果，使那些事权掌握者的利益同社会的利益分了开来。自从机器工业有了进一步发展，使各种工业操作间有了紧密的、广泛的连结，同时兴起了一批以对系统中的间隙关系作战略经营为职务的财务专家，这就

① 在充分发展的现代企业情况下，永久地死守着某一企业的，主要是企业股份的那些被动性的持有人以及与之相类的人们。至于那些范围较大的、操着自由裁决权的企业家，却不是这样拘束在某一个商行的阵地上的。

使企业家利益与社会利益相背驰的情况明显到了极点。企业家除非别有其战略上的企图，他们一般总是有意于促使系统中发生着巨大而又频繁的变动，因为他们的利益正是在局势变动中涌现的。关于这一论点或者还有加以补充的必要，下面还要提到。

对大事业家来说，在企业使命下，除非他别有企图，由于他的买卖而引起的工业系统中的任何变动，对整个系统不论起的是推动还是阻碍作用，在他是无足重轻的。但是现在的工业巨头大部分是具有战略企图的，其中势力较大的分子，情况就更加是这样。实际上正是由于这种影响远大的企业战略工作，才使他们博得了“工业巨头”的十足称号。这种巨大的企业战略，是大企业家最值得惊叹的特色，他们凭着势力和识见，支配着文明人类的命运。这里所概括谈到的，下面还将作适当补充。巨头们的战略，大都在于对工业系统中某些广大部分获得控制。当这样的控制实现以后，假若他作为一个投资者，对于所控制的部分继续保有很大股份时，则使这个部分继续着有利于顺利、有效地进行工作的企业情况，也许是符合他的利益的；因为，其他情况不变时，在他掌握下的工业机构，它的工业效率越高，工作得越是顺利无阻，则他从中获得的利润越大。

例如在铁路以及“工业的”产业较大交易中的相当部分，就是由经手的企业家在持久保有产业的意图下进行的。但在交易中也有一个很大部分，企业家所企图的只是对产业作暂时的控制，以便提前抛售或获取某种间接利益；那就是说，交易是有着战略意图的。企业家这时的目的是对某项工业设备——比如在战略上有着重要意义的某铁路线或某钢铁厂——获得控制，以便以此为根据，从事于进一步的交易，再从那些交易中猎取所指望的利益。在这样的情况下，他所努力的目标就不是在于如何维持工业设备的恒久效力，而是在于如何影响目前的市况，或别的大户的心理，或投资者一时的信心[①]。因此他对于这个工业设备的关系是完全临时性的，这个关系当它还存在的时候也是虚假性的。

企业有了这样的变动时，在通常情况下，企业家的当前企图总是想在某一点或不止一点上破坏或阻碍工业操作。他的战略往往是倾向于反对别的企业利益，他的意图则往往是借助于某种经济压力的形态来表现的。情形并不一概都是这样，但就上述的一类交易来说，似乎半数以上的情形是这样的。一般地说，凡买卖行为，其目的倘是在于使某些工厂或工业操作联合起来共同处于某个企业家控制之下的话，则所使用的手段往往是如何使这些工厂或工业操作在它们原有的业主或经理各个经营之下难以继续存在[②]。这里往往是敌对的企业家之间的一场斗争，斗争的结果怎样，多数是要看哪一方能够使对方受到或使自己忍受更大的经济

① 参阅迪尔(J. B. Dill)的证词，载《工业委员会报告》第 1 卷，第 1078、1080—1085 页；《证词摘要》第 77 页；还有各证人关于股票投机及集体管理方面的证词，特别是该委员会的专题报告《工业组合与铁路公司证券》，见第 13 卷，特别是其中第 920—933 页。

② 从现代任何一个大工业合并的组成过程中可以看出，为了使对方企业屈服、让步，关于制造出种种困难、种种障碍的那些发明以及组织，是何等巨大的、不可少的一个因素。举一个例子，如美国钢产公司(The United States Steel Corporation)在组成以前那些出奇制胜的策略，特别是卡内基公司(The Carnegie Company)的那些行动说明，这种计划在大规模进行时的情况是怎样的。参阅来德(E. S. Meade)《托拉斯金融》第 204—217 页；《工业委员会报告》第 13 卷所载《证词评论》(第 5—7 页)关于这一论题的申述。这种对于促成一个新的调整措施(合并)时所施的压力，通常叫作“极端竞争”。

损失。可是在这样情况下的经济损失，往往要使有关的工厂受到挫折，使整个工业系统引起或多或少的紊乱。

现代的大企业家，就他们与工业生活组织的关系而言，他们的工作是具有这种战略特征的。他们的措施不外是买卖行为。这对于对方利益并不一定强迫干预，在对方愿意接受这笔“买卖”以前，并不一定要把他逼得“走投无路”。时常见到的是，企业利益相互有关的若干关系者，会在各自认为对己有利的情况下，很爽快地达成友好协议。但事情也往往会这样：某一笔“买卖”从关系者的一方看来是有利的那个时候起一直到最后达成协议时止，在这一段过程中，由于双方或所有有关各方之间在使对方俯就范围，会费尽心机，充满着商场上钩心斗角的手段。在这样一个改变组织的战役中，为了争取形势，为了争取尽可能大的利益，经理其事者的企图往往是要挤垮对方，使对方处于业务亏损、经营腐败、濒于破产的嫌疑中，同时在自己方面则虚张声势，尽力吹嘘，其经营自己事业时的意向只是在于对企业社会的舆论发生一时的影响。当发生了这样的情况时，努力的方向是如何使对方业务暂时陷于混乱，或如何对自己事业的生产力和收益力作一时的，甚至虚伪的炫示，而这类举动对整个工业系统是大都有害的；这样就暂时削弱了它们影响所及的广大工业操作的综合效率，使与这些工业有关的人们，其生活，其情绪，比较没有这样的变动时更加不安定。在战役进行中，流行在市面上的有关这一战役的消息，不论是印发的或口传的，如果有人相信了其中任何的相当部分时，那么要晓得企业家不只是在处理着日常工作的，他是一直在留意着消息流传的反映情况，想从中加以巧妙利用的，这就可能使他发现新的机会，使他的

竞争者处于不利地位。与这种情况特别相合的，如果不是情况中主要的，似乎是那些与铁路事业以及所谓“工业股票”一类证券事业的经营有关的一批企业家。就整个工业操作而论，可以说在现代工业的任何主要部门，像这样的倾轧、混乱是无时不在进行着的。这种长期的混乱状态是与用企业方法管理工业这一事实共同存在的，在现在情况下是无法避免的。一旦机器工业有了大规模发展以后，就自然地、无可避免地使掌握事权的企业家带着矛盾的意味从事于扰乱工业。但这样长期的扰乱，已经这样地习惯成自然，这样地难得间断，因此已成为正常事态，并不引起人们的特别注意。

自从企业家与工业系统的关系引起一般经济学者的严重注意以来，关于企业问题的研究，主要所注意的是在于作为广大工业操作中一个组织者的企业家的工作这一点上。当十九世纪后期，特别引起注意的是大工业合并的形成；认为这一措施使效率提高，生产方面得以节约，这些显明的良好效果是这个改组工作主要的特有的目的。这些优点已经这样明显，在理论上已经在多方面被解释得这样清楚，因此在这些方面这里可以略而不谈。但关于这个问题其间还有一些别的特点，一般理论家比较的少注意，应该予以进一步详细的考察。

在工业合并工作中，关于工业操作走向进一步紧密和扩大组织的措施，在实际上是否行得通，生产上是否经济，其中起决定性作用的情况是属于机械的性质的。由此发生的对工业合并的有利条件不是企业家所创造的。这些都是属于工业技术方面的事情，是服务于工业的那些人的工作，不是企业家的工作。诸如发明家、专家、工程师,或者在现代机器工业从事智力工作的广大阶级中的任何种工作者,须为掌管财务工作的企业家作好准备,为未来的合并计划所具有的经济上或其他的优点提出说明,并加以擘画,使之切实可行。

但就企业家的立场而言,一项新的合并计划,它的效果如果只是生产经济、效率提高,是不够的。在采取企业上断然的行动以前,他必须看到在这方面的有利于合并的情况;但是这些情况就其本身而论,是不能鼓动他的。企业家的动机是金钱上的动机,吸引他的是对他个人或对他所属企业的经济利益。他所努力的目的,不只是在于实现一个工业上有利的合并,而是要使合并在那样的所有权情况下实现,从而使他得以控制巨大的企业力量,获得尽可能大的利益。他的真正目的是所有权的扩张,不是工业的效率。他的企图是要设计出一种合并,使他居于有利地位,使实现的条件最有利于他自己的利益。

但当他同别的企业家们进行有关合并的协商时,这就要牵涉到对方在所提议的合并中的利益,或者他们也野心勃勃,为了他们自身利益,要想实现对他们自身最有利的、某种相类的或具有同样工业上竞争作用的合并;在这样的情况下进行协商时,这位企业家从中究竟能希望得到些什么最有利的条件,在一开始时是往往不十分明显的。在一个未来的合并计划中,所有有关的企业家,他们在联合中的利益能完全处于同样基础,在同样支配之下,这种情况是很少见的。结果是谈判和迁延。常见到的情况是,在合并计划的进行中,有些有关的企业家会抱着暂时观望的态度,他们等候着,直到时机成熟,更加适合于他们自己的利益时,或者原来存在的任何障碍到那时不得不由对方撤销时再行下手①。这样的合并，结果往往使一部分的有关企业家会丧失独立地位，或甚至失去工作。如果在计划中的工业合并属于这样的情况：需要许多企业中有关分子的一致同意，而其中又没有一个是在经济势力上、战略地位上占着绝对压倒优势的，那么要使这些分子达到某种程度上的共同一致，服从集中管理，在必要的往复谈判与折冲中就须花去一段很长的时间。

近几年来巨大的企业联合和工业合并，大都是长期斗争的结果。在斗争过程中，关于工业方面的目的正与企业目的相反，并没有予以严重考虑，而由于希望获得更有利的条件，曾经经过多年的拖延，在这个期间却表现了高度的机敏、狡猾和顽强的作风。这些情况已经是人所共知，更无须特别引证。正是由于这种情况，所以有些工业的进一步联合，从机械情况的角度上看是办得到的，也是合宜的，但没有能够实现。困难是在所有权、在企业利益的方面，不是在机械条件上实行的可能性方面。

达成企业合并时所经过的谈判以及所使用的策略的很大部分，实质上是对工业的捣乱，这种情况已如上述。往往有些工厂和操作，如果使它们互相合并，在工业基础上显然是适当的，只是由于企业利益和企业策略的关系，延迟了这个措施。况且谈判者是带着矛盾的意味在进行工作的，他们要竭力使对方处于尽可能不利的地位，结果在战役进行时，使工业设备方面陷于长期混乱、重

① 参阅例如关于美国钢产公司或造船公司(The Shipbuilding Company)成立经过的记述。

复和不应有的扩张状态中，在战役结束以后，整理和善后方面还得付出巨大的代价[①]。

工业上的合宜和适用不是决定性因素。决定性因素是企业上的得失和企业方面的压力。因此工业巨头在他业务的正常进行中牵涉到工业合并这个问题时，他对于这样一个新的、效力较高的组织是有的时候赞成、有的时候反对的。他对于工业的高一级组织是有时要加以推进、有时又要加以阻碍的[②]。总之，工业的合并以

① 关于铁路事业方面价格上的斗争、路线及车站设备的重复以及钢铁工业中相类的臃肿、重复现象，均可供作例证。例如在芝加哥的铁路车站制度，就是一个可以说明问题的、有组织的愚蠢行为的良好现实教材。

② 工业巨头这种阻碍性的工作以及在合并计划中的侵略工作这些方面的盛大表现，充分显示在例如美国铁路事业的历史和现在情况中。情况在多年以来就很明显，如果把铁路系统中机械工作作广泛的统一或合并，这不但值得想望，也是办得到的——这里所指的合并，在规模上不止是相等、而是远远超过近来所已实现或试图实行的合并计划的。可以肯定地说，从事于铁路建设事业中各种机械工作的许多人们，都深知在这种工作上作更广泛、更密切的联合从而节省劳力、改进服务的计划是可以实行的；而情况同样明显的是，这样进一步密切、广泛的合并计划之所以未能实行，其原因没有别的，只是由于有关企业家们的利害冲突。还可以有把握地说，只是由于企业的要求，而不是由于机械方面的情况，以致使铁路事业的合并计划一直拖到今天，平均延宕了至少二十年。自从这个国家开始建设铁路以来，一种勉强的合并处理一直在进行，掌握事权的企业家在这个过程中的行动是，对于铁路事业在节约方面、在有效服务方面所提供的机会，一直在慢吞吞地追求着。从机械上要求适当运用的角度来看，企业家在这方面的奋发有为已经成为陈迹，这种转变在什么时候发生，日子隔得这样远，人们已经记不清楚，就今天情况来看，说得最好的话，他们至少已失去了百分之五十的机会。参阅《工业委员会报告》第 19 卷，《运输》，特别是第 304—348 页。

铁路合并经营这种事业，同别的竞争性企业，特别是工业系统中与间隙调整有关的那些企业一样，其性质是一种赌博，局中人的目的在于他们自己的金钱利益，至于由此所获在工业上适用性的结果只是附带的。一般舆论都承认这一点，群众中的激动分子更加注意，认为从事于互相竞胜的企业利益之间的博局一旦结束，竞争者在统一管理下联合以后，那时一方是新形成的垄断组织，一方是整个社会，这种博局将带有一面倒的形式在同样情势下继续下去。

及对于资源和机器发明的进一步经济利用，可以说只是在长期延宕以后才容许实现的。

在目前的经济理论中，企业家也被称作负责人或计划者，他的职能被认为是使工业操作相互调和，从而使生产更加经济，适用性更加提高。这一个见解的正确性是没有疑问的。这种见解有很大的感情上的价值，在许多场合很有用处。作为对事实的一种说明，它未尝不含有一些真理。正同别的人一样，企业家也受到为人类服务的崇高理想的鼓舞，他也有一种抱负，要使他的同类们能够有更幸福的生活。他与常人并无分别，也具有一些对技艺的直觉才能。毫无疑问的是：那些大企业家在这方面所受到的激动却没有许多别的企业家那样地真切，而后者也正是由于这一点，在事业上就没有大企业家那样地成功。像这类动机，足以使企业上的效率减色，而对于这类动机过于屈从的企业家们，就往往要被斥为软弱无能。但是在人们彼此交往中，在社会利益关系中，主持公道、公平交易以及正值、廉洁的观念，仍然是处处存在着；那些过分牺牲别人，或者连表面的均等报偿也不顾到的利得，也仍然是要在不定的程度上受到反对的。企业家有时也具有雄心，要把与他们的企

再举一个例子，如在北方威斯康星（Wisconsin）、密西根（Michigan）和明尼苏达（Minnesota）的铁矿层，一开始就很明显，从工业的立场说，应该在一个集体的企业下经营。但事实上在这个国家时的一切矿层和钢铁厂都不是在一个集体企业下经营的，这没有别的，只是为了企业的原因。同样显明的是，在这个领域内已经在企业合并下获得联合经营的部分，在生产方面已达到了极大节约，由于这种合并未能进一步发展，每年的浪费何止以百万元计。这方面所达到的节约以及所发生的浪费，都是要上在企业管理者账上的，他们在前进的道路上半途而废，没有能再接再厉。关于许多别的工业部门和团体，这种情况也同样明显。

业有关的工业操作加以有效改进。这类感情的因素，在企业家彼此之间差异极大的情况下起了一些约束作用，但这种作用的综合结果是难以估量的。比较开明的企业家，在他们的经历中大都具有这种有益的约束作用的迹象。由于这类感情的高涨，还往往会使有些人从企业中退出。有些人在他们的活泼意想中对于某些企业认为特别肮脏或特别有害于社会，因而自甘放弃①。对任何巨大的企业交易，如果加以仔细检查，或许也可以找到像这样的或其他同样慷慨、同样非企业性的行动的迹象。有些企业战略家，由于沾染了这种人情上的弱点，同工业系统中他所接近的对方的人们谈判时，按照无情的企业战略，他本来有力量可以强制索取那些人的最后让步，但他没有这样做而达成了协议，这种情况也不是不常见的。结果比严格依据企业原则的做法，往往使巨大的合并可以完成得更快，进行得更为顺利②。

但是在企业经营中这样起着约束作用的感情，是基于现时企

① 从下面的例证可以很容易地看出这种情况。不知有多少的企业家；宁可放弃了威士忌酒的酿造或有害的家庭药品的销售，改就在营业上比较没有把握的行业。有些有害的搀杂物，即使在法律许可范围以内的，他们也宁愿摒弃不用。他们宁可不用以旧翻新的回绒线而用羊毛，按同样的价格出售。铁路的职员们，明知没有金钱上的利益，大家情愿采取进一步的人道措施，以防止发生生命危险或其他事故。还有，有些行业的主持人，特别是业务比较发达的，他们高兴地、不辞劳苦地改进他们例如在旅程上的服务或工厂的出品，他们这样做，不仅是为了自身业务上的利益，而是要尽他们财力所能做到的，把事情办好。有些业务发达的工业巨头，全心全意地要提高他们的事业的适用性，甚至对他们自己经济利益上的得失也在所不顾，这种情况虽然不多见，也不是个别的。这类在企业中的反常举动当然不是大规模的；在这方面如果坚持到相当程度，当然是要对企业不利的。在这样倾向下继续发展下去的事业将不再属于企业管理范畴，而要变成慈善事业性质了。

② 这种非企业性的软弱态度，在第一流工业巨头中当然是比较罕见的。

业伦理下的公道观念出发的；它是在企业原则范围以内而不是与之相违背的情况下起着反应的；它的作用是对于经济利益的一种寻常的限制，而不是舍去这种利益。这种企业伦理准则所含蓄的，毕竟不过是“购者留心、出门不换”的条规的性质。它所涉及的主要是人与人之间的交往，至于对社会真正利益如何加以周详照顾，对自己如何克制私欲，只是起着一些不很直接的、不很彻底的教导作用。当对社会的服务与由某笔交易所得的利益这两者之间，从道德的角度看果能获得平衡时，维持平衡的表现大都是求之于某种金钱上的关系的；但以金钱关系来衡量对社会服务的适当程度时，这只能认为是一个很不适当的尺度。

企业家在工业系统组织中的任务归纳起来是名目繁多的，但是要晓得，归根结底他在工业操作相互关系中的工作，主要只是一种随意的性质。他对于工业的进步是考虑在后的，考虑的态度主要是消极的。他以企业家的立场，并不创造性地从事于机械操作的研究改进工作，使手头的工具转向新的、更大的用途。这些是掌握机械操作的设计和监督事宜的一些人的工作。关于那些新的、更加有效的方法和相互关系，必须先由工业中人提供机械上的可能性，然后方才由企业家来观察时机，作出必要的企业布置，并对于如何将计议中的工业推进付诸实施、提出总括的指示。工业的某项合并，从它可以实行的最初时起直到实际完成时止这一段过程，就标志着企业家对工业进展的拖延的间歇期间。他也有例外的情形。掌握事权的企业家有时也会推进工业向新的领域发展，鼓励有关的机械工作人员对机械操作在新的方向下从事实验和探讨。不过这种例子，情况比较不重要，也不多见。

因此，当谈到大合并的产生怎样地出于企业家们的倡导时，应该附带注意到，由于他们在掌握着事权，不是他们所主张或同意的工业联合是不会产生的。工业体系是在企业的原则下为金钱的目的而组成的。企业家居于中心地位；他掌握着任意的决定权，可以自由运用，他的意向时而落在这一边，时而落在那一边。促进也罢，促退也罢，都是应该记在他的账上的。

关于大合并的足以节约生产成本这一点，还应该注意到一个特征，这是在任何现代企业理论上有着些重要意义的。在多数情况下，所节约的是企业管理方面、竞争方面以及产品和劳务的销售方面的成本，而不是生产的主要成本。由于新的、扩大的企业联合增进了便利、提高了效率以后，主要影响及的是事务上和销售上的费用，由于企业管理方面这样的精简和整编，它及于工业本身方法和目的上的影响大都只是间接性质的。它直接影响到金钱上的操作，而对于机械操作只是在间接的、不定的程度上发生影响。它的特质是部分地消除由于金钱目的和企业管理在存在而发生的浪费——因为在企业管理中，对于所使用的机械操作进行有效指导时所涉及的人手和交易数如果超过了需要，就要发生浪费问题。产品每个单位所需的交易量，在有关的各工业操作各别管理下，要比在统一的企业管理下大得多。当一种操作或它的产品接触到或越过各个所有权范围的界限时，在接洽或转移的每一个点上，都是要涉及金钱上的考虑的。商业交易是同所有权和所有权的变化有关系的。所有权分割得越零碎，即涉及货物或劳务的某一产量所需企业工作的量也越大，这个工作整个说起来也做得越迟钝、越难精确。不论是磋商价格或议订契约的工作——那是以金钱上的考

虑、裁决为主的——或是会计方面以及搜集、利用情报和谣诼方面的日常工作，情况都是这样。

上一章所述及的工业操作、产品、劳务和消费者方面的标准化，大大地便利了企业家在更大规模上的改组企业，这种标准化尤其适合于他的企图的是诸如账籍、发票、契约等等的趋于一致，由此得以实行各分支机构统一化的巨大的中心会计制度，对于企业在任何时候的财务情况，可以提供充分适用的全局资料。

在经济制度下企业是无处不存在的，在某种意义下也可以说是过多的，这样就提供了通过合并以达到节约的巨大机会，在目前发展阶段也许是最大的机会。通过合并，可以去掉那些不必要的交易、那些独立商号方面无益于工业的规划设计。合并计划的发起人最显著的机会就在这里。因此工业中现代巨头最大的、肯定是最巩固的、也是最无可怀疑的贡献，就是在于使商业交易得以缩减，使企业家作为一个阶级从服务中退出，干脆地抹杀了个人小型企业的机会——这样说，并没有过甚其词。

有关的工业单位只要是各在不同的企业管理下，那么当然，它们是处于相互矛盾状态中的，而通过企业合并，尽可能地消除了系统间隙中的金钱的因素以后，就纠正了工业系统中这个弊病。这样就使整个工业系统的间隙调整，不再处于敌对企业家们的自由裁决之下，原来存在的财务管理工作大部分可以省免，结果使业务得以简化，使工业处于竞争管理时特有的那种有组织的互相倾轧状态得以避免。对整个社会来说，看来是财务管理的工作越多，便利适用的成分就越少。工业巨头所扮演的英雄角色，是企业管理感到过多时的拯救者。这就是说，企业家的头子赶出了企业家[1]。

上面所提到的企业理论,适用于从事工业系统中间隙调整的那种事业。这种保持和变动间隙调整的工作,它所直接注意的,并不在于以扩大商品产额为它的利益的来源,而是在于平衡的变动中价值的变更,在于所从事的某些企业得以达到更有利的业务情况。一面是商业企业本身,一面是在较严格意义下的工业企业,而这个工作就处于这两者之间。它的作用是,通过利用由于工业系统中各种操作的连结而造成的局势,从中取得利益。

同样,可以说充满在商业工作中的那些局势是从整个工业系统的情况中产生的,不是从工业操作的机械要求中产生的。至于商业工业本身的局势大都是偶然性的,因为这类局势大都不是从事于这类商业的企业家所创始的。只是由于这样的情况,所以商业工作的目的并不在于指导工业的进程。

另一方面,像上面所说的那些大企业却主动促成工业组织的改变,并且大都通过由于它自己主动造成的价值水平的变更,从中觅取利润。这类价值水平的变更对商品的出产、对社会的物质福利当然发生影响,但是这样的影响只是在利润的追求下所附带发生的。

但企业家对于工业的进行,除了在这些比较远的,大的方面作指导外,就是在细微的地方也并不放过,而且是在更加顽强、更加

---

① 参阅《工业委员会报告》内下列各人的证词:第 1 卷,盖茨(J. W. Gates),第 1029—1039 页;多德(S. Dodd),第 1049—1050 页;洛泽斯(N. B. Rogers),第 1068 页;第 13 卷,许华勃(C. M. Schwab),第 451、459 页;蒲脱勒(H. B. Butler),第 490 页;霍布金司(L. R. Hopkins),第 346、347 页;怀特(A. S. White),第 254、256 页。

贯彻的情况下作指导的。商品和劳务的生产是为了图利而进行的，商品的出产是由企业家在图利的观念下控制着的。利润通常是在日常业务中从这种商品和劳务的出产中得来的。将产品出售以后，工业中的企业家就“赚得”了他的利润。要“赚得”利润，意思就是须把可以出售的商品转化为货币价值。出售是过程中的最后一步，是企业家努力的终点[①]。当他售出了产品，把他所持有的消费品转化为货币价值以后，他的利润的安全与确定，就达到了在现代生活环境下尽可能达到的程度。他是根据价格记账的，也是在同样的依据下来计算他的出产的。对他来说，生产中最关重要的一点，不是产品的能适合人类需要，而是它的能够出售、能够转化为货币价值。生产为了可以出售，必须具有对某一些目的上的适用性。但这并不是说适用性最高的就可以使企业家获得以货币计算的最大的利润，也不是说出产必须在一切情况下具有非虚假性的适用性。一方面有这样的可能：某种商品在市场上存量过剩，以致不利于有关的企业家，但对消费者方面不一定直接有害。另一方面，也可能有某种事业，例如许多广告吹嘘得很利害的企业，它的产品对它本身的意图来说也许有很大效用，但对社会来说也许它的效用是十分可疑的。有许多闻名的、生意兴隆的企业，通过广告宣传出售它们的专卖药或其他专利品的情况，都可以举为这方面的例证。

在从前，工业系统以手工业为主的时候，生产者与顾客之间的个人接触是相当密切的、恒久的。在这样的情况下，个人尊重与轻

① 参阅马克思《资本论》第1册第2部分。

蔑这一因素对商品与劳务的经办者的控制有很大关系。由于这种个人接触的因素,可以发生两种不同的情况:(一)生产者小心翼翼地注意着他的产品的信誉,甚至不单是为了由于这种信誉可以获取利润;(二)在许多情况下,可能发生一些摩擦、恶感,从而招致一些关系到应得利润以及其他方面琐碎的商业上的争执和歧视,同时由于生产者和消费者之间交往情况的繁细和密切,往往会引起些搀杂、蒙混等不正当行为,这在现时大规模商业交易中已经不能存在。由于生产者与消费者之间个人密切接触所发生的这两种不同的影响,一般地说,对生产者方面似乎是有着大得多的作用的。在手工业制度下"信实不欺为最上策"的准则,从全体来看似乎是获得公认的,情形也的确是这样。这个准则是从机器制度以前、现代企业以前传下来的。

在现代情况下,工业是大规模地进行的,一个工业企业的无拘无束的领导者,虽然在他管理下的工业操作所承办的商品和劳务是为了消费者,但他同消费者大都是断绝一切个人接触的。因此人与人之间交往时在个人接触中可能具有的那种人情上的影响已大都消除。整个情况带上了一些不具人格的特性。这时供应的对象看来只是一个无甚差别的消费者集合体,因此当利用人类的需求从中获得利便时,良心上就更为平静。情况尤其是这样,当消费者主要是属于下层社会,因此对他们个人的接触和认识,不但无此愿望,而且在某种意义下也不可能的时候——在现代形势下,这种情况并不是不常见的。公道在法律上是有着一些规定的,但超过这个规定时,对于遥远的、非个人性质的各方面之间的关系来说,它坚持的程度,同某个人与他属于同一社会阶级的劳苦乡邻的交往关系相比时，是不能并论的。在这种情况下，上面所举的准则，就失去了不少的公理力量。企业管理，对于营业的盈亏，尽可以照着它那稳健的、精明的计算方法进行，而不必受到诸如仁慈、愤懑或诚实等等感情上的缠扰。

所有大大小小的生产者和商人，对于他们所提供的商品和劳务，在决定价格时所依据的主要原则，可以用铁路运输业中那句行话来说明，叫做“照旅客能负担的数目讨价”[①]。当某一企业对某一种商品或劳务的供应有着充分的专利权时，它是在无限制的情况下引用这个原则的，某项铁路运输费在讨论时情形就是这样。但是当专利权的享有不十分充分，还存在着竞争，那么在决定所索取的价格时，就得把如何应付竞争列为应考虑的因素之一。不过在现代工业范围内，在任何成功的商人冒险事业中，究竟有没有完全不存在专利因素这样的情况，这一点很可怀疑[②]。就是有的话，也很少见，而且是微不足道的。所有这类企业，为了希望它们的事业得以永久存在，它们所悉力以赴的就是尽可能地确立专利权。这种专利地位可能是法律所设定的，也可能是由于场所地段关系或对天然资源的控制，或者性质比较不明确，只是仰赖于习惯或威信（商誉）的。最后的一类，大都不列入专利范围；但就由此所获利

① 伊里（R. T. Ely）著《专利与托拉斯》第3章《专利价格法则》，对于“照旅客能负担的数目讨价”这一经济原理，作了极审慎、细致的研究。关于这一原则实际运用的例子，参阅许华勃的证词，《工业委员会报告》第13卷第453—455页。

② “专利”这个字眼这里是依照俗例在比较广泛的意义下使用的，不是严格地指供给方面的垄断控制，不是比如像上面所引伊里先生在他著作中所使用的意义那样严格的。伊里先生认为“专利”在严格的定义下实际并不存在，可见这样使用是不无理由的。参阅甄克斯（Jenks）《托拉斯问题》第4章。

益的特征与程度言，跟由于场所地段或控制资源关系所获得的特种利益是极相像的。较大的商行，从事于有组织的广告宣传，它最终的目的所在，就是这样关涉到习惯和威信的专利。这种专利形态有时价值极大，往往在商誉、商标、牌子等等的名义下出售。就所知的实例，关涉到习惯、威信、成见的这种专利权，它们的转让价格有时达数百万元①。

那种恒久的、始终如一的广告宣传，其巨大目的就是在于依靠在群众信仰的基础上建立这样的特种专利。广告宣传者对于树立有利的群众信仰方面的这种努力，能够获得多少成就，是同他对任何事物树立群众信仰方法上的正确理解成比例的②。对于群众信

① 例如“象牙牌肥皂”(Ivory Soap)的信誉价值。

② 参阅司各脱(W. D. Scott)《广告理论》；马兴(J. L. Mahin)《广告的商业价值》第4—6、12—13、15页；福格·米德(E. Fogg-meade)“广告在现代企业的地位”，载1901年3月份《政治经济杂志》；桑巴特《现代资本主义》第2卷第20—21章；塔德(G. Tarde)《经济心理学》第1卷第187—190页。关于广告(措辞、陈列、插画等)的写作与设计已成为一种专门职业，因此擅长此道的作者，他的收入是可以同那些通俗小说的作家们比拟的。

广告的心理原则可以简单地这样说明：一种事情的表白，用一种人们所习惯的形态，辅以适当的语调和风格来传达时，往往会被认为是信实可靠的，只要它的内容与已有的成见不相冲突，遇到时机凑合，就会发生作用。意见的接受，似乎是一件差不多完全被动的事情。一种意见一度被接受以后，就会持续下去，遇到相反的意见，就会援引例证来加以抵拒。对于某点意见加以适当叙述，是使这个意见获得同情者的主要因素，把所说的话反复申言，是使人信服的主要因素。在叙述中所含的真理是居于次要地位的，但对于已知的事实作极大的、显然的背离时，是往往要削弱说服力量的。广告宣传者目的是在于吸引注意，然后在这样一个方式下提出他的意见，使之能与人们的思想习惯融合为一，从而影响他们的信心。一旦这一点已经有效地完成以后，要把已树立的信心抹掉是一件很困难的事。许多广告宣传得非常巧妙而实际毫无价值，例如某些家庭药品等类，却获得了数不尽的、各色各样的表扬、感谢的信，足以证明一种见解一旦被接受以后就不会轻易放弃的这个论点。

心这种有组织的窃取，它的成本、范围以及财务价值可以从下面一个例子看出：据说有某种家用成药，在社会上很有声誉，但医药界权威人士多认为它的价值完全可疑，它的经营者多年来坐享厚利的方法是每年耗费广告费数百万元。这还并不是绝无仅有的一个例子。

有人说[①]，现代的广告可以使消费者获得有价值的情报，他们的需求如何满足，他们的购买力如何作最适当的利用，在手段、方法上可给以指导。无疑的，这些话是出于好意，而且也的确是有些理由的。就这一点的正确程度而言，广告是对于社会的一种服务。但在这一点上要作很大的保留。广告就是竞争；它的目的的大部分在于使购买等等转换方向，从这一条路线移向同一类型下的另一条路线[②]。广告宣传在各方面的努力，都浪费在这种商业的竞争纷扰中，就这一点而论，这种努力从全体来看，对社会的直接贡

像桑巴特那样尖锐的一个观察者也仍然会有着这样的想法："从来没有一种企业是能永久建筑在欺诈的基础上的"（《现代资本主义》第 2 卷第 376 页）。看来桑巴特对于美国专卖药这个行业的情况似乎还不熟悉。桑巴特先生的意见可与瓦德（L. F. Ward）先生的相对照，这位先生是同桑巴特先生具有同样广泛、尖锐的观察力的：——

"精神的本能倾向，作为一种个人利益竞争中的助力，其在社会中的作用实质上是不道德的。它所依据的根本是欺诈的原则。这种对待别人的方法是应用于对待服从人类的动物界方法的延伸。这是一种打埋伏、设陷阱的方法。它的主要原则是狡猾。其目的是欺骗、取胜、陷害和掠夺。种种巧妙的、进一步掩饰的狡猾代替了下等动物的狡猾。其中比较主要的形态普通叫做战略、商业上的精明和外交手腕；以牺牲者受到欺瞒这一点而论，这类形态除了在熟练、巧妙的程度上有所不同外，与一般的狡猾并没有任何区别。人类的社会生活，就这样地完全被诈欺行为所暗中破坏。"——《社会经济的心理基础》，《美国学院年鉴》第 3 卷第 83—84（475—476）页。

① 福格·米德《广告在现代企业中的地位》，第 218、224—236 页。

② 广告以及旨在推销商品的其他相类手段，其目的在于变更该项商品的"置换价值"（Substitution values），而不是提高现有商品出产的综合效用。

献即使有一些也是极细微的。但是在现代工业的大多数部门中，这样的广告宣传是不可少的；广告大部分之所以必不可少，并不是由于它的适应社会需要，也不是由于有关商行由此可以获致任何综合利益，而是由于一个商行如果缺少了广告，它将无法获得它的那一份买卖。每一个商行必须从事于广告宣传，主要只是由于别的商行是这样在做的。假使没有竞争，那么可以有利地供作广告宣传的费用总计，比之现在实际所使用的，或在现有情况下所必须使用的，无疑的将只是一个极微细的部分[①]。

并不是一切广告都是完全竞争性的，或者至少并不处处都显然是这样的。一种企业占有了专利地位时，它的广告跟着就失去了竞争销售的色彩，就带有一种情报的性质，旨在无所依傍地扩大它那产品的使用。但这种使用的扩大，含有一种在客户方面消费的重新分配的意义[②]。因此在这些情况下，竞争销售的成分毕竟还不是不存在的；不过竞争的形态不是同类型商品的不同商标之间的竞销，而是不同类型商品之间的竞销罢了。

这里应该注意到广告宣传的这种特征及其在现代竞争企业中必不可少的情况，因为这一点是有助于对现代制度——在这个制度下，生产操作由企业家控制并为企业的目的而进行——中“生产成本”的了解的。竞争性广告宣传是工业综合成本中的一个无可避免的项目。它除了附带地、偶然地有所贡献外，并不能增加产品

① 参阅甄克斯《托拉斯问题》第21—28页；《工业委员会报告》第19卷第611—612页。

② 参阅庞·巴维克《资本实证论》第3册第5、7—9章《关于选择商品及补充商品的价值》。

的适用性。它的目的在于产品的销售，只是在这一个企图上是有用的。它促使产品得以行销，这对售方是有用的，但对最后的买方并无实利。它在从事生产商品以供应市场的任何企业的成本中是无处不存在的，这一点加强了如下的说法——在现代企业制度下，商品的"生产成本"是以行销为目的的成本，而不是以适合人类需要为目的的成本。

当然，在竞争销售的成本中，除了广告费用外，还有许多别的可以归入，但广告费用也许是其中最大的、最显著的一项。经营批发和零售的商人与他们所雇佣的职工以及雇佣关系不专属一家商号的推销员，这些人的工作有一大部分属于广告宣传一类。在商品分配的成本中，属于竞争销售项下的究竟占多大比重，当然是难以肯定的。总之，在可以直接消费的、以成品形态售与消费者的商品中，这项费用是最大的，但在任何场合这项费用多少总是存在的。一般地说，在现代工业操作下大规模生产的商品中，这种竞争性成本，比在手工业或家庭工业的旧式方法下生产的商品中，所占比重为高；虽然这种区别也并不是固定不变的。在某些极端情况下，有些商品在达到消费者手内的时候，这种竞销性费用可以占成本的百分之九十以上。在别的行业，例如某些主要商品的生产事业，这种费用所占的成分也许在总成本百分之十以下。就送达消费者手中的制成品价格而言，这种费用平均占总成本百分之几是难以估量的[①]。

① 凡在市场上出售的商品，其属于竞销性质的成本占最后综合成本的一大部分者，则从事于这一行业的商行，其资本估值中商誉一项大致须占非常大的部分；例如美国胶产公司(The American Chicle Company)。

显然,从这种竞争买卖业务所获得的利润与该项工作对社会的贡献,这两者之间并没有可以确定的关系。两方面都是不定的、未知的量。如果在这两者之间姑且作一比较,那么可以说,由于竞争销售所得的利润,它对于所作贡献的关系,比由于投机买卖或工业巨头通过金融活动、要弄手段所得的利润对它贡献的关系要稳固些。至少不妨说,要反过来说的话是不符合事实的。就那些大规模要弄金融手段的活动而言,其间利润与贡献这两方面的距离似乎是更远了。不是说大企业家们对工业操作改组与合并的工作没有重大影响;而是说,在一般情况下,企业家基于这类工作的任何买卖行为所得的利润与社会方面可能由此得到的好处,其间竟看不出存在着任何关系①。

至于从事竞争销售等日常工作的人们,如销售员、采办员、会计员等等,他们的工资及其性质与掌握事权的企业家们的收入大致上很相类。雇主们把工资发给他们,并不是为了他们的工作对社会利益有贡献,而是为了使雇主能获得利润。工作所指向的目标是有利可图的销售,工资的高低大体上是与以销售率高低来计算的工作效率成比例的。

从事于在企业管理下的工业操作的工人们,其工作与工资的性质也是这样。一切为市场供应产品的现代工业,其情况总多少是这样的;但越是充分地在现代企业方法指导之下的工业,这样的情况就越明显。这类工业与市场的接触最密切,所受到的"尽量找

① 参阅汉恩(Ed. Hahn)《十九世纪末叶的世界经济》——"关于利润,在过去的世纪中是斤斤计算的,但在我们今日的经济生活中,由于生产的猛进,这一点已不重要了"。

求销路”这种考虑的指导也最坚决。一般地说，这类工业由雇用的劳力从事经营者比较占多数，所付工资以产品的行销情况为依据，是在竞争的意味下安排的。这种工业产品的盲目的适用性，可能是所以获得行销的巨大因素，也许是最大因素；但这一点依然是事实——掌握事权的企业家，他们的目的在于追求有利可图的销售，所以支出工资就是为了这个目的，而不是为了使产品的最后消费者的生活由此得以改善[①]。

结果只要是企业的目的和方法在支配着现代工业，那么工作的效果（指金钱利益以外的意义上的）及其所获得的报酬这两者之间的关系，将微弱和恍惚不定到这样程度，即简直不值得一提。就从事于任何行业的企业家的工作和利润来说，这一点的确切不移是非常明显的。这是基于企业管理的本质的必然结果。

总之，不论对整个社会是无益或有害的工作，因而是对全体生活确有贡献的工作以企业家及其所雇用的工人而言，可以同样的有利。对那些魄力大、野心大的企业家来说，这种情况似乎特别显著。像这样无益于社会的工作，旨在猎取利润，就它的效果而言，对整个人类生活既没有直接损害，对社会的其余部分也没有实在的具体关系，看上去好像是一个无关紧要的问题。事情并不是这

① 因此可以建立这样一种论点：工资与产品的行销是在竞争的情况下成比例的。但是如果说在企业管理下工业的任何部门，其工资与产品对出售这些产品的货主以外任何人的效用，其间有着任何比例，这样的说法是没有切实根据的。还可以作更进一步的分析，有许多生产行业，其产品的行销主要是由于它具有浪费性（参阅《有闲阶级论》第5章），这就把工作的有效性与支付的工资这两者互相分开得这样远，使劳力与报酬双方均衡的整个问题处于理论研究的范围以外。但是可以参阅克拉克（Clark）《财富的分配》，特别是第7和第12章。

样的。就这些无益的工作所获得的利润而言，它的性质是实在的、有实质的，这是从社会从事各种不同类型的其他工作的综合成果中得来的。企业的综合利润，不论属于什么性质，总是从商品和劳务的综合产额中吸取来的；任何人对产额并没有实际贡献而获得了利润时，这就必然剥夺了那些有实际贡献的工作者的收入。

因此上述在工业上属于寄生性的行业，它们的发展是有限度的。这种寄生性工业，比如大多数借助于广告宣传的行业、许多从事于竞争销售的行业，以及为军事设备服务或从事于制造供作显著浪费性消耗的商品的行业，如果有了过度发展，将降低社会的有效活力到那样地步，以致影响到社会进步的机会，甚至危及它的生存。生活环境对这类行业所起的限制作用，它的最后手段是属于淘汰性的。生产工业中寄生性和浪费性的活动不断地、过度地扩张以后，必然要趋于衰退。但由于现代机器工业的高度生产效率，可供作浪费性行业及浪费性消耗的回旋余地是极为宽绰的。以现代方法生产商品的可能产额来适应生活的综合需要，距离不足的情况还远得很，这就为浪费性和寄生性的收入留下了极广阔的余地。因此在任何早期的经济生活中由于工业力量的枯竭而发生的上述衰退情况，这种历史经验，对于现代工业团体在这方面可能发生的放纵现象还没有引起深刻教训。

以现代企业方法管理工业时，在努力方向上将发生很大错误，在商品和劳务方面将发生巨大浪费，这固然是事理上所必然的；但同时还有一点也是实在的，基于这种生活方式所导致的目的和理想，将有力地消弭所有这些无谓现象。例如，这些金钱上的目的和理想，有很大力量可以促使人们艰苦地、不断地工作，单是由于这

一个原因，所有由企业制度所招致的在工作上的任何浪费，或者可以获得抵偿。因此认为现代企业制度的作用将使社会生活受到削弱，这样的想法似乎是没有可靠根据的。这个制度使从事生产工作的人们在努力工作上受到鼓励，使制度带来的浪费获得了弥补。

第四章 企业原则

在第二章里已经提到，现代企业经营的物质基础是机械操作。这在实质上是一个现代的事实，是近来所发生，特别是涉及工业系统组织的广泛范围时，它还处于发展的时期。另一方面，企业在精神上的基础则出于所有权制度。“企业原则”是在所有权这个前提下的必然结果；是财产的原则——金钱的原则。这些原则的存在早于机器工业，虽然它们的充分发展是在机器时代。机械操作决定了工业的发展和范围，它的锻炼养成了适合于工艺的思想习惯；而所有权的要求则决定了企业的发展和目的，所有权及其经营活动的锻炼养成了适合于企业工作的观点和原则(思想习惯)。

机械操作的锻炼，对于行为、对于量的精确方面的知识厉行了统一准则，养成了一种依照物质因果关系来理解和说明事实的习惯。它要求对于事实、事物、关系甚至个人的智力，都按照着“力”来评价。它的哲学态度是实物主义的，它的观点是因果关系的观点①。这样的思想习惯有助于工业的效率，在现代情况下要把工业效率提到高度，这样一种思想习惯的普遍流行是不可少的。在机器工业有重大成就的那些社会里，这种思想习惯流行得最广泛，

① 详第9章。

在这方面迟疑观望的情形也最少见，机械操作在这里是前因，也是后果。

在别的地区以及在西方文化初期状态下流行的，还有其他类型的统一准则，对事物的评价有着不同的根据，多少与这里所说的并不一样。这种旧式的统一准则还大量地在活跃或衰退的不同程度上保留在现代西方文化所特有的知识和行为形态中。从很远以前比较原始状态的文化锻炼中流传下来的那些古代思想准则，还有很多为人们所热爱，虽然其中绝大部分已经大大地失去了约束力量。它们已不再像以前那样地束缚着人们的信心，已渐渐失去了它们的显著特性。它们当往古时代是在常识上被认为当然的、用不到解释的，但在现代常识上已经不是这样。

这种古代的准则与现代机器所形成的准则不同，由于它们是寄托在传统的、根本是感情的基础上的，是属于推定性质的。这些准则举例来说，如血族关系（原始的）、部族团结、父系继承、神权领导、戒律、忠诚、民族等等方面的原则。在那个时代，这些准则处于有利于它们发展的环境下，它们全部或若干部分，是控制人类行为、指导事态趋向的有力因素。在那个时代，这些制度准则的每一个，对于专属它范围以内的事物来说，是鉴定、证明的确切根据，当它鼎盛时期，每一个所属的范围是异常广阔的。以后时过境迁，生活中的种种事物渐渐地越出了这些古代原则的约束力量；因此它们在文明人类生活中现在所保持的阵地是比较微弱、比较摇晃不定的。

财产所有权就是从属于这些留传下来的思想习惯的。它是寄托在习惯的同样的一般基础上的。财产对它所有人的结合关系，它的性质是沿袭的，是想象和推定的。但是上面所说那些别的传统准则在衰退中时，这一个比较后起的遗留的制度却挺立在它的阵地上，毫无愧色，不怕被挤到仅供凭吊、回忆的阴暗角落里去。

所有权制度，绝对地说，毫无疑问是古代的；但同国家关系、血族关系或不朽的上帝这些观念比较起来还是后起的。尤其无可否认的是，它的进一步发展还是比较晚近的事。在西欧历史中，直到比较的近期，所有权才从非金钱性质的一切限制中解放出来，居于完全不具人格的地位，不复与个人责任或阶级特权相混合①。缔结契约的自由与不可侵犯是直到近来才成为牢不可破的定则的。实际上这一点到现在也还没有被无保留地接受，没有扩展到所有一切项目。关于某些权利的移转以及某些契约的进行还存在着阻力，某些享有特殊待遇的人们，尤其是某些情况特殊的公司，还享有着免除某种义务的权利。在比较落后的民族中情形尤其是这样；但关于"现金交易关系"，可以说没有一个场合不是有着一些相异的成分混合着的。所有权并不是普遍的，也不是支配着一切的，但它影响着、支配着文明人类的事务比任何别一个单独的行动依据更自由、更广泛，而且比以前更加明显。那些习惯地在金钱基础上处理的种种关系和任务，它们的范围和数额都比以前有了扩大；一个金钱上的决定，它所具有的决定性程度是以前所想象不到的。金钱的准则已经侵入了那些比较陈旧的例如血族关系、公民地位、教会等等的制度领域，因此属于这类范畴内任何的一种义务，现在可以用金钱的支付来评价、来履行；虽然金钱上的清算的概念，同这些关系和任务原

① 参阅例如甄克思《中世纪的法律与政治》第 6 及第 7 章。

来所根据的意识形态——思想习惯——似乎是完全隔膜的。

关于所有权的起源及其原始形态，以及西方文化在初期所流行的关于财产的观念，这里都不打算进行研究。但是在这一点上现在所流行的观念——那些指导着人们思想的原则，那些确定金钱事项上自由裁决权的合法界限的原则——，这种关于什么是所有权的正当界限、权利和责任的常识理解，是过去好几代以来的习惯、经验和推论的结果。因此对于这些传统观念的特征以及这些观念在过去不久所由发生的环境，必须给以适当注意，然后可以理解它们在现代生活中所占的地位[①]。在某一时期某一文化区域所形成的关于财产的理论，是足以由此说明人们当时对于所有权问题的惯常态度的，因为任何理论能获得普遍一致的认可时，它就必然含有所讨论问题的常识反映的有力成分，否则就不会被普遍接受。而这样形成的平常的观念，反过来说，又是社会方面长期积累的经验的结果。

关于财产的现代理论，可以溯源到洛克(Locke)[②]，或者可以追溯到在这里所说的意义下相等于洛克的某些来源。经过时间的考验证明，在这个以及其他制度的问题上，洛克是现代文化这类题材方面有资格的代言人。至于在洛克以前，这个问题在理论方面的情形是怎样的，洛克的观点是怎样形成的，是用什么分析和归纳方法得来的，这些都不必深论，这样就要把话题引得太远了。关于

① “有人说这一个时代的科学是下一个时代的常识。还有一个说法，也许是同样正确的：这一个时代的公道观念可以成为下一个时代的法律。如果成文法是秩序的基础，那么理想上的公理就是进步的积极因素。”——福克思威尔(H. S. Foxwell)在孟革(Menger)所著《劳动全收权论》中的《引言》，第 11 页。可参阅全节。

② 参阅论文《关于民主管理》第 5 章。

财产制度这方面的理论是大家充分熟悉的，因为实质上这几乎是现在以及差不多两个世纪以来一切人们的一种常识，只有少数人以及近来的抱着怀疑态度者是例外①。

这个现代欧洲的、常识性的理论告诉我们，所有权是一种“自然权利”。凡是一个人所造作的，不管怎样凡是有他的劳动力搀和在内的，这就成了他的财产。他愿意怎样处理就怎样处理。他对于他的劳动对象可以任意控制，正同他自身有权自由行动的当然情况一样。所以会有这样的当然情况，是由于这是他所造作的。“因此劳动在一开始就引起了对财产的权利。”在这样一个原则下，个人的力量，劳动者使具体事物适合于人类使用的机能效率，就被承认为所有权确定的、合于公理的根据；这个论点就到此为止，不再深入下去，除非是把劳动者的创造能力追溯到那看不到的根源——上帝的、造物主的创造能力。早期的代言人谈到自然权利时，他们说的不论是所有权或是别的自然权利，总是习惯于把最后的根据放在造物主的全能处理和创造能力上。但是把自然权利的关系归之于神的选择和创造，即使在洛克所说的话里，也使人要发生在若干程度上不够彻底的感觉，以后在有关自然权利学说的进程

① 关于国家权利，包括财产权发展方面的研究，除了通常的历史资料外，有很多近代著作可供参考；比如泽力耐克(Jcllinek)《人权与公权宣言》；里契(Ritchie)《天赋权利》；波那(Bonar)《哲学与政治经济学》有关这一论题各章；霍夫丁(Höffding)《近代哲学史》第1卷；亚尔比(Albee)《英国功利主义的历史》，以及最近出版的舍泽尔(Scherger)《近代自由的演化》。这些以及还有一些别的作家们，主要不是在所有权而是在别的角度上来讨论自然权利和自然法则的；关于法律问题的作家们，则是从法律而不是从事实的观点上来讨论这个问题的。还有常常见到的是，讨论时主要注意在学说系统方面，而不是在概念的起源和发展方面。关于所有权现代概念的起源，在甄克思的《中世纪的法律与政治》与克宁汉(Cunningham)的《从经济方面看西方文化》里曾有所叙述。

中,这一点就渐渐不再提到,而所有权是以生产工作与所有者的自由选择为依据的自然权利这种中心论点就逐渐抬头,赢得了公理上的确定性。造物主不久,在十八世纪中,即退出了所有权理论。

这里也许值得研究一下,关于所有权的最后根据,在现代常识下所想象的,同中世纪时所惯常感觉到的,其间有着什么样的区别。过去通常认为权利、势力和特种利益的大致根据是经由习惯而来的权能。认为从一个在上者转移权利的立场如果能够确切成立,那么所要求的权利已经由此确定;任何要求权,不能使它以这样的移转行为或转移的实际行为为根据时,就认为这个要求权是不确定的。权利,不论是所有权或是别的,是从一个在上者那里移转来的,在上者所以享有权利,是由于他具有威力,这种力量是为习惯所容许因此获得巩固的;当某种权利和权力授予一个在下者以后,他是通过习惯所容许的服务和忠诚,在这样的情况下保持着所获得的幸运的。这里实质上是一个个人的关系,是一个地位、权能和屈从的关系。是遗传的持续使所有权获得了认定,而不是相反的。分析到最后,转移的连续——这是与一个普通人的一切权利、权力有着关系的——通过一连串的在上者,可以一直追溯到人间的最高主权,然后由此仍然追溯到上帝。但是不论就人世的主权或神的主权来说,都认为凭以授与或移转权力、权利的资格,并不是以劳动或创造的效能为依据的。所以把上帝认为是人类权利和义务的根源和决定者,并不完全是由于他的作为一个创造者的职分,而是由于他的作为一个宗主的职分。通过文化上的变迁,中世纪的意识和环境开始染上了比较近代的色彩,在所有这一类问题的讨论中,提到上帝对人类事务创造的关系的渐渐地多了,主张

也渐渐地坚决了，但就这里所说的问题而言，直到完全步入现代为止，上帝对人类权利的主权关系还没有为他的创造关系所代替。可以说，在中世纪对事物的概念中，认为上帝职分的保有是威力的保有，而人们，不论贵贱，保持着上帝所赋与的权利和权力时，是奴属性的保有。在这样的想象中，所有权是一个管事的职司。这是一个较近地处于人世统治者裁决之下、而较远地处于神圣的大统治者裁决之下的管事职司。当关涉到任何一项人类的安排或制度，在权限或合法性方面发生了疑问，迫切要求解答时，所提出的问题不是上帝所作出的是什么？而是上帝所注定的是什么？

这种中世纪的概念范围，首先在意大利、在文艺复兴中被打破，由近代的观念代之而兴。但是自然权利的现代概念所依据的意识形态，是在英语社会中首先形成、进而达到了有力表现的。关于自然权利的现代学说与古代的显然不同的情况也是这样。自然权利学说的现代特征是导源于英国的。关于所有权的自然权利，情况更加是这样。这种英国对所有权的看法，作为一种思想习惯，它那物质的、历史的基础，是由手工业和商业的经济因素形成的，这种制度在形态上、权力上与中世纪的制度正相反。英国与欧洲大陆不同，当近代时期，很快就把商人和普遍存在的自由劳动者的工作代替了贵族、兵士和僧侣，作为影响它日常生活情调的因素。日常生活中的主要势力有了这样的变化以后，于是由日常生活习惯所形成的锻炼也跟着发生了相应的变化；结果是涉及人类生活意义的新的意识形态，以及人类制度究极目的原因的新的根据，都在增长中。新的权利和真理的准则夺去了旧的，新的思想习惯代替了旧的。

这种替换过程是政治理论上究极目的原因的敌对概念之间的

斗争，这种斗争当1688年英吉利革命时期达到了戏剧性的最高峰。作为一种原则上的斗争，通过约翰·洛克与罗卜·斐尔麦爵士(Sir Robert Filmer)之间的论争，这种转变达到了严重关头。斐尔麦是关于权利移转的中世纪原则最后的、有力的代言人。洛克把自然权利，其中包括财产权利，推源到造物主的技巧成就，这就标志了在转变开始时现代观念的形态，这个观念形态对于已被废弃的权利转移原则未尝不加以注意，但终于离开了它。

在近代后期，对所有权所赋与的界限，是商业经营的要求的结果，是在"货币经济"下盛行着买进与卖出的结果。由于这类要求，由于普遍存在、反复发生的买进和卖出，不得不产生一种思想习惯。这种思想习惯决定：所有权必须是自然的、正常的绝对所有权，对于所享有事物的使用和处理，必须具有自由的、不受限制的决定权。由于社会的便利，对于这种充分的自由决定权或者需要作某种限制，但对于这类限制，往往认为是所有人权限的"自然"范围内的例外减损。

另一方面，这种所有权，这种自由决定权所由赋与所有人的最后事实，它的哲学根据是作为一个劳动者在推论上所具有的创造效能。他把他的脑力和体力体现于一件有用的事物上——认为最初是为他自己使用的，然后经过进一步转化，就移转给任何他所认为适当的别人使用了。劳动者的力量、才能和技巧是根本的经济因素。就"根本的"这一点而言，虽然这样的见解，在今天这样一个时代的眼光里看来——在这个时代眼光的理解下，劳动者在工业操作中已不再是主动者，也不再是唯一的甚至主要的有力因素——也许是有疑问的，但在习惯于手工业制度的时代里，这一点是在常识上显然的。自由的劳动者是他自己的行动的主人，他对任何事物是否要有所努力，或者要把力量用在什么地方，他有着自由选择权——这一点在洛克的时代已成为英国社会生活中的习惯事实到这样程度，因此把属于手工业性质的自由劳动无条件地认为是一切人类经济的基本因素，是在工业中、在对财富的竞争中的推想上的固有事实。这样的思想习惯竟这样的根深蒂固，当时对这样假定的真确性竟没有发生任何疑问。

自由劳动是财富最初的根源，是所有权的基础——这在当时已成为万物之自然秩序的原则。作为一个历史事实来看，毫无疑问，这并不是现代工业或现代所有制的来源；但是洛克以及洛克时代的这种心安理得的假定，正是由于这样与现代事实的不相符合，就在当时显得更加有力、更加明朗。这是体现着当时英国常识趋向特别有力的表现，因为这种以生产劳动为依据的财产"自然"权利的原则，正对着当时的事实，是所向无敌的。在这个问题上，英国的思想，或者不如说英国的常识是领先的；前进的欧洲大陆诸民族模仿了英国，在英语社会中的经济组织形式，因此渐渐流行于这些欧洲大陆的民族中。

这样一种概念是从属于手工业和小商业制度的，是经过手工业时代流传到现在的[①]。这是与手工业组织相适应的，在手工业

① 这样一种概念要获得发展，有一点似乎必要的是，不可存在着奴隶制或机器的充分势力，以致对社会的思想习惯发生显著影响，同时社会里的每一成员或小团体须习惯地在他自己的审择下、为他自己的目的、做着自己的工作。这样一个局势，可以、也可以不牵涉到特别在这里所理解的所谓手工业。在文化比较落后的许多民族中，似乎在不定的程度上还流行着一种推想，这种推想有着上述相类的含意，但比较不显著、不明确，他们对于这个原则的理解，比较偏重在"自然"权利的方面。

以外任何别的局势下的生活实践中，它的适应程度是要差些的。与手工业制度相关联，与它共同存在的是小商业制度；以后行业的分化达到了高度，买进和卖出越来越频繁，于是社会就带上了企业色彩，形成了企业的思想习惯。在这种情况下，所有权的自然权利使财产的处分获得了极度的自由和便利。这种自然权利增长的整个关联，当然是与个人权利——以十八世纪天赋自由说为发展的顶点——的一般增长有着关系的。在自然权利的一般增长中，以英国经济发展作为主要或基本因素这一点，究竟确切到什么程度是一个问题，这里是无法肯定的。就直接关系到目前的论题而言，结果是当工业革命时期，在经济生活中的制作和价格方面已经达到了相当一致的统一准则。亚当·斯密及其同时代人的著作，可以作为这样说法的佐证。这种十八世纪的统一准则一直延续着，成为以后时期中有力的经济制度①。这些，大致上似乎就是现代财产制度的依据，因此也就是现代企业在历史上的前例和精神上的依据②。

以上所述关于现代财产制度和现代企业原则起源的概略，在

① 一般地说，在十八世纪流行的在行为、知识和观念上的统一准则，与那个世纪的经济情况相协调的，末了还是可以归纳到劳动效率的界限而不是物质的因果的界限。对于以个人的、劳动的效率作为最后界限的这种倾向，就是在当时的科学中也可以看到，例如在当时科学界讨论得很热烈的所谓“自然规律”的那些“类似个人”的特性中，以及在浪漫主义文艺和政治哲学中，都可以找到这种迹象。

② 直到十六世纪末叶，英国的法律和习俗，关涉到计算贷款以及银钱性质的其他订约事项，还处于比较落后的状态，与欧洲大陆同时的发展相对照，所容许自由处理的余地比较少；但大致上从那个时候起，英国关于这类“企业原则”的习惯上的容许和应用方面，很快地就赶上了欧洲大陆，以后在这方面就居于领先地位。参阅阿士力《经济史》第 2 卷第 6 章。

有些人看来或者要觉得似乎不够明朗的，他们认为在解释时应该更实在些，不只是一个思想习惯问题——就是说，这些人仍然带有十八世纪的天真、质朴，仍然依附在自然权利的原则上。但是不管拿什么作为以天赋自由为主的文化运动的真正依据，有一点是显然的，就天赋自由关涉到经济事项这一点而言，西欧——首先是英国——从十五世纪到十八世纪期间的工业和商业经验是与上述运动的结果是很大关系的。只是由于这个新近才过去的经济发展形势的结果，我们才把这些特别地自由确定的财产权利和义务——就是说，那些控制着当前企业和工业的特有原则——融合在今天的法律、公道和常识里面。我们全靠十八世纪，在一切银钱事务上才有了充分的决定权和自由放纵。由此获得了缔结契约的自由，获得了信用事业经营的安全和从容，企业的竞争秩序才由此得以确立[①]。

现代在金钱上的自主，以及契约的自由和不可侵犯，其关键所在、一切依它而变动的，是货币价值。因此有一个假定，成为一切金钱上的契约的基础的，是货币价值单位的稳定不变。契约的不可侵犯性需要有这样一个假定。这已被毫无疑问地认为是一切商业交易的出发点。在契约的订立与实施中，货币的稳定不变是在法律上、习俗上的一个基本要点[②]。资本以及契约是在这个条件上成立的，控制着工业的那些企业家们的规划，是依靠在货币单位上作为其一切商业行为的确定依据的。众所周知，企业家对于变

① 参阅桑巴特《现代资本主义》第2卷第2章。

② 关于货币单位推想上的稳定性，参阅卡来尔（W. W. Carlile）《近代货币的演化》第2部分第4章。

更货币单位价值或降低货币单位的稳定性的任何企图总是猜忌的，这一点说明关于货币在推想上的稳定不变，在商业经营中是何等紧要的一个原则①。

当价格有变动时，这种变动是发生在可售商品的价值方面，而不是发生在货币单位的价值方面——这样的观点是习惯所制定的，而这种习惯是有法律为后盾的。这里当然并没有意思要向一切经济学者们所熟知的论点提出异议，这个论点是：在价格变动中，它的原因可以是由于物品价格方面的变动，也同样可以是由于货币金属方面的变动。在价值比例中，变动的究属于哪一方，就其间的区别的具有任何意义这一点而言——其间究竟有没有意义是不一定清楚的——是同这里的论证不发生关系的。货币价值，从生活、从劳动等等方面来衡量，是一直在不能自制的情况下变动着的，这是一件人所共知的事情，记住这一点，对统计证明的使用方

① 经济学家习惯于把货币说成是一种流通媒介，是商品流通的“大转轮”。在同样关系下，企业经营则被说成是获致商品以适应消费的手段，一切买卖的目的是可供消费的商品，而不是货币价值。在某种微妙的哲学意义下也许是这样的：货币价值不是企业努力的最后目标，企业家所寻求的是通过货币的中介以满足他对于消费品的渴望。将经济生活程序作为一个整体，将企业经营理解为对人类集体需要供应商品与劳务的集体努力，在这样一个理论化的意义上来看，则货币单位——货币交易、汇兑、信用，以及构成企业现象的其他一切——也许应当看做是附属性的，是借以促进消费品对消费者的分配的，而商品的消费乃是企业经营的目的所在。这就是十八世纪理论家们在他们的合理化、正规化的推论中对于这个问题的见解；而这在实际上也就是那些仍然死守着十八世纪观点的经济学家们的见解。关于这一个争点这里不必加以辩护，也不必加以驳斥，因为它并不严重地影响到现代企业的实际。在商业交易范围内，不一定显示着这种隐伏的目的，至少这并不是指导着日常商业行为的动机。这一点，在商业交易中并不会想到，也不会在流通票据的表面上显露，而货币单位也不是在这样的情况下进入企业家的主要思想习惯中的。

面也是有好处的。

但当整个十九世纪时代，在企业的日常工作中，是把货币单位在推想上的稳定作为当然原则的，虽然在事实上一再证明了这种推定的虚假性。[①]

在企业中凌驾一切的问题是盈亏的问题。盈亏是会计问题，而记账的依据是货币单位，不是生活，不是商品的适用性，也不是工业或商业机构的机械效率。为了企业的目的，就企业家观察问题的习惯而言，一切商业行为的最后问题是在货币价值上的结果。每一个企业的基准线是以货币价值计的资本估值的界线。在现代企业实践中，如果有任何变化，离开了这条基准线，那就势必要算作事件中别的因素方面的变化而不是基准线的变化。企业家是以所有权的观点来衡量事物的，而所有权的持续是与货币分不开的[②]。

投资的目的在于利润，工厂和工业操作的资本是在它们产生利润能力的基础上来估价的。在企业家所理解的事物性质上，认

① 但是近来有些比较机警的企业家，在他们的业务经营中实际上仍然是考虑到货币单位价值的变动这一点的。货币单位像现在这样习惯性的、不能自制的变动，在将来可能有什么影响，当然是无从逆料的。这种变动似乎主要是由于信用关系的广泛流行；关于信用的使用虽已有了巨大改进，但在企业中信用关系的充分发展，事情显然还在于将来而不是在最近的过去。关于货币单位的稳定的现代传统性假设，还是有"货币经济"制度下、在手工业和小商业的情况下开始的，它在发展的"信用经济"中所保留的地位，主要只是在经济生活中比较初期的过去局势的残余。

② 以货币单位作为价值的不变尺度和财富的标准，这种传统的理解，其由来极为久远（参阅卡来尔《近代货币的演变》第 2 部分第 1 章；里吉威（Ridgeway）《金属通货与重量标准的起源》第 1 章及第 2 章）。这一点在现代的影响也有着第一等的重要意义，将在下面一章里述及。

为利润是企业经营的内在因素，是它所固有的。因此在企业经营范围内流行的观念是，所投放的财产作稳健的、有秩序的增进乃是事物的自然之理，而不是财富单纯的经济价值的稳定，像企业经营范围以外估计财产价值时所流行的观念那样。机器工业出现以后，把投资利润看成是利得的正常的、绝对合法的来源，这在以前的任何经济制度下似乎都不是这样的。在中世纪的采邑制度下关于大业主已经拥有的财富在继续使用下必须不断增长这一点，并不意识到这是当然的——不管在他们手里的财富增长的历史事实是怎样。至于这样使用财富时，必须按着指定的、按时间单位计的“常态的”比率增长，尤其不是那个时候人们所能意识到的。关于那个时候其他方面的经营，甚至商业冒险行为，情况也是这样。由投资而来的利得，在那时是认为偶然、意外性质的，不是可以归纳到指定比率的。那时对于利息的收取或支付曾表示坚决反抗，一方面关于利息支付行为的维护或掩饰，曾进行了巧妙的辩难——这些都是在上述论点下的反映。只是当手工业时代，商业关系比较巩固以后，利息的支付才逐渐被认为是充分合法的。但即使在那个时候，对于商业经营以外其他事业方面的利得，仍旧显然认为是由于生产劳动而来的收益，不是投资的利润[①]。在与商业经营本身有区别的工业工作中，只是当工业终于在商业基础上，由较大

① 参阅门恩(Mun)《英国的财富》，特别是第 2 章；阿士力《经济历史与理论》第 2 册第 6 章第 391—397 页。这在实质上是手工业的论点，这个论点甚至在古典派经济家中也有所反映。他们感觉到为了道义上的必要，应该在生产力的某种基础上，或者甚至在带些牵强意味的制作技巧的基础上来解释利润。关于管理工资学说的整个讨论，可以供作这方面的说明；这个论点充分表现在大卫逊(Daivdson)先生《管理的所得》一篇论文里(载帕尔格累夫〔Palgrave〕《政治经济学字典》)。

的雇主用雇佣劳动来经营以后，才把利润显然看成是非偶然的、规律化的权利。

这种有组织的财富增进当然是按货币来计算的。这种常态比率的利润，在企业家方面看来是一件当然的事。这是属于他们常识理解下的事情，因此是一个正常现象[①]。他们认为利得是正常的事情，是他们一切努力的目标；而投资价值上的损失或减缩是不幸的意外事故，不是事业的正常方向，是需要特别加以解释的。在现代眼光下，利润的正常化及其“理所当然”的特性，充分显示在那些古典派经济学家的论点中，他们是赞成把“常态利润”计算在商品生产成本之内的。

所谓“常态利润”的确切意义，这里是不必深究的。它的含义可以是平均净收益，也可以是别的什么。这一术语在企业社会是充分了解的，可以使企业家们在使用时不必附加定义，作为一个安全的、稳定的概念，这是他们关于企业工作推论时的依据；这里所注意的，也正是在于这一名词的家喻户晓这一点上。

在任何某一时间或地点，总有一个大致上明确的、公认的利润率，这就是上面所说的常态比率，也就是任何合法的或大致上合时宜的商业冒险在意识上认为应该获得的。这一个利润率的定义，不管它可能是怎么样模棱、恍惚，但在事务家们看起来，却认为在具体的、客观的表达下，它的性质竟是这样的切实、巩固，因此他们对投放于任何商业冒险的资产，总是惯常在这个常态利润率的基础上来估值的。在各个情况下应该注意到任何特有的优势或障

① 所谓“常态的”比率，在各行业以及各地区彼此之间当然是不同的。

碍,但任何某一个商号或工厂的资本,总是按当时的常态利润率所保证的收益力的倍量来估值的。[①]。

企业社会根据了有关正常利润和价格现象的这种思想习惯建立了它的常识观点,在这个观点上进行时,只要在习惯的资本估值上能够产生公认的或适度的利润率,就认为情况是一般的或正常的,比照这个标准,如利润率有所提高,则感到生意兴隆,市面活跃,如果减退,则将感到情况黯淡,市面萧条。这就是在现代任何企业社会中所谈到的"景气"和"不景气"的含义。

近数十年来进一步扩大的工业组织和更加广泛的企业组织促进了对利润的追求。在这个形势的迫切要求下,使企业中资本的问题越来越成为一个在收益力基础上的资本估值问题,而不是一个工厂的量值或工业设备的生产成本问题。投资的利润率或收益率,在早期的"自然"或"货币"经济中,它的特性是时隐时现的,它的合法性是不分明的,而到了十九世纪,终于在经济系统中占据了中心的、主要的地位。资本的估值,贷款的发放,甚至关于劳动的在任何一次使用中的生产力与合法性,都要以收益率作为它们的最后考验和实际依据。同时,在这个情况下的"常态利润率"已成为一个比较捉摸不定的概念。在大工业中的竞争,原来是处于一种稳定的、持续的状态,后来变成了在为大企业家战略服务下的断续的、骤发性的紧张状态。自从有了这个转变以后,在竞争下决定的一个均匀利润率的现象已渐就淹没、模糊,已渐渐失去了它那实

① 这一论点对十九世纪约 1875 年止英国的企业情况及十九世纪后半期同时止美国的情况,比较对最近十年来的情况更为切合。关于以后的企业发展情况在这方面还须有所补充,下面将提到。

际的特性。企业社会的中心兴趣所在，已不是累积的和资本化的商品，而是利润，是猎取利润者变幻莫测的幸运。因此在企业的经营与企图中，它那最后的决定性力量，已渐渐不再是综合保有物或产物的纪录数额，而是任何一个企业措施的预期的生利能力。

但是在工业企业领域中，这一最近的发展还没有取得控制地位。这还是一个在最近时期比较初步的发展，而不是一个既成事实，这是从新近的那些情况中来的，只有引证到那些情况才能了解。在过去旧式的企业经营中，还守着原来的竞争方法，那时竞争还没有带着时断时续的特性，竞争秩序还没有被打乱；为了了解上述的最近发展，对于这些过去情况应作进一步考察。同时，所以使企业中的竞争制度从十九世纪初期情况变化到它的末期的情况，有一大部分是出于信用的因素，因此对这一因素也应加以研究。

第五章　贷放信用的使用

在工业业务经营的经常进行中，信用有两种主要用途：(1)用于商品买卖的延缓支付——账面收付、汇票、支票等等主要属于这一类；(2)贷款或负债——主要是期票、股票、有息证券、存款、短期放款等等。这两类信用关系并不是有鲜明区别的。通常供作某一种用途的信用形态，未尝不可以转为别一用途；但两种用途毕竟在大致上是可以区别的。这样的区别，在经济理论许多意义上也许不适用，甚至不切实际；所以作这样的区别，只是为了这里研究上的方便。这里的研究，主要是关于上述后一类的信用，或者更恰当些是关于为后一目的所使用的信用。

通过对股票、有息证券等类的投资，以便将工业设备的管理托付给能够胜任的人们时，可以说这时已经在信用上作了相当安排。这并不是胡乱的推想，因为当工业处于平静状态、没有显著的萧条现象时，它的情况就大致是近似这样的。在这样的“正常”状态下，任何工业企业所投放的资本是在一个大致确定的期间周转的。周转时间的长短，在各个组织相互之间可能有所不同，但在任何一个实例下，周转时期总是有关商号获利机会的重要因素之一。如果商务和市场的一般情况已经肯定，那么从一个企业家的立场来看，这时足以决定某一个殷实商号的地位与价值的，实际上是两个因素——周转的量值及其所占的时间长度。

企业家的目的是在于从他的事业中获得最大限度的利得。显然对他有利的是尽可能缩短他的收益所由获致的程序[①],或者换个说法是缩短他的资本的周转时间。如果周转所消耗的时间比他所从事的那个行业通常所容许的时间为短促,别的方面情况相等时,他所获得的就高出了那个行业当时的一般利润率。俗语所说“薄利多卖”就有力地表达了这一点。关于缩短周转时间,现在工业企业中所使用的主要有两种方法。第一个是采用进一步有效的、节省时间的工业操作。现在对于投资中的时间因素给予了更密切的注意,在这方面有了巨大进展,工厂和工业操作在这一目的下的改进在近来的企业发展中占着越来越重要的地位[②]。第二个加速周转率的办法是通过进一步扩大的、活跃的广告宣传等手段来推进竞争销售。不用说,在现代企业家手里,对于这一种促进业务的方法也是充分注意的。

但是在周转方面,量的问题,即营业额问题,它的重要程度并不亚于速度问题。任何一个工业企业的收益总是出于周转率与营业额两者的共同作用,这当然是人所共知的[③]。企业家为了达到

---

① 这一点与庞·巴维克的延长工业操作程序以提高生产的理论当然没有关系。他那“迂回方法”的理论所涉及的是机械操作在技术上、物质上的效率,而这里所指的是某一企业资本周转时所占期间的问题。但庞·巴维克的论点在别的根据上可能是有疑问的。

② 参阅例如桑巴特《现代经济生活方式》,载《社会法则及统计文集》第 17 卷第 1—20 页,特别是第 4—15 页。本书重印后改称《现代资本主义》(1902 年,莱比锡),所引证的部分列入它的第 2 卷第 4 章。

③ 参阅马夏尔《经济学原理》(第 3 版)第 6 册第 7 章第 3 节及第 4 节。

增加收益的目的，可以使用两种手段的任何一种，但大都是两者并用的。他增加周转量的方法是依靠信用和资产的节约使用。他所念念不忘的是扩大他的负债额，把他的应收账款设法贴现。在这样的方式下，从收益率的角度来看，负债与工业操作节省时间方面的改进有着同样的意义①。在企业家方面这样使用信用时，结果就好像是把他的资本在一年中周转了无数次。因此就他自己的地位及市场情况的许可范围内尽量扩大信用是对他有利的②。

但是一个债务人对于由信用得来的资金是要支付利息的。只有当他那总收益的增额超过了应付利息时，将这项息金从中减除以后，余下的方才是他因使用信用所获得的净收益。这一点在企

① 参阅罗林(Laughlin)《货币原理》第 86 页。

② 如果企业家不只是使用着自己的资本，还以资本为担保，利用着他所能借到的任何资金，那么在按当时比率计算的总收益中，周转的意义就更加重要了。在资本(工业设备的价值)与信用(按照着当前利息率的)两者合计下的周转，将大于不借助信用关系、单独依靠资本下的周转。在这个意义下，周转可以看作是所使用的各种价值量及其速度的乘积。因此，如果把信用当作(供作担保的)资本的一个未定的部分$\left(\frac{\text{资本}}{n}\right)$，那么可以说

$$\text{周转}(T)=\frac{1}{\text{时间}(t)}\left(\text{资本}(c)+\frac{\text{资本}}{n}\right)\text{；即}$$

$$T=\frac{1}{t}\left(c+\frac{c}{n}\right)=\frac{e+\frac{e}{n}}{t}\text{；或者 } t=\frac{c+\frac{c}{n}}{T}.$$

这个代数式足以说明周转率的加速与营业资本额的扩大两者之间的等势。参阅哲逢斯(Jevons)《政治经济学理论》第 249—258 页。

桑巴特说(《现代资本主义》第 2 卷第 6 章第 74 页)，使用了信用将延长资本周转时间，这是错误的。对周转的量来说，信用是相对地缩短时间的；就是说某一项资本在某一时间，靠了信用的助力，在周转时将获得更大的以金钱计算的量：$\frac{\left(c+\frac{c}{n}\right)}{t}>\frac{c}{t}$。

业有利地使用信用贷款方面定下了一个多少带着些弹性的限度。不过在通常情况下，在得力的经营下，企业收益的当前比率总是显著地超过利息率的；因此在通常的繁荣情况下照上述方法使用信用，一般总是有利的。当市况活跃，赚钱的机会到处都是，而且充满着财源更大的希望时，情形就更加是这样。把论点转一个方向，从企业动机方面来看，一个干练的企业经营者，在任何时候看到了某一信用关系的成本与由此获致收益的总增额间有着显著顺差时，他将力求扩大他的信用关系。但是在企业竞争制度下，不论什么，凡是对一般有利的，就成为一切竞争者所不可缺少的东西。有些人利用了信用所提供的机会，而别的一些人所处的地位相等、却在这一点上相形见绌时，前者就可以压倒后者。总之，依靠信用已成为一般的惯例，已成为企业竞争经营中的经常行动，竞争是以信用的使用作为一个现有资本的帮手，在这个基础上进行的。因此企业的竞争性收益力，它所依据的基础，不单单是自己的资本，而是已有资本加上这个资本所能支持的借入资金。

竞争性收益率是在这样行动的基础上产生的。结果是，一个企业在这样竞争使用信用的情况下根据一定资本额计算的综合收益，与在假定没有存在着普遍依靠信用以扩大营业额的情况下所可能获得的综合收益相比较时，也不过略有增加。但是由于信用的这样使用已经普遍流行，进一步的结果是，处于公开竞争形势下的任何商号，如果无法依靠或未曾依靠信用以扩大它的营业额，它就不能保持住一个“适度的”利润率。因此这种通行的惯例迫使一切竞争者不得不使用着同样的办法；但由于这种办法所得来的利益只是一种竞争性利益，就企业社会的综合收益而言，因此即使有所增进也只是很细微的。借入资金使某一商号与别的竞争者对照时获得了对差利益;但是从全体来看,毕竟不过是对差利益而已。这类扩充业务的资金经过这样竞争使用的结果,难免要使工业操作若干部分的管理落到比较有能力的或比较缺乏能力的人的手里。就这一点而言,信用的这样运用与借入资金的使用,可能提高或降低整个工业产量,因此可能影响到企业社会的综合收益。但除了这样偶然性的使工业管理移转到比较胜任或比较不胜任者的手里这一点以外,借入资金的竞争使用对收益、对工业产量并没有综合影响。

所谓通行的或适度的利润率,大体上就是企业家使用他们手头所有实际资本时他所满意的利润率[1]。由于普遍依靠信用扩张作为已有资本的辅助,结果使资本加信用合并计算的利润率,在大体上有了竞争性的降低,并且降低到这样程度,以致使企业家如果必须限于使用自己的资本而不乞助于信用关系,那就对于他将不复有吸引力。按平均计算,可以说,资本与信用关系并计的综合收益,比较在没有竞争使用信用的情况下、同样资本不附信用关系的综合收益,不过略微提高一些。但在现代情况下,任何一个竞争者,如果没有对信用的惯常依靠,他就无法在有利的情况下进行营业。没有对信用的惯常依靠是无法获得投资的“适度”报酬的。

就这里所指出的竞争性依靠信用这一特性的限度而言——这是有能力的经营者之间对资金的争夺,也就是就这一点的限度而言——可以说,总起来看,这样加入企业资本的资金,并不体现着实物资本或“生产商品”。这项资金只是企业资本;它扩大了以价格等等计算的营

① 参阅前引马夏尔著作。

业额，但并不扩大工业的量，因为它并不增加工业的综合物质装置，并不改变使用操作的特性，也并不提高工业管理的效率。

在"景气"下的投机性价值膨胀，使工业操作受到了鼓舞，提高了强度，由此或者可以间接增进工业的物质产量；但除了这个心理上的影响以外，借助于信用关系的企业资本扩大，并没有综合的工业影响。信用膨胀的这种从属性影响，可能是很值得注意的，当市况活跃的时候总是有着它的迹象的，当"繁荣"时期这一点更是一个有力的特征，这是人所共知的。在工业理论上，信用膨胀的这种间接影响是一个主要特征，但在企业理论上，它只是一个自然的结果而已。

对于上面所提示的论点——借入资金并不增加工业的综合设备——或者有人要提出异议，认为一切资金总是体现着某些人（借出者或债权人）所主有的资产，是通过借贷行为将它的收益权移转给借入者的；因此这些资金同别的资金一样，可以由流动形态转化为物质，直接或间接投入工业操作，供作生产上的用途①。这一个反驳的所以不能成立在于以下两点：(1)贷款可能有借出者所保有的资产相抵，但并不是为未经供作别项用途的资产所十足相抵的；而且即使如此，(2)也并不能由此可以认为这类资金的使用将增进工业的技术（物质）装备。

关于第一点：金融机构通过存款或有担保的借贷形式所发放的贷款，只是在一个细小的程度上以流动资产②相抵；而除了流动资产，什么都显然是离开了现在问题的要点的。这类贷款只有一

① 参阅罗林《货币原理》第 4 章。

② 可以随时转换为现金的资产。

个微不足道的部分是以流动资产来体现的。金融机构发放贷款的大部分，它所依据的是，对于因贷款而发生的在营业进行中随时或于到期时任何支付申请、在推想上它所具有的最后偿付能力。但是没有一个银行能够在顷刻间偿还一切未偿的债务，这句话是大家所耳熟能详的[①]。银行利润的一个必要来源，就是在于营业额的大大超过准备。

关于第二点：这类贷款的依据还有一个重大部分是借出者的投放资金和他所持有的担保品。这些同时也是借出者所以具有随时偿还应付款项在推想上的能力的一个重大依据。但是这些对工作、对地产、对有息证券或基于任何种担保品的投资，所体现的只是借出者的债务人的未来收益（例如政府及地方证券）或已经投入工业操作或已经同工业用途以外的某种财富形态结合在一起的资产（例如不动产）。所获得的贷款，如果它所依据的资产没有在当前工业上的效用，不能以它现有形态或不能在目前情况下使用于工业操作（例如投机性不动产）或者这种资产已经使用于工业操作（例如股票、工厂、现有商品、在使用中的不动产）[②]，那么在这里的意义上，这种贷款所体现的实质上不过是在物质项目上的一种虚构的重复，是不能投入工业操作的。所以这种贷款不能——或至少不能直接——扩大工业综合设备或提高工业综合生产力；因为这里所列举的供作担保的各项，已经在事前就它们所能使用的程度充分使用于

① 例如国民银行（The Nationals Banks）的法定必要准备是，纸币流通及中央准备银行存款并计占 25％，其他占 15％——《修正法规》，5191。

② 一般银行是不经营不动产押款的，这里所考虑的是别的一些借出者，例如储蓄银行、保险公司、小型私营和抵押银行、私人借户等等所经营的长期放款（证券投资）。

工业。这类资产——已经使用于工业的和不适于工业使用目的的——可以把它“制造”成支付手段，因此可以使它充分作附加的金钱（企业）资本，但这样的资产是不能机械地充作附加的实物（工业）资本的。结果是，关涉到这类资金，在很大程度上只有金钱（企业）上的存在，没有实物（工业）上的存在；就这一点而言，这类资金所体现的，总起来说，只是虚假性的工业设备。即使贷款中以现金准备来体现的那个微不足道的部分，对于工业的实际物质装备也无所增益；因为这类货币，不论属于金属或票据，并没有直接的工业效果。这可以从一个共知的事实获得证明：在使用中的贵金属，只要它们的数量没有显著的增进或减退，它们的绝对的量，不论对企业或对工业的经营是没有关系的。各种货币的内在价值本来是不均等的。

由此可见，不论是银行机构或其他债权人在相类情况下所发放的一切贷款——不论是抵押的、有附属担保品的或凭个人票据的，它们的形式不论是存款、纸币或这样那样，它们所体现的不论是以担保品相抵的各种资产，或银行的现金准备，或债权人以至债务人的资力——所以这些“贷款”都足以扩大“资本”，它们的使用权是属于企业家的；但是在工业的物质意义上，总起来说，是纯粹虚假性的①。现金贷款（例如储蓄银行存款②等）也属于同一类目。所有这些贷款，使借入者在工业操作与材料方面对别的企业家的争夺中获得了对差利益，使他在工业实物资源的分配中获得了对差利益；但对于整个工业实物资料的综合增进，这些贷款并没有什

① 这一点本来没有什么新奇，但在理论研究中往往忽视，而在这里的论证中对这一点则必须有明确认识，因此作了着重说明。

② 储户对储蓄银行以存款形式所发放的现金贷款。

么贡献。不论什么性质的资金总是一个金钱的现实，不是一个工业的现实；它所尽力的只是在于工业管理的分配方面，而不是物质上的生产工作。

贷放信用超过了足以使工业材料的管理从所有人转移到更加有能力的使用者这一点的需要时——就是说，实际上已不再是工厂的一个租借的性质时——它的作用，从全体来看，就不是在于增加工业物质资料的量，也不是在于直接提高它们的使用效率，而是，总的说来，在于扩大企业资本与工业设备之间的矛盾。只要市况是活跃的，通过累进无已的信用扩张，这种矛盾的扩大就会继续下去。从信用得来的资金是用以扩充业务的，竞争的企业家用了这样得来的资金来哄抬工业物质资料的价格，工业中使用的物质资料代价提高了，某一企业，不论它的工业材料在实质上有否增进，它的综合代价提高了；但是信用的贷放是以担保品所显示的代价为依据的，于是资产代价的提高，又为进一步扩张信用提供了基础，如此演进无已[①]。

须知企业活动的基准线是所涉及的各种项目的货币价值(市场或交换价值，价格)，而不是它们实质上的效率。货币单位的价值在传统习惯上是认为不变的，作为一个借出者，只要他是在出借，其势也不得不在这个假定下进行[②]。结果是当前工业企业的

① 参阅《美国第十二次国势调查》第7卷。

② 关于货币价值不变这个论点，明白表示拥护的人是恐怕很少的；但在信用交易中，在与这个论点相歧的推想下经营业务的人，恐怕更少。货币是延缓支付的标准，经济学者们是惯于这样说的。在与财富事物有着实际交易的人们不暇深究的理解中，也认为货币是财富的标准的、不变的尺度。在法令中也体现了这种传统习惯，这就大大地加强了以货币与价格作为财富的确定性名词的天真理解。详本书第四章。

综合货币价值有任何增进时，增进的原因，或者与来自有关资本价值的其他方面者无法区别，或者甚至是由于以前所做以资产原估十足现金价值相抵的信用贷款所促成，都可以成为扩大贷款的依据。因此以存货或工业企业中相类价值物作担保的贷款，它们的不断扩张必然是有一种累积性的。信用的这种累积性扩张，在价值的继长增高中，如果不遇到别的阻扰，在价格现象上如果没有充分的反响足以对资本价值这种累积性上涨加以有力打击，则将继续前进。信用扩张是在资本化工业材料的货币价值想象的稳定上来进行的，而由于这种扩张的本身，却使这些材料的货币价值有了累积性的增长。但担保品的货币价值同时也就是资产的资本化价值，后者是在假定收益力的基础上来计算的。如果要使资本估值能够作为信用的稳定基础，那么关于担保品价值的这两种估计方法必须大致相一致。当两种估价所得结果，其间发生了显著差异时，自须重新估价，这时以收益力为依据的估价必须认为是确定的，因为收益力是根本，一切企业活动以此为转移，一切的企业目的是以此为焦点的。一方是参加企业的名义资本的综合（资本加贷款），一方是这个企业资本收益力的实际比率，两者之间是会发生差异的，一旦这种差异达到了表面化时，一个清算时期就开始了。

在企业资本与工业企业的收益力这两者之间的差异中，贷放信用居于何种地位，为了在这方面提供一个比较完整的见解，将其间起着作用的一些因素作一比较简要的叙述，看来是必要的。

企业社会的收益，总起来说，是从工业操作所产生的商品和劳务的适合行销的产物中得来的——就一个商号而言，它的收益可能是由于牺牲了别个而得来，这一层现在不管。这种产品，也就是这类收益，是由于使用了实际工业资本而发生的。实际工业资本就是实际用于工业的各种资本化财料的综合。另一方面，企业资本是由这种资本化工业材料作为资金的价值体来组成的，加上商业信誉，加上用这种资本化工业材料作担保通过信用方式得来的不论什么资金，再加上用其他非工业的资产作担保而来的资金。像上面所说的，由于对通过信用方式所获得资金的竞争使用，使资本化工业材料的名义价值作了累积性的提高，大致相等于原有资本加上以一切信用方式得来的任何资金。在这个膨胀了的担保品的基础上，发生了信用的进一步扩张，而这样得来的资金与企业资本混合以后，即仍然投向相类的竞争用途，事情就这样发展着[①]。资本和收益是按照货币单位来计算的。这样计算时，在通过信用的膨胀过程中，收益（工业产品）也增加了，因为对于上述资金的竞争使用，足以抬高工业中使用任何产品的价格，以及认为对工业可能有用的任何投机性资产的价格。但是收益的名义量值（价值）是不会与企业资本按着同样大的比例增加的；因为凭以调节产量价值的需求，并不完全是企业需求（关于生产品），而大部分，实际上主要是，可以归纳到关于制成品的消费需求的[②]。

① 参阅克尼斯(Knies)《货币与信用》第 2 卷第 6 章 c 节，特别是第 303 页及以下各页。

② 当投机进展的时期，产品市值的上涨实际上并不是与企业资本的膨胀齐头并进的。为了达到这一点，就要使名义收益与膨胀的资本相配合，必须使收入与资本的膨胀作比例的增进；但即使达到了这一点，这时生产费用将增加到这样程度（由于工资等等的提高），以致所有消费品价值涨度的全部将被抵消，只剩下生产品价值提高的部分作为一个净差额，由此使收益有所增加。但是这里所论到的矛盾情况，并不是完全由于信用的存在，因此关于所以发生这种情况的原因，如果在这里作充分详尽的分析是不适当的。

把信用关系及其在资本方面的使用作为一个整体来看,当清算时期显示得最突出的结果是,在清算中所难免的工业资产所有权的再分配。从信用得来的资金,大部分是竞相投放于各种工业材料的,而这种工业材料的综合,除用于贷放信用外,已经使用于工业,结果是对财富的同一项目范围用了较大数目的货币单位来估价。这类财富,除用于信用外,是为它们的名义所有人所有的,但在财富的这类项目中,由于信用关系,债权人按他们所发放信用的比例,也拥有未经分开的所有权。资产的这类项目的综合,在潜伏状态中为债权人所有的,大致相近于贷款对担保品加贷款的比例。在这一点上,通过信用关系的结果,使债权人成为处于潜伏状态的所有人,它在工业设备中所占有的部分可以下列公式表示[①]:

① 只要资本化财产的估价不受到阻扰,债权人的权利是可以用上面的公式来表示的。它所表达的意义不外是:债权人按他所发放贷款对综合资本估值的比例保有着他在综合资本化财产中的那个部分。但一旦发生了资本化财产重新估值的问题时,公式就变为

$$\frac{\text{贷款}}{\text{资本估值}+\Delta\text{资本估值}}$$

或者

$$\frac{\text{贷款}}{\text{资本估值}-\Delta\text{资本估值}},$$

随着重估值时上升或下降的方面而表现为

$$\frac{1}{\text{资本估值}+\Delta\text{资本估值}}\text{或}\frac{1}{\text{资本估值}-\Delta\text{资本估值}}。$$

在市况活跃、资本估值上升的时候,某一贷款在综合资本化财产中所体现的权利是一个比率在减退中的部分$\left(\frac{1}{\text{资本估值}+\Delta\text{资本估值}}\right)$;公式中的分母加大了,得出的商随之缩小了。相反的,在清算时期,由于资本化财产估值的降低,债权人在综合资本估值中的权利将增加$\left(\frac{1}{\text{资本估值}-\Delta\text{资本估值}}\right)$。

$$\frac{\text{贷款}}{\text{资本估值}(=\text{担保品}+\text{贷款})}。$$

在清算时期，债权人方面这种潜伏的所有权，它的有效程度视清算的贯彻执行情况而定[①]。

在清算时期，企业社会的工业资产流入债权人手里的是多少，它的确切的限度和比例当然是无法具体说明的；这要看种种情况而定：价值萎缩的程度，清算实行时的贯彻程度，恐怕还有些更加难以确定的因素，例如企业社会组织的严密程度。但所有权向债权人阶级移转的情况所以会发生，是由于产物和工厂的市场价值的萎缩。如果没有发生价值萎缩，像这样将所有权向债权人作为一个阶级的普遍移转是不会发生的。

在现代企业中，当发生了普遍清算的情况时，价值萎缩的情况事实上往往即随之发生；虽然深刻的清算时期与价值萎缩两者也并不一定相辅而行，这是可以推想得到的，如果没有大规模的对工业材料的竞争投资，就可能会是这样的情况。此外附带发生的现象，如利率的变动、破产、拍卖等等，这里没有举述的必要，虽然这些现象往往很重要，影响很大，在特种情况下还可能实际影响到结果；把这一点记住也是必要的。

以上关于信用贷放的简单叙述，它的理论结果大致可以归纳如下：(1)在竞争的企业制度下，贷放信用扩张到足以使生产品从它们的所有人转移到更加有能力的使用者手里这一限度以外是无可避免的——谈到信用扩张，它本来就是在若干程度上不正常的、

① 在这里，当清算时期，凡是流动资金的持有者或对于固定数额的货币有要求权者，均居于债权人地位。

过分的；(2)信用的这样一种用法，对工业生产设备并不能有所增进，也不能增加产品的实际产量，因此对于从事于工业的企业家以物质财富或不变价值计算的综合总收益，在实际上也并不能有所增加[①]；(3)信用扩张足以减低从事于工业的企业家在这样计算下的综合净利润，这是由于他们须对工业操作本身以外的债权人支付资金的利息，而这项资金，总起来说，并不体现着生产商品，并没有综合生产效果；(4)对从事于工业的综合资本，发生了与开始时工业设备价值相形下的过高估值，它的差额大致相等于存款与担保放款综合的量；(5)这种过高估计膨胀了企业资本，从而提高了担保品估值，引起了进一步的信用扩张，发生了进一步同类性质的结果；(6)信用扩张这样发展下去，以致与生产商品的实际基础对照时显得非常庞大，或者使名义资本与收益力之间的矛盾显得非常突出，当这种情况发展到某一点时，往往就会使债权人开始认识到上述过高估价情况的存在，于是就感到需要有一种解决了；(7)由于收回信用的结果，综合资本跟着不得不加以重新估计，使名义综合量与现实收益力大致上相一致；(8)因此对企业资本的综合估计的依据，须由资本物品加贷款的基础减退到单独的资本物品的基础，当发生了这样的收缩情况时，债务人和工业设备的名义所有人，只要他们有着偿付能力，就得遭受到损失；(9)在清算时期，除了无法收回的倒账属于例外情形，由信用膨胀获得利益的是债权人和那些对工业操作本身以外的资金有着要求权的人；(10)最后

① 由于投机性的价格上涨，它的间接影响足以提高工厂设备的使用强度，关于这一点这里不再计及。

的主要结果，除了那些附带发生的现象，如由于价值提高在工业效率方面的促进、利率的变动、破产等等以外，是财产所有权的重新分配，由此获得利益的是债权人和持有资金或对资金有要求权的人。

自从现代工业的局势形成以后，在企业社会中通常流行的、目的在于投资的信用活动有两种主要方式：旧式贷款和股份；前者的使用是从很早的时候传下来的，后者的办法就是把资金投放于合股公司或股份有限公司。后一方式是一种信用手段，至少就它较早时期的使用情况而言，是牵涉到资产的管理的，某一部分资产的所有人放弃了管理的自主权，把它移转给负责管理的公司董事会。除了这两种信用关系方式以外，在更近的现代工业时期又广泛使用了第三种办法，即各种形式的证券——性质不一的债券、优先股等等——就技术上的特性及所负责任的程度而言，从性质类似于卖契者起到实际上与个人票据无甚区别者止都包括在内。这一类证券的典型（最近的、也是最高度专门化的）方式是优先股票。它在形式上是所有权证书，实际上是债务凭证。这是在企业社会流行相当广泛的一种证券，它的特点是在于取消了资本与信用的区别。在这一点上，优先股实际上比任何别的信用手段都更适当地反映了流行于从事较大工业经营的现代企业家之间的“资本概念”的本质。

这种证券信用，不论是名义的或实际的，在现代工业公司的资金融通中所占的地位极重要，它在这些公司资本估值中所占的比率，随着时间的推移和企业方法的越来越精明、灵活，显然在日益增长中。在“工业股票”本身的领域中，证券信用直到最近才被充分利用。这种对证券信用充分利用作为扩大企业资本的方法，似乎是由企业家从美国的铁路公司的资金供应办法中学来的。这并不是新近发现的方法,但对于这个方法的充分使用,即使在铁路公司方面也是比较晚近的事。这个方法首先盛行于某些铁路公司,以后蔓延到许多别的企业工业,但任何企业组织当盛行着这个方法时,它的资本构成在信用关系方面即处于一种特殊的、现代所特有的状态。当这个方法贯彻实行时,实际上就是把整个资本,包括物质装备的全部,放在信用的基础上。由发行股票所得的资金,有时或只能应付各种凭证的印刷费用,而债券的售款则可以用来筑成一条铁路或建立一个厂;优先股以及相类证券大都在多种票面下、按照资产所能支持的十足数量发行,甚至在若干程度上超过资产所能承担的数量也不是不常见的。当后一情况发生时,不管名义资本估值是怎样,证券的市场价格当然要在大致上促使当前的实际资本估值与事实趋势相适应。在这种情况下,普通股所体现的是"商誉",在后期发展中,它所体现的,往往除了"商誉"以外简直没有别的[①]。物质设备已经与信用手段——证券——相抵。还有常见到的是与证券相抵的显然不止物质设备,还包括着有效的专利权和商业上的机密这类资产;在这种情况下,商誉在若干程度上也已与证券相抵,因此也已供作与公司企业资本相混合的信用关系项下的实际担保品。在理想的情况下,如果一个公司的资金供应是用相当巧妙的手腕来处理的,那么它的商誉的市场价值与它的各种证券相抵以外,余下的将只是一个细致得不值一提的部分。比如以一个铁路公司的情况为例,所剩下来没有与各种证券

① 详第6章。

相抵的往往只是它那“经营事业的特权”，但在多数情况下，就是这个特权大致在实际上也并不是未曾相抵的。

至于商誉（包括“特权”，如果必要的话）的资本化是否要算作信用扩张，这是一个有些微妙的问题，显然是只能以专门法律知识来决定的。无论如何这一点似乎是明确的——在现代公司资金融通中，商誉是资本估值的核心。就一个资金处理适当、事业发达的公司来看，在偿付一切债务以后，商誉实际上就构成了它全部的剩余资产，但这个全部剩余资产并不一定将近相等于这个公司商誉的总计市场价值；就是说，一个公司在精明干练的管理之下，它的物质设备（工厂等等）至少总是经过一次的抵押，通常是不止一次的，它的非物质的、无形的资产（商誉）以及它的各种负债凭证也可能是在若干程度上加入抵押的[①]。

① 就一个在适应现代情势要求下筹措资金的大工业公司而言，诸如“发行空头股票”(Stock watering)、“虚抬资本估值”(overcapitalization)以及相类问题，都是不切合情况的，一般公司的普通股都不免是“空头”的。普通股所有的东西，除了“空头”——借名叫信誉——以外，并没有什么；而优先股，体现着物质设备的，乃是一种证券。另一方面，所谓“虚抬资本估值”在现代企业情况下如含有任何意义，所指的必然是与收益力相比较之下的估值过高，因为除此以外，再没有别的更切当的可以相比拟；但收益力是变动不定的，而估计收益力所依据的基础（利息率）也是独立地变动不定的。

事实上资本估值与收益力对照下的调整是由股票及其他证券的市场价格来表现的，此外再没有什么别的有效的调整方法，因为资本估值是一个价值问题，而市场价值是对待价值问题的最后手段。通过交易所或其他方式进行买卖的任何股票，它的价值是时时刻刻上落不定的；这就是等于说一个公司的实际资本估值，表现在证券行市上，是随时升降的。这种升降有时候也许很迟缓，但至少足以与货币市场中贴现率的长期变动相抵消；这就是说，公司作为一个在营业中的企业机构，它的产业中的某一奇零部分，它的购买价格的变动是与公司假定收益力的资本化价值相适应的，而这个收益力是按照着当时的贴现率和考虑到的风险来推定的。参阅《工业委员会报告》第 1 卷第 587 页（洛泽斯的证词）；第 13 卷第 106—107 页（察普曼的证词）。并详下面第六章。

这里所说在公司资本估值中关涉到商誉及证券的部分，应该与上面所说在取得信用关系时提供担保的证券的性质一节结合起来看。供作担保的证券，从而“制造”成支付手段的，其中大部分是债务的凭证，是记录着以前信用关系的信用手段，已经初步地或不止初步地离开了它的物质依据。

在工业中这种借证券来筹集资金的方法，在它的初期发展中，例如自 1850 年起二十余年间铁路公司的集资经过，其间证券信用的扩大程序，以任何某一个实例言，总是逐渐地、经过一个相当长的时期来完成的。嗣后这种方法的发展前途逐渐为企业社会所熟悉，完成各种证券的结构，在每一个实例中所需要的时间渐渐缩短；到现在往往是一个企业团体一开始成立就已完成了各种证券的整套组织。在这样的情况下，当一个公司一起头就有了充分组织好了的资本和债务时，这个公司的主有人也就是债权人，他们一起头就是这个公司普通股及优先股的持有者，或者还持有债券——这样与旧式的资本估值及其所依据的情况相对照时，现代资本与信用间的关系就显得更加错综复杂。

这种借助于信用筹集资金办法以扩大资本的简化程序，在现代工业公司的改组与合并中达到了发展的顶点，同时这类企业活动也显示了信用筹集资金方面又一个引起兴趣的、现代所特有的特征，因此将近代历史中常见的工业公司大规模合并在这方面所发生的情况作一简要叙述，是最足以说明整个问题的。

这些近代企业合并组织，它的公开目的是生产和销售方面的节约以及在相互团结关系上的友好调节。就这类企业活动及于信用机能的影响而言，这些动机有也罢，没有也罢，当然并不影响事情的经过或结果。这些公开的动机与有关的信用活动并不发生关系。另一方面,在实现合并计划时对于巨额信用的需要以及通过信用关系可以获致在推想上的利得,这些情况本身,对于能够实现合并计划的人却是很大的诱因。近代这类合并计划,其中一部分的所以会实现,这个诱因似乎是一个显著因素。

在合并计划中信用活动的参与主要在于两点:对实现计划时资金的供应与各种证券数额的扩大。在这两点上都有获利机会——获利者一方面是发起人(组织者)和供应资金的信用机构,另一方面是股东。前两者所获得的利益是比较显著的,在有些情况下,完成改组的主要动机似乎就在于这一点。改组活动的主要动力是发起人,因此要考虑这方面的整个问题,似乎最好是从他的观点出发。

要实现大规模工业企业的改组,像现代所常见的那样,是要牵涉到一个企业上钩心斗角的战役的,据说是需要具有高度能力,负着高度责任的。这样一个企业上的战役,由现代工业巨头贯彻执行时,所涉及的主要是信用关系,进一步说是财政上的后援、商业上的特权、收买、租借以及股票与债务的发行、转让。要完成这些措施,首先需要的是一个非常可靠、有力的信用基础,这个基础可以是掌握在发起人(组织者)自己的手里,也可以是掌握在为发起人供应资金的信用机构的手里。

这里所说对信用的战略使用,与在投资中对贷放信用的旧式使用方法大不相同。在这类企业活动中,时间关系,即信用期限,至多只是一个极不显著的因素;这个因素所处的地位是从属的、不确定的。与信用关系的时间因素对照之下,信用的量,由某个战略家所掌握的，方才是完全有决定意义的要点。信用关系的有效性不是按时间来衡量的，债权人由此所得到的利益也不是与时间的长度成比例的。

这是由于这些工业巨头们所进行的工作以及诱使他们担任这项工作的收益的特殊性质。他们的工作虽然对于工业有极严重的后果，但并不是工业的事业，因为这种工作并不涉及任何连续的工业操作的经营。它与商业，或者甚至银行业也不是同类，因为对于连续的买卖关系并不进行投资。它与证券及物品投机相对照一般认为是相类的[①]，但也不然，因为它不依靠时间的经过来引起情况的变更；虽然在许多地方它是与证券投机相类似的。这个工作在细节上是与商业相类的，因为它同买卖有着关系；但一切商业都是这样的，而受托发起人的这个特殊工作与商业性质却有所不同，在于这一工作是没有连续性的。看来与它最近似的事业是房地产经理人的工作。

在这个工作中涉及的信用的数额往往是极大的；然而信用期限，时间经过，是一个微不足道的因素。如果有一个明显的信用时限插了进来，实际上这是一个偶然的情形。关于这类信用活动，时间因素是在暂时不发生作用的状态中，至多是一个不确定的量。因此本章第 53 页注 5 所提示的公式对这类事业实际是不适用的。谈到与这类巨大资金融通行为有关的信用活动，它的利益的关键问题，差不多完全在于周转的数额，至于周转速度简直是一个可以

① 参阅艾茂赖(Emery)《美国证券物品交易所的投机事业》第 4 章；哈德力(Hadley)《经济学》第 4 章。

忽视的量。

信用的这样战略性地使用，并不限于促成或破坏工业合并的工作方面。这种使用方法，在证券（和物品）投机中是时常遇到的，在整个企业社会各种交易活动的许多方面也有形形色色的对信用的相类使用；但即使在证券投机中，以所使用的数量而言，也很少达到像在工业大合并战役中那样的规模的。在各种企业活动中，对于这种不带有确定时限的信用关系，它所采用的方式也是变化不一的。比较旧式的、惯见的方式是活期贷款，与证券交易所的交易结合在一起，在这类交易中是大量使用的。这里，尤其在形式上，时间因素是有的；但信用期限是带着些不确定性质的，由此关系到债权人所获得的利益也是这样；虽然债权人的利益在这里仍然按时间单位的百分率（不定的）来计算。在大规模企业资金融通的业务中，对于信用的战略使用有许多地方与短期贷款相类。的确，一定形式的短期贷款，在这里往往被利用作为一种有价值的协助；虽然，在企业战役中，在资金融通方面较大规模的布置上，短期贷款的形式是不常采取的。在发起人与资金经理人之间的协议，他们所依据的，在担保方面往往是一个不十分具体的约定，至于关涉到信用时间的长度，即使有所考虑的话，也是极有限的。在一个工业合并战役中供应资金时，作为资金经理人的信用机构，它所承担的信用责任也是极不明确的。在债权人方面所得的利益，即使在名义上，也不再按照着时间单位的百分率计算，而是用一种红利的形式，所依据的主要是周转的数额，在某些不同的程度上还待决于其他情况。

从事于这类企业活动的发起人，他的收益，与资金经理人所得

利益实质上没有时间关系的特征相一致，也不是属于按时间单位百分率计算性质的利润，而实在是一种红利，这种红利所直接转化成的形式通常是新组成机构资本估值中的股份。这种资本或资本估值中的增长部分，归发起人所得的，大都与新公司负债（即优先股）的增加很难区别；而其余部分（普通股）也是带有些信用手段的若干特性的。这里值得注意的是，改组的费用，包括发起人和资金经理人的红利，在通常情况下是加入在资本估值中的；那就是说，将这类企业活动尽可能用旧式的商业术语来表示时，对于供应信用的债权人应付给相等于“利息”的那个部分，是在公开的、不用巧辞掩饰的情况下，与债务人的资本融合为一的[①]。

信用与资本或负债与资产之间的界线，在工业合并战略到处所接触到的各种价值体中，迄今仍然是有些含糊的。实际上那些“资产”与“负债”的旧式概念，在这里的事实的真相上是不大配合的——关于在专门法律上的区别当然除外。旧的法律上的推定与新的事实和习惯，在这一点上，以及在现代企业别的某些方面，是水火不相容的。

当在工业企业改组中这样的巨大交易完成以后，在新合并组织中留在那些原来商号的以前所有人手里的价值体，只是在一个微小的、不定的程度上是属于实物性质的。这些价值体的大部分是证券，其余部分有多数是性质不明确的。在这类情况下，结果这种名义集体资本有一大部分是由被并入的各商号的资本化商誉所

① 参阅《工业委员会报告》第 1 卷第 960—963 页（穆尔〔W. H. Moore〕的证词），第 949 页（来斯〔W. E. Reis〕的证词），第 1032 页（盖茨的证词）；第 9 卷第 491 页（格林〔T. L. Greene〕的证词）；第 13 卷第 8 页，同类证词。并参阅下面第 6 章。

组成[1]。这种商誉主要是由作为企业中竞争者的若干商号所具有的对差利益所构成，大都除了在企业上竞争的目的以外别无其他用途。这些商号一旦相合并以后，在企业的同一范围内已不再居于互相敌对竞胜地位，因此它们作为竞争者原来所具有的对差利益，到这个时候已不复存在。在已统一各商号的已成陈迹的商誉综合上（当然，这只能是一个想象的综合），加上了属于新组织的那一份商誉[2]；两者的全部就大致以所发行的普通股来体现。被并入各商号的名义资本（大部分以资本化商誉为依据），它的总额的估值，通常是相等于各自所有名义股份相加起来的那个部分的。与这个总计数相抵的是普通股和优先股，其中以优先股为主，这是一种在资本形态下发行的证券。普通股和优先股是由被并入各商号所有人以及上面提到的发起人和资金经理人所有的。假若还发行了债券，而这些债券并不是用来代替被并入各商号的未清偿债款的，那么也将同样属于以前的所有人。

在进步的现代企业惯例下，"资本"的含义就是"资本化的假定收益力"，在这个资本构成中，包含着一个企业机构以它的工业设备与商誉相抵的一切信用关系的收益权[3]。结果实际资本估值（表现在市场价格上）与名义资本（表现在股票与各种证券的面额价值上）相对照时，是随着当前对公司资力与收益力推测的变动、

① 参阅《工业委员会报告》第 1 卷第 1054—1055、1057、1058—1095 页（多德的证词），第 1021—1022 页（盖茨的证词）；第 13 卷第 9 页，同类的证词。

② 参阅《工业委员会报告》第 1 卷第 1170 页（多斯·帕索斯〔Dos Passos〕的证词）；第 13 卷第 48 页（佛林得〔C. R. Flint〕的证词）。同类的证词在《报告》的别的地方还有。参阅本页注①。

③ 见下面第 6 章。

随着对公司管理部门的信心的变动而变动的。

当现代工业巨头对于某一系列的工业企业机构加以改组，把它们改成为一个统一的集体形式、一个新式的公司并给予新的名称以后，这就证明，这一措施在简化的方式下，经过极短促的时间，通过信用的使用，完成了扩大资本的一切错综复杂程序；如果在企业竞争方式下，这是只有假以时日，才可望逐渐实现的。同时这一措施还牵涉到有关的工业资产所有权的重新分配，像在另一情况下将在清算时期所发生的那样。它的结果当然与清算并不是在各个点上都相同，但在扩大企业资本和分配利益两个方法上是密切相似的。合并与清算这两种程序的相类和相异之处，就它们关系到信用的方面而言，很值得注意。在某些方面，工业企业合并的组织者可以说是做了商业恐慌的代理人。

为了扩充在相互竞争状态下各商号的业务，以旧式的、竞争方法来使用信用关系时，通过这样的信用活动，企业资本的扩大须经过相当长的时期才能逐渐实现，它所经过的期间通常认为就是投机进展或“走向繁荣”的时期。这时资本化价值的膨胀是通过工业设备等等价格的提高，在多少带着些渐进的状态下发生的。这时债权人大都只是在清算时期，随着价值的萎缩，才插进来享有工业设备的一部分。另一方面，在现代工业企业的改组措施中，在不带时间因素的信用活动下，债权人的权利是在不需要经过相当时期、不需要通过清算或价值萎缩的状态下实现的。

现在把信用扩张、企业资本累进以及成果分配的整个程序归纳成了一个极简化的程式。信用扩张的实现有两种主要形式：(1)由信用机构与发起人联合，担任资金的供应；(2)发行各种证券。

所有信用机构、发起人与各种证券项下的红利，以及商誉的增长、开支的任何其他附带项目或假定的利得一股脑儿都纳入新资本的构成中。于是最后的集体资本，就这样分给了与改组措施有关的各个方面。结果就这里有关的论点而言是这样：当改组措施完成以后，资本估值改变后的工业设备以及有关的其他任何资产，表面上是分配给以前的所有人、发起人和对改组措施供应资金的信用机构的。但由于证券的分配，以前所有人以及所提到的其他方面，在新成立的公司中都已成了债权人和所有人；他们在改组以后，在持有普通股的同时，大都拥有大批的优先股和别的相类证券。拥有优先股的那些大户，当然不久就会把它们转让给圈子以外的人们。这时就物质设备而言，实际上同以前并无所变更；而企业资本则有了扩大，它所包含的内容有并入的若干商号以前未经构成资本或抵押的商誉，有属于新公司的商誉，也有使这类财富得以流通的那部分证券。

实际的资本估值当然是表现在所发行各种证券的市场价格上，而不是在它们的票面价值上。在这种情况下，公司的企业资本价值不一定会遭遇到持久的萎缩；如果新公司的垄断利益（商誉）足以使它的收益力不落后于资本估值所依据的比率，就不会发生萎缩情况。

由此可见，在今天的企业业务中，如现代公司资金供应方面所表现的，资本与信用关系事实上并不是始终可以区别的，其间为什么一定要加以区别，似乎也并没有明确的、企业上的理由。“资本”就是以价值表示的“资本化的假定收益力”，这样的资本构成包含着一切可能的信用关系的使用。现代公司的企业资本是一个每天在变动的量值;在各种证券的行市中,它的信用关系的量值也是随着市场的进程每天在变动的。企业社会所投放的财富,它那确切的金钱上的量值,以及它的负债的综合数额,是要看证券交易所每时每刻的行市来决定的;综合量值经过整个星期而绝无变动是很少见的事情。因此资本与信用是随时随刻在变化的,在各地区之间也是有着在狭小范围内的差异的。企业资本——"资本"这一名词这里就商务中所使用的意义而言——的量值和变动,同工业设备物质的量当然没有严格的、牢固的关系;企业资本在量值上的变化也并不反映工业设备在量值上或效率上的变化,即使有所反映的话,它的情况也是极模糊、极不肯定的。由于同样理由,在某一时间流通的信用综合量值与变化,它们与物质财富的综合的关系以及与这种财富所受到的实际变化的关系,也只是淡薄的、间接的、摇摆不定的。所有这里所说的情况,与它特别相切合的是用现代方法经营与市场有相当接触的工业和企业。

第六章　现代企业资本

在上一章使用贷放信用的讨论中，已谈到了不少关于现代企业资本的特点。这是势所必然的，因为正是由于信用的广泛使用，才使资本管理方面近代的状态与在早期企业经营中的现象成了鲜明的对比。按照德国作家们的惯用术语，把近代晚期的经济生活体系叫做“信用经济”，使与近代初期特有的“货币经济”有所区别。现代资本的本质以及它与信用经济进一步发展下的工业操作的关系，把它与信用充分自由使用在企业经营中占中心地位以前它的情况相比较，在若干程度上有所不同；把它与上一代经济学家的理论解释相对照，情况就更加不相符合。

经济学者以及还有些别的人们，习惯于把“资本”看作是工业赖以进行的一堆物质资料——工业设备、原料和生活资料。这个观点是从亚当·斯密及在他以前的时代的工业情况中相沿下来的，亚当·斯密从那个时期的生活和思想体系中吸取了一般的资料和概念，从而形成了他的论点。亚当·斯密向他的时代提出了他的看法，这个观点就一直流传到现在。这就是说，有关企业资本及其与工业的关系，在这方面已有的理论系统，是以“货币经济”时代的环境、是以信用和现代企业经营方法在经济事业中还没有占首要地位以前的情形为依据的。它是以实利主义哲学的立场，从整个社会物质福利的观点出发，来讨论这些问题的。在这个社会哲学系统下，以整个社会的福利为中心利益，而一个广泛、和谐的事物自然秩序即环绕在、吸引在这一点上。这类关于企业经营早期的理论，使这种经营的关系面向着国家财富，认为国家财富属于“自然”事物性质，一切事物应共同为人类的幸福而努力。

在被接受的许多学说中，关于企业资本的理论，或就它所有关于这方面理论的部分而言，是从十八世纪天赋自由、自然权利和自然规律的观点产生的，也是为了这方面的理论目的而产生的；关于资本和资本家部分的那些公认原理实际上属于自然规律性质，这类原理也就是由于对自然规律这一名词的当时的理解而来的。至于这类公认原理关于资本和资本家的本质与正常职能方面是怎样论断的，这里没有详述的必要；一切读者，不论是外行或有专门研究的，对于它们的内容已经十分熟悉。还有，关于这样一个观点在经济理论目的上的价值，以及这个公认的资本概念与它原来所致力的目的是否相适应，这些在这里也无须深论。现代企业管理并不采取这个观点，对现代企业家来说，“资本”也不含有这样的一个意义；因为现代企业进行时所处的主导环境，并不认为是出于自然法则的恩赐，至于一般的公共福利，构成亚当·斯密社会哲学的最终目的的，在现代企业经营中也不含有这样的控制目标。

作为一个企业上的定义，“资本”是一宗货币价值量；但自从信用经济和组合资金周转成为工业企业中的控制因素以后，这一宗货币价值量（作为一个综合体来说）与工业设备以及在工业

资本[①]旧有概念下可以（也许是应当）计入的其他项目之间所存在的，只是一个淡薄的、摇摆不定的关系。

资本曾经被说成是工业设备等等的资本化（综合的）成本[②]，这个见解在一百年前的经济学理上是有重要意义的；但自从组合资金在企业经营中盛行以来，这个见解在现实的理论处理上已不再怎样特别适用。为了避免无谓论争，未尝不可以承认，在旧的制度下，在合伙或个人管理的工商业中，资本估值的依据确是任何一行号所有的物质设备的成本；只要这种合伙和个人字号的方式依然流行，这样的资本估值方法，尤其在法律意义上，可能仍然是现实的。但是企业程序和企业概念随着现代公司（有限责任公司）的形象而变化以后，资本估值的依据也逐渐有了转变，到今天这个依据已不再是所主有的物质设备的成本而是一个在营业中的公司的

① 企业资本与“工业资本”或“资本商品”之间的区别，曾由克尼斯作了解释（《货币与信用》第1卷第2章第40—60页）。此外对这类区别作出解释、在某些方面的旨趣与他很相近的有罗贝图斯（Rodbertus）（“私人资本”与“国家资本”）、庞·巴维克（“取得资本”与“生产资本”或“私人资本”与“社会资本”）和克拉克（“资本”与“资本商品”）。还有许多作家在这方面提出了类似的区别，以纠正名词已有定义的不适当。这类区别的得失同这里的研究没有关系，因为所以作出这类区别，其间的目的与这里的有所不同。本书在这里所作出的区别，并不是要修正经济学理上的专门名词，只是为了当前使用上的方便，实际上就是等于对企业家关于“资本”这个名词的习惯概念（多少是轮廓分明的）作了全盘接受。是近斐忒耳（F. A. Fetter）先生谈到“资本”的限制，把它作为一个专门名词，实际上就是这里所说的“企业资本”。不过斐忒耳先生的“资本概念”，大概是不包括无形资本的。事实上的区别，可以在工业委员会作证时提出的许多证词以及该会《报告》第13卷关于“证券”的专门报告内看到。

② 就是像可罗斯（J. von Körösi）对于组合资本这样晚近的、高明的研究者，也不免被这个过时的观念所束缚，从而使他的作品的结论受到一定影响。参阅《股份有限公司在财务上的成就》第3页。

收益力[①]。

某一个公司的资本当然在法律上是一个事前已经确定的量，这是由特许成立公司的法令所规定的，公司的股票是依照它的执照或特许的法令所定数额来发行的。但这个法律上的资本估值仅仅是名义的，一个公司在实际上的资本与它的法律上的资本两相吻合，这种情况即使有的话也极少见。只有当体现公司资本的证券在市场上的行市与票面相平，方才可能有这样的情况。任何现代公司的实际资本估值，就是说，与公司执照方面形式要求有所不同的在当前企业目的上有效的资本估值，是由公司证券的行市产生的，或者，公司资本如果没有在市场上公开议价，是由某些相类的、但比较不公开的市场价值产生的。实际的（企业的）资本估值与法律上的资本估值不同，它不是在事先已经存在的公司法或股票发行额下永久地、硬性地规定的。它只是在公司有形和无形资产不断的、反复的评价下，在它们的收益力的基础上，临时确定的[②]。

在这样依据收益力的资本估值中，资本估值的核心不是工厂

---

① 这种情况，通过一个人所熟知的论点，曾婉转地有所揭示，这是由许多作家用各种各样的方式来说明的；大意是：在资本估值中，在理论上必然要发生的设备成本这一点是包括一切有形和无形的有价值项目的再生产成本。

② “有人说，公司的股份如果在一开头就用现金缴入，要比凭不能换取分文的资产来发行股票的情况好得多——没有比这个说法更虚妄、更迷惑人的了。问题是在于某一股票交易发生的时候公司有些什么资产，而这一点是只能靠当时的调查来决定的。”——斯德特生（F. L. Stetson）的证词，《工业委员会报告》第 1 卷第 976 页。参阅米德《托拉斯金融》第 16 及第 18 章。

的成本，而是在上一章里所讲到的所谓公司的商誉[①]。“商誉”这个名词的含义是有些广泛的，到了现在，它的含义比以前却更加广泛。实际上它的含义是随着现代企业方式的需要而逐渐扩大的。在“商誉”的名称下包含着性质互异的种种项目，但这些项目有一个共同点，它们都是“非物质的财富”、“无形的资产”；这里可以附带说的是，这就意味着这类资产对社会并没有贡献，只是有利于它们的主有者而已。商誉在较广义下所包含的内容有：一向存在着的企业关系、交易公平的信誉、经营上的特权和特有待遇、商标、牌面、专刊权、版权、特殊操作方法在法律保护下或在保密中的专用、材料特有来源的独占，等等。所有这些项目都足以使它们的主有者获得一种对差利益，但是对社会并没有综合利益[②]。它们对有关的个人来说是财富——对差的财富；但并不构成国家的财富[③]。

这种商誉的资本估值显得最有利的是在那些工业的股份有限

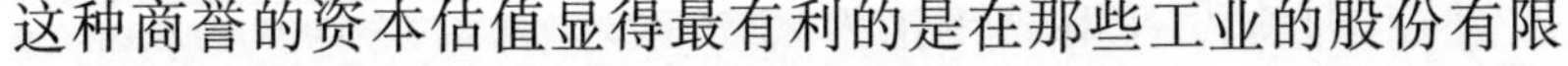

① 法人组织的企业机构，特别是它们的证券在市场上有行市的那些机构，资本估值事实上是以收益力为依据的。实际的资本估值发生在证券市场。但法律并不承认这样的资本估值的依据；这个依据企业家一般也并未曾在明确的态度下加以采纳，虽然在投资和信用关系的运用中，他们在实际上是一直要求助于它的。参阅《工业委员会报告》第1卷第6、17、21页（特尔伯〔F. B. Thurber〕的证词）；第967页（斯德特生的证词）；第585—587页（洛泽斯的证词）；第110—111、124页（哈弗迈尔〔Havemeyer〕的证词）；第1021、1032页（盖茨的证词）；第1054—1055页（多德的证词）；第13卷第287—288页（柏恩〔H. Burn〕的证词）；第388页（莫理斯〔J. Morris〕的证词）；第107—108页（察普曼的证词）。载《经济学季刊》（1903年2月，第344—345页）的《和略克（Holyoke）虚股案件》，它的判例可供参考。

② 关于这类无形资产对于它们的主有者所贡献的利益，近来的经济学者们是在“租金”或“类似租金”的标题下讨论的。这类讨论据说在理论上是有重要意义的。但在企业实践中是把这类项目当作资本看待的，因此这里把它们包括在企业资本内。

③ 可与庞·巴维克和克拉克对于“私人”与“社会”资本之间及“资本”与“资本商品”之间所作的区别相比较。

公司中——所谓工业的有限公司包括钢铁公司、矿山和特别是在证券市场中大家所熟知的“工业股票”发行者。有限公司当然不是工业范围内企业机构的唯一形式，但它是现代工业管理中典型的、特有的企业组织形式；因此这类现代公司最能够表现现代资本的特性。这些公司有许多是从原已存在的合伙组织和商号蜕化而来的，现在不时出现的有很多的公司还是出于这个来源。在由合伙组织或商号转化为公司的这一情况下，属于原组织各式各样形态和名称的商誉总是由代替原组织的新公司接收的。反过来说，一个合伙组织或类似的个人商号，营业相当发达，在商誉方面关于上述的部分或一切项目有着稳固基础时，由于现代企业的要求，它的发展方向不是把自身直接转化为公司，就是与别的商号联合、组成一个大型的公司。当然，在这方面是没有严格规章的。一方面个人商号，即使没有正式转化为公司组织，也未尝不可利用组合资金周转方法；另一方面，一个有限责任公司，也未尝不可按照个人商号惯有的方式进行营业。但一般地说，在法人组织的形式下，总是采用着比较现代的资本构成方式，更加方便地使用着信用关系。法人组织形式在这方面所具有的优点一般是不会忽视的。在组织上和业务管理上比较陈旧的方式，其间对于现代特有的组合资金周转方法一般是不采用的，主要是流行于那些“落后”的行业，这类行业对于事业中的垄断权利或属于非物质性质的其他对差利益是无法获致的；例如农业、渔业、当地杂货业和小型的商业与事业。在这些行业范围内，大型法团组织到现在为止实际上还不可能，同时关于上述商誉性质的对差利益，对它们说来是很少见的，也是不确定的。凡是在具有广泛的这类对差利益的场合，法团组织形式也就会跟着产生。

常见的情况是，一个公司一开头就具备了组织完全的形式，并不是由先已存在的个人商号蜕变而成。在这种情况下，这个机构在开始时就往往具有某些可靠的非物质所有物，从而构成它的资本估值。这种可靠的非物质所有物可能是经营事业的特权，例如铁路、电报、电话、市内电车、煤气、自来水等公司就处于这样的情况；或者可能是对于材料特种来源的控制，例如石油或天然煤气公司，或盐、煤、铁、木材等公司：或者可能是在专利下或保密中的特种工业操作；或者可能是这类项目中的若干项。如果一个公司在它生命史的开始时没有这类非物质的对差利益，那么它的负责领导者在很早就要从事努力的是逐渐地建成一个商誉的基础，比如在商标方面、顾客方面或商业关系方面使它居于全面的或局部的垄断地位[①]。如果负责人在这方面的努力没有获得成功，没有能建成这类“非物质的”稳固基础，那么它在同业竞争中的胜利机会是没有把握的，它的地位是不牢靠的，它的负责领导者们并没有完成寄托给他们的任务。一个工业公司的真正基础是它的非物质资产。

一个典型的现代工业公司是一个具有足够规模的机构，使它的活动不限于现场效果，它的商业关系须发展到与它的管理人员直接接触的范围以外。它的资产和负债，至少有一部分，是由与公司管理部门没有直接人事关系的人们所有的。一个属于这类性质的新式的公司，它的组合资本或资本估值的典型构成大体上是这

① 详上面第3章。

样:普通股大致与公司的非物质资产相抵,除非这类资产价值异常巨大:如果是比较小型的或地方性的公司,普通股往往与非物质资产相抵以外还稍有余裕,因此还包括着设备的一些部分;在较大型的组织则情形往往相反,因此公司的非物质资产、无形的财产就在若干程度上成为普通股与其他种类证券两方面的依据。普通股所特别体现的是无形资产,是那些有价值的商标、专利权、操作程序、经营特权等等。已有的或行将获致的物质资产、有形资产是与优先股或其他证券相抵的。普通股以外各种形式的证券,它们所依据的是物质设备和流动资本(所谓流动资本大致相当于经济学者们所归类于原料、工资基金等等的项目)。在这类证券中,优先股是现代发展中的最大特色。它在法律上列入公司资本的组成部分,它的本金是不偿还的;在这一点(法律的),它不是债务或信用手段的凭证[①]。但在公司业务政策方面,它的发言权是很少的[②]。实际上负责领导者主要属于普通股的持有人。所以如此,部分是由于优先股有一定的股息率,因此分散的购户比普通股持有人是在更大程度上把它看作一种安全投资的。在这一点上(实际的),它相当于债务。它作为一种债券的实际特征,表现在股息的有指定比率,当在这方面还带有“累积性”时,它的特征与一般债务的同化就更进了一步。的确,谈到优先股的实际意义,在某些方面,它比普通抵押贷款更加突出地是一个信用手段;它对于它所体现的资产的掌握,它的疏远程度,更甚于普通债券或抵押贷款,因为它

① 在公司账册上当然把它记入负债项下,同普通股一样;但这是在会计上的技术处理,并不关涉到实质上的问题。

② 参阅《工业委员会报告》第1、9、13卷关于“资本估值”各证人的证词。

在实际上也许是一种债务，但根据它本身的规定是不能收回的，这就意味着将一项信用关系由优先股持有人永久转让给了发行公司。它的意义就是优先股持有人将他们所保有的那部分物质资产的全权管理，转让给了公司普通股的持有人。通过这样的布置，对组合资本的全权管理，与对于普通股（那是认为体现着公司商誉的）的通常信用手段的使用，有效程度正是相等。由此可见，全部资本的处理权属于体现着无形资产的证券。在这一意义下，可以说现代组合资本的核心是以普通股相抵的非物质所有物[①]。

这种资本构成方法，结果使公司管理与工业设备所有权两者处于有些完全脱离的状态。一般地说，在法团组织下，工业材料的所有人在经营管理中是没有发言权的，当优先股在资本中是一个巨大组成部分时，这种在所有人方面对于管理的隔离，也许是无法避免的。优先股实际上是一种措施，在这个措施下，将它所体现的资产永久寄托给普通股持有人，而且除了某些限制外，关于资产的管理，受托人对委托人是没有责任的。在这一点上，所有人对他们所有财产的财产关系薄弱到极度。还有一点应附带说及的是，在大多数企业情况下，资本以别种形式的债券相抵时，它所处的情况

① 为了持久成功、价值稳固，在保守而又现代的方式下组成公司，像这类情况是很多的。试以橡胶品制造公司作为一个典型例子。它的股份核准发行额是七厘累积优先股二千五百万元，普通股二千五百万元。1901 年实际发行额是优先股八百万元，普通股一千七百万元，其中优先股是假定它与有形资产的价值相抵的。由同一发起人（佛林得先生）组织的又一个公司，美国胶产公司，说明了同样的一般特征。这个公司的优先股（三百万元），“以约数计，约三倍于有形资产的数额”，因此普通股（六百万元）并不体现着任何有形资产。结果，它的综合资本约九倍于它的有形资产。证人说明，这个公司经事实证明“在经营上是保守的，因为公司对于普通股付给的利息是八厘”，而普通股的市价是百分之八十。——《工业委员会报告》第 13 卷第 47、50 页。

与以优先股相抵时是差不多相同的①。

① 或者有人认为把普通股与无形资产并为一谈的说法只是在理论上适用，只是意味着与这类问题有着关系的企业家们有着这样的见解，但是在实际上各种股票一旦进入市场以后，优先股与普通股之间就不再有、或事实上不能保有这种在本质上的区别。换句话说，当股票经过组织阶段、流到买主手里以后，每一股份所体现的就好像是没有别的，只是在公司综合资本估值中一份未经分配的产权，因此某一股份或某一形式的证券，它所体现的究竟是财富的哪一指定项目，已不再能够加以识别。

从情况的表面上来看，好像显得是这样，但根据事实说明本书在这里所持的观点是有依据的。比如有一点是人所共知的，不论什么时候，情况有了变化，直接影响到公司的商誉时，最先又最显著地受到影响的是普通股的行市。如果公司商誉有了巨大而迅速的增长，比如由于策略上的运用使它居于垄断地位，或由于商品市场的变化使公司产品的需求大大增加，或由于其他原因，这个时候借以衡量或表示公司由此所获得的利益的是普通股行市，同时普通股的市况变动也是一种工具，用以影响到这类无形资产方面的操纵。但这个规律也并不是严格的，例如在清算的情形下，这时公司资本可能萎缩到这样地步，它的全部资本，包括无形资产，除了抵偿普通股以外各项证券所体现的权利，余下的已没有什么。然而就事实言，企业家关于普通股在某种可理解的意义上与无形资产相抵的（理论上的）观念，一般地说，还是可以在日常经验中获得相当实证的。

现在的情况是企业社会在非物质资产的基础上努力进行组织并管理工业设备，而中世纪时则关于计息放款在企业观念上存在着混乱，在这两者之间可以看到一种奇妙的相类之处。在两个情况下企业社会都不得不面临着史无前例的局面，都在进行着适应要求的措施，而民众则基于传统观念，对这些措施表示反对。中世纪的推论，认为生产资料的管理以及由于使用资料所获得的利益，必须属于资料的使用者（参阅阿士力《经济史》第1卷第3章，第2卷第6章；恩得曼〔Endemann〕《商务法规与国民经济原则的研究》）。现代的推论是，设备以及由于这样管理而获得的利益必须属于所有人。现代的形势决定，设备必须由所有人以外的人来管理，利益必须大部分归于在资金周转上管理着公司的那些人。要达到这样的目的的办法是利用无形资产，利用表现为优先股形态的不具人格的、不能收回的信用关系。结果是所有权与管理两者相脱离。这是贯彻实行“信用经济”的必然结果。工业设备的管理掌握在拥有非物质财富的人们的手里；这就是说，拥有非物质财富的人也就是拥有管理设备权的人。关于必须由所有人来进行管理的意见终于被一种假托的论调所撇开，认为这种管理设备权具有工业上的价值，因此在对差利益的基础上加以资本化，而对差利益是属于对差利益的保有者的。

由各种证券在这种情况下所体现的组合资本是在市场上有行市的，是服从于市场的变动的；因此组合资本的实际综合量值是随着市场的趋势、随着受托管理着公司业务的企业家们的策略、随着时机的动态以及和平与战争的情势而变化不定的。由此可见，某一公司或整个企业社会的企业资本的量，如在上一章谈贷放信用时所已述及的，在很大程度上是与机械的现实无关的[①]。资本量在市场上的变动，它所依据的是投资者方面信心的变化，是对掌握事权的企业家关于他们的政策或策略方面的推测，是对于政治上策略及趋向的逆料，以及社会群众在情感上、在理解上那些难以捉摸、变化莫测，大都是出自本能的动态。因此在现代情况下，企业资本量及其逐日的变化，主要是一个群众心理而不是一个物质现实的问题。

但是在企业资本对物质设备的这种不明确、多变化的关系中，有一两点是可以认为相当肯定的。由于在现代资本估值中涉及的信用手段，如在贷放信用那一章里已经提到的，可以用作进一步信用扩张的担保，因此在某一时间所掌握的综合名义资本，通常总是显著地超过物质资产综合价值的[②]；同时物质资产的现时价值，也大于如果以组合资本估值为基础的信用资金周转办法不存在时这

① 并可参阅米德的讨论(《经济学季刊》1902 年 2 月份，第 217 页起)，他谈到“商誉”怎样在量值上可以随时变化，当一个商号加入较大的合并组织时，怎样甚至可以化为乌有；还有，在同样的总论题下，可参阅尉罗比(W. F. Willoughby)《美国工业的合并》(前书 1902 年 11 月份)。

② $cap'=cap+\frac{cap}{n}>cap$ (其中 cap 指资本，cap' 指名义资本加上信用成分 $\frac{cap}{n}$)。

项资产所将有的价值①。

德国的经济学作家们使读者听惯了“信用经济”、“货币经济”和“自然经济”等名词，对于现代近期经济生活组织特别称它为“信用经济”。早期的现代经济组织，“货币经济”，它的特点，从而使它与这种经济生活未侵入西欧文化以前的自然经济(用物品分配)相划分的，在于以市场为一切产物的出路和一切商品的供源。这种货币经济的特征就是商品市场。在现代早期，商品市场是商业与工业利害趋向的关键所在；上述关于政治经济的现代学说，也就是与工业生活的这种现代早期制度相配合的。

信用经济——最近的和目前的经济生活组织——在货币经济的主要特征上跨前了一步。当然，商品市场就它的绝对意义而言，仍然是同以前一样有力的一个经济因素，但在企业和工业经营中，它已不再是像以前那样的一个控制因素。在这方面，资本市场占据了第一位。资本市场是现代经济特征，由此形成了像现在这样高度的“信用经济”。在这个信用经济中，是惯于依靠市场作为所

① $mat' = mat + \frac{1}{n}\left(\frac{cap}{n}\right) > mat$(其中 mat 指物质设备，mat' 指由于信用成分 $\frac{cap}{n}$ 而引起的竞争需求使设备价值有所提高的设备现时价值)。由于这类现代企业措施而发生的一个实际的从属性利益，其中应注意到的一点是，组合资金对社会综合的名义财富的影响。某一个社会，具有某一定额的物质财富，如果它的工业设备的大部分被资本化，是在企业方式下经营的，这个社会的资本就比较丰富；至于在物质各个项目上的任何增长，那是另一回事(参阅《美国第 12 次国势调查》,《制造》,第 1 部分第 96 页)。这样，通过把企业机构组成股份公司的简单做法，就可以无所耗费地使财富有所增长(平均大致增两倍)。组合资金越是作高度的发展，范围越广泛，那么在别的方面无变化的情况下，从资本的统计上来看，社会就越富有。所谓别的方面，主要是问题中的物质事项。

蓄积的货币价值量的出路以及资本的供应来源的[①]。

在旧制度下买卖的是商品；在新制度下则加上了资本的买卖，这是这个制度下主要的、突出的特征。在资本和商品市场中，都有着专业性的交易者以及一般的买户和卖户，他们依靠着市场出售所有物，并就市场所供应的取得他们的所需。不论是属于哪一类的交易者，从事于交易的那些人的目的总是大致相同的。以交易为职业的那些人，他们为了卖出而买进，也为了买进而卖出，他们的目的是在通过支付价格与收入价格之间的有利差异而获得金钱利益；但在依靠市场以供应所需的那些人方面，他们所寻求的目的在资本市场和商品市场两种情况下是不同的。商品的最终买户，他的买进是为了消费，但资本的交易者，他的买进是为了将来的利润；实际上他是为了在价格高涨后再行售出而买进的。在他心目中的价格高涨是由资本滋生的未来收益，他是为这一点而成交的。他在一笔交易中的用意是要把他所购入的价值量转化为在货币价值上更大的成果，至于关系到这笔交易的从开始到终点其间的生产过程等类，他是不管的[②]。

因此任何一项资本的价值，关键在于它的收益力；或者用数学的措辞来说，资本的价值是它的收益力的一个函数[③]，而不是它的

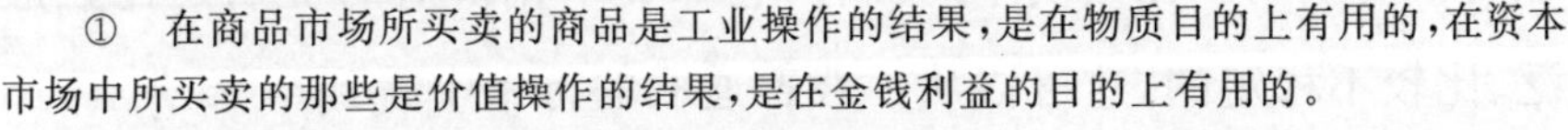

① 在商品市场所买卖的商品是工业操作的结果，是在物质目的上有用的，在资本市场中所买卖的那些是价值操作的结果，是在金钱利益的目的上有用的。

② 参阅马克思《资本论》(第 4 版)第 1 册第 4 章。

③ 实际资本＝名义资本的当时市场价值＝假定收益力×以年收计算的价格，关于那些偶然性、无法计算的项目，可能在任何实例中有影响的，概不计及。

试以名义资本＝cap，实际资本＝cap'，假定的一年收益＝ea'，资本化资产的年收价格＝$yp=\frac{1}{\text{周年利率}(int)}$，那么 $cap \lesseqgtr cap'=ea'\times yp'=\frac{ea'}{int}$。

主要成本或机械效率的函数。后者只是比较远远地、在通过收益力的中介的情况下，敏感地影响着资本价值。至于决定资本收益力的，主要倒并不在于在资本市场买卖的各种有价值项目的机械效率，而是在于市场对商品需要的紧张程度。前面已在相类关系下提到，资本收益力问题的首要关系在于行销目的上的有效，至于物质的适用性方面的有效只是次要的。但在这种情况下供作市场上资本估值（或在买卖证券下的资本估值）所依据的，并不是过去的实际收益力，而是未来的假定收益力；因此在资本市场的变动中——在证券市场的资本估值的变化中——所集中注意的是想象的未来事件。对于未来的预测可能是相当灵敏的，但不论怎样灵敏，它的性质总是除了总结过去经验外以其他原因为基础的一种预测。

这样就使参加市场的一切资本处于估值、重估值——也就是资本构成改变再改变——的一个无止境的过程中，变动的依据是资本的假定收益力，因此这类变动就多少带有一种不可捉摸的性质。但是在市场上资本中最无从捉摸的项目当然是包括着资本化商誉的那些项目，因为它们自始至终是无形所有物。对假定收益力的变化影响最直接的就是资本中的商誉这个因素，它造成了最广泛、最放纵的市场波动。在买卖中的商誉，它那资本化价值的变动是比较广泛、比较不稳定的，这可以从一般普通股的行市中看到。

---

cap'与ea'之间的均等，由于在任何实例中所存在的各种因素而被打乱，而这些因素在等式中未能列入，但将一切这类因素列入以后，这个等式还是正确的：$cap' = f\left(\frac{ea'}{int}\right)$。

在资本市场中进行着买卖的商品是资产的想象的资本化收益力，这类资产以买卖的证券相抵。这类资产部分是有形的，部分是无形的，两者能明白划分的时候是很少的。为了便于买进卖出，把它们转化成了可行销的形式，在货币上予以统一，再把它们分割成了方便的、想象上的股份，这就大大地便利了交易的进行。收益力是市场上资本估值的依据，是可供买卖的资本在进行交易时的关键所在，而这个收益力却是假定的、想象的收益力。因此关于某一项资本的这种假定收益力，在局外投资者方面所臆测的，与它的管理人方面对资本实际收益力所了解的，其间可能有很大距离；而这种实际上与推想上收益力差异在存在，也许对管理人方面是显然有利的[①]。比如，以某一系列的证券相抵的资本假定收益力，当它在市场价格上的表现与管理人所了解的实际收益力相对照显已超过时，他们可以抛售，或者甚至抛空，从而猎取利益；当情势相反时，他们将倾向于收买。还有，假定的收益力是对未来收益等等方面许多臆测的结果；但这类臆测是人各不同的，因为他们在进行臆测时所依据的是，对当前收益力不完整的，主要是猜度性的了解，是对商品市场和公司政策未来趋向更加不完整的了解。因此证券的买进和卖出往往很频繁，这是由于局外人的估计和预测彼此所见不同，也是由于局外人与局内人的情报的不相一致。结果是，某一项资本，体现着例如某一工业企业的控制利益，可能——在实际上往往的确是——时常更换所有人，它的频繁程度，要比在组合资

① 要企业家公开账目，他们大都是坚决反对的，理由往往就在这里。有些行业，例如铁路运输业，它们的账目没有作有效的、系统的窜改，因此要它们公开账目时，它们的反对态度往往就比较缓和些。

金周转办法没有降临到工业事业领域以前某一工厂在旧制度转手的习惯情况大大超过[①]。

还有，在这种情况下，凡是管理着这样一个工业企业的人们，他们所管理的企业资本是在市场上予以估值并有行市的，这就可以使用众所周知的、适合于目的的那些办法，来主动引起假定的与实际的收益力之间的差异。片面情报甚至谣言在紧要时机作巧妙的传播，往往能有力地促成这类有利的暂时差异，从而使管理者买进或卖出公司证券，使他们自己坐享其利。如果他们是机敏干练的企业家——事实上往往是的——，那么他们管理公司事务的目标将在于如何把公司资本作有利的买进和卖出，而不是在于公司的前途发展，也不是在于如何把这项资本作工业使用后、使它所产生的商品或劳务不断有利于行销。

这就是说，现代公司管理人的利益不一定同作为一个营业活跃机构的公司的长远利益相一致；更不一定同作为一个工业企业的公司在有效管理下、整个社会因此所享有的利益相一致。整个社会的利益在于对企业的管理方针应该是使它尽可能贡献出最好、最多的商品或劳务产额；作为一个欣欣向荣的公司，它的利益在于管理方针应该是维持着高度效率，使它在长远打算中尽可能按最高的价格售出最多的产额；而公司管理人和公司的暂时所有人的利益却在于这样的管理企业，使他们得以尽可能迅速、有利地把企业买下或售脱。整个社会的利益所要求的是工业效率或产品的适用性；公司的企业利益所要求的是产品的行销；而对这些公司

① 参阅例如艾伯斯塔特(Eberstadt)《德国资本市场》。

有着最后主持权的人，他们的利益所要求的却是组合资本的易于脱售。社会利益要求的是，在产品的实际成本与实际适用性之间应该有一个有利的差别；公司利益要求的是，在产品的开支与收入之间、成本与售价之间应该有一个有利的金钱上的不同；而公司领导人的利益却在于公司资本的实际与假定收益力之间的差异，这种差异应该视情况而定，有利于资本的购入或售出。

前面的一章里曾提到，在社会的工业要求与公司的企业要求之间，势必发生差异，有时还甚至会形成分歧。在"货币经济"旧制度下，在工业企业的合伙方式和个人所有权下，全权管理着工业操作的那些人，他们在工业方面的利益与整个社会的利益，其间相差一级。但是在相当发展的"信用经济"下，在组合资本便于售让的情况下[①]，掌握着工业事权的那些人，他们的利益与在他们管理下的公司利益，其间也相差一级，而与整个社会的利益则相差两级。

管理人的企业利益所要求的并不是产品的适于使用，甚至也不是产品的易于行销，而是在他们管理下的资本价格的有利差异。作为一个公司的管理人，掌握着公司的事务，指导着公司的企业方针，然而由于组合资本的易于售让，使管理人的企业利益在很大程度上同公司的利益分了开来，使他们所全神贯注的，不是在于公司的长远效率，而是在于实际与假定收益力之间的差异。他们与公司的关

① 在"货币经济"下，任何工业企业的资本当然也是可以售让的，不过比较困难；而现代组合资本转手时的简便迅速，已成为在企业中这样突出的、有力的因素，与旧式企业方式比较时已成为这样鲜明的对照，因此可以说资本的可售性是现代企业一个突出的特点。所谓"控股公司"(holding company)，就是关于这类工业企业可售资本的经营的充分发展。

系实质上是临时性的;只要他们的个人利益要求与公司相分离,他们与公司的这种关系就可以悄然地、突然地终止。这类例子是很多的,尤其是铁路运输业管理,由于公司企业利益与管理者个人企业利益之间一时的矛盾,会引起生动的演变事态,如果管理方面与公司方面的利益像往时那样结合在一起,这种情况是不会发生的。有一点是很有意味的,像这样以个人目的从事管理公司事务的比较常见的、显著的例子,到现在为止,总是以发生在铁路运输业者为多,同时,现代组合资金周转的方式方法,首先而且最广泛地达到相当成熟程度的,也是铁路运输业。由此使人想到,当这种企业资金周转办法在工业本身获得进一步贯彻实行时,将发生怎样的演变。实际上在工业本身领域中发生的情况,可以与更加成熟、更加巧妙的铁路运输企业资金周转办法相比拟的例子也未尝没有①。

管理着工业公司的人们,他们在证券市场的利益关系是广泛的、多种多样的,并不限于在他们管理下那部分资产的有利的买进和卖出。他们对于企业合并或改组各种活动的成功或失败也有兴趣,为了实现这方面的隐藏目的,他们势必从事于"操纵"证券,希望通过这样的买进卖出,可以获得对某项证券的控制②。因此这类事

---

① 顺便可以注意到,关于周转的问题(上面第5章第53页注5曾提到),在现代企业资金周转的情况下,已经主要成为这样一个问题:一方面是投放于工业的资金、在买进与卖出之间的间歇,另一方面是实际与假定收益力之间差异的量;而不是一个工业操作时间与产品及其价格的量之间的问题。以公式表示时应该是这样:

$$周转=\frac{资本}{时间}\left(\frac{实际收益力}{n}=假定收益力-实际收益力\right),$$

其间资本是经营者投放于公司证券的数额,时间是证券买进与卖出之间的间歇,假定收益力则作为是在一个不定的差额上超过实际收益力的。

② 参阅上面第3章。

业经营的惯例是诪张为幻，有时故意掩饰错误，有时则故意宣扬弱点。在这样的领导下，工业事务进行的目标所在，即使不完全是、也在很大程度上是随着情势的需要，作出事业进展或衰退的表面伪装。在某种情况下，掌权的人们也会有这样的意图，故意把他们事业的外貌伪装成为处于困境。工业巨头个人利益的更高要求与他所管理的公司的需求既不必相一致，因此工业事务方面的措置失当，虽然不是实在的而是表面的，有的时候可能正好与他的目的相适应。公司情况不佳或发生了不幸事故这类虚伪宣传，一旦被认以为真时，公司的假定收益力将低落到实际收益力以下，这样就提供了为将来上涨或为策略上控制目的而从事买进的机会。此外目的在于产生相类结果的其他种种办法，为此道中人所深知的，当然还很多；而某一种类的证券，由于某种策动，它的规模不是像上述那样壮大的，也会发生暂时的价格降落。这里所要指出的是，在这种组合资金周转的制度下，公司事务的管理大部分是为了战略目的，所适应的是管理者的利益，而不是作为一个营业机构的公司的利益。

前面曾提到在信用关系中没有确定的时间间歇[①]，这一点在这类活动中也是这样，虽然在具体情况上略有不同。在这种组合资金周转的高度发展下，在对于转手便利的资本的操纵下，上述的周转间歇已成为一个不定的因素。在经营中的利得与时间的经过两者之间所存在的关系是不确定的、多变化的，是不能按时间单位百分率来计算的。因此在企业管理的这类高一层活动中，老实说是没有可确定的通常收益率的。在操纵市场的业务中可以断然认为

① 参阅上面第五章。

供作这方面运用的资本，在组合资本的买卖中特别用于这方面的各项价值量，是由经营者的商誉和他的经济力量构成的。要经营这类业务，雄厚的经济力量是不可少的，但是构成这种巨大资力基础的担保物只是部分地投入业务，作为实际信用关系的依据。这里真正起作用的是经营者的资力，而不是借助于这种资力所能提供的信用关系的直接依靠。因此这类交易所涉及的流动资本，它的性质特别难以捉摸，在这项资本使用中的时间因素——假使可以严格地说其间确然有着这样一个因素的话——是难以肯定的。

再说得具体些，企业家在这样的事业中追求利得时，在通常情况下，他必须拥有大量的财产，这是在经营中所必需的资力的根据。这类财产，它的形式往往是证券，这些证券的发行者，它的可售资本就是他的经营对象，此外当然还有属于别的公司的证券。这些证券所体现的资本，有形的和无形的，都已经使用于发行这项证券的公司的通常业务中；就是说，这项资本已在充分使用中，并已假定它在滋生着通常比率的收益。

但是在这个资本所有权所提供的基础上的资力，还可以使主有者加以进一步利用，以从事可售的组合资本的经营，其间对于他所保有的有利投资仍然可以保留，并无须牵动其中的任何显著部分。换句话说，在现代情况下，他为了作可售组合资本的买卖，对于他的投资一物可以两用；但这种对投资的第二度使用与该项投资并没有严格的定量上的关系，对投放资本的通常使用以及对公司企业经营的正常进行，也不在任何明确态度下加以干预。由此可见，在这种高一层的事业经营中，它所使用的资本以及在这方面所提供的潜在的信用关系，它的性质是极度无形的，它的数量更是非常难以捉摸的。

在这类经营中所使用的商誉，情况也大致是这样。商誉的很大部分已经用于公司的通常业务经营中，而有关企业家的资力，他所凭借的就是这类公司的证券。因此在这种高一层事业经营中所涉及的商誉，这里也成了第二度的使用。像这样使使用上的重复成为可能、并适合于大企业家们获取利润的企业经济，是在量值上大规模的；但由此使企业社会资本化力量获得非常增长这一点，这里不再深论。

由于在这种业务中所涉及的各项财富成分在性质上的捉摸不定，以及收益的没有确定常态比率，因此使经济学者们把这种可售资本的经营看作是“投机事业”[①]。局外人由于看涨或跌，单纯地买进或卖出证券，这当然是投机事业，这是投机事业中的典型形态。但是如果从事于这类买卖的是公司的管理人，这些公司的证券就是他们经营的对象，尤其是如果买进或卖出证券时，目的是在于对该项公司获得控制或便于在个人或战略企图上进行管理——把这类活动说成“投机”事业是不适当的，是文不对题的。以投机性而言，这种组合资金周转的高一层活动，与任何工业企业的通常业务管理相对照，简直没有什么高低，即使有也是极有限的。一切企业，凡跟市场有着关系，它的产品要依靠市场来行销，则结果总是有几分不确定的[②]。在这一意义下，一切工商企业就都不免带有一些投机性。但由于这一原因，如果把工业企业同企业资金周转总括

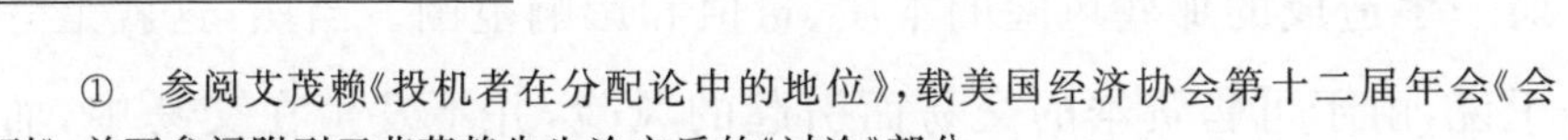

① 参阅艾茂赖《投机者在分配论中的地位》，载美国经济协会第十二届年会《会刊》；并可参阅附列于艾茂赖先生论文后的《讨论》部分。

② 在前引艾茂赖先生的论文中，充分说明了这一点。

在一起，一概作为“投机事业”，将这一点看作好像是它们最突出、最有力的一个方面，这样的看法是不中肯的。在这类事业中含有的投机风险是附属性的，这一点既不是所以从事于这类活动的诱因，这类活动对经济事务上的关系也不限于这个范围。就所涉及的利害关系的量相对而言，在买卖可售资本大规模经营中所含有的投机风险，并不比一般普通行业买卖可售产品时所含有的大一些。两者都不能免于投机，但投机在两种情况下都是枝节问题。对这样一个带些玄妙的问题，尽可能就所确信的见解来说，在可售资本的大规模操纵经营中，利得的确定性，比较在可售产品的企业经营中，实际上有过之无不及，虽然不一定在利得的相对数额上是这样。

有一点可能使问题模糊的是，这种可售资本经营中的操纵行为，往往会使从事于工业的企业公司——资本牵涉在操纵中的公司以及其他商行——的风险加大。有些公司的证券直接牵涉在操纵经营中，有些公司在经营着对立的或相关的事业，这些公司的日常业务，比较在这种可售资本操纵经营不存在时的情况下，将处于风险更大的地位。操纵行为所带来的风险，与其说是在于操纵者自身，不如说是在于它们的资产成为操纵对象的那些公司；但是由于操纵者所主有的或他们的操纵范围所涉及的，往往只是公司资产比较小的一个部分，因此在这方面所发生的风险并不主要落在公司的头上。还有一点应该注意的，也是整个问题最关重要的是，操纵者有很大部分居于这样的有利地位，他们能够预见到由他们所一手造成的那些风险的本质、量值和影响范围。当然，这就是等于说，由于可售资本的交易而引起的风险，并不发生在交易中，而是发生在从事于经营可售商品的企业。可售资本的交易，本身并不是没有投机风险的，但所造成的风险，在较大程度上降落在与这种交易没有直接关系的那些企业家们的头上。实际上这类事业竟这样可靠、这样有利，巨大的现代财富主要就是从这样的可售资本的经营中直接或间接得来的利益累积起来的；这类累积，在进度上，在量值上，不论绝对地或相对地与财富总的增长相对照，超过了它们同类的一切已有现象。私人财富这样有效的累积，在人类文化历史上是没有前例的。

这里所说可售资本的"操纵"，它的目的和实际意义是对于所涉及的资产进行不断的、反复的资本再估值，因此它的证券作为交易对象的公司，它的实际资本估值是随时在提高或降低的。这种实际资本估值的变化或跳动，前面已经提到，是以证券的市场价格来表示的。由于资本估值的这类变动，于是使这种交易能够获得利益，同时，通过资本估值这类变动的居间，使从事于这类高一层资金活动的企业家们得以控制公司的命运，得以实现他们的企业合并和改组的战略意图。因此这种可售资本的经营，是在企业和工业现代局势中关键性的、最有力的因素①。

① 一般的商誉和信用关系的情况，也就是这些大企业家们的商誉和信用力量的情况；由此可以获得一种对差的优势，产生对差利益。在企业资金周转的经营中，这种对差利益立刻转化为资本形态，从而增加了社会的名义的资本化财富。对于这种资本化财富形态的持有者所给予的是，对现有财富一个相应部分的权利。如果别的方面假定没有变动(事实上可能不是这样的)，这种由大资本家在商誉和信用关系的基础上摊派的权利，就从其余的、以前的持有人所持有财富中夺去了以物质财富计算的那么多的部分；如果以货币价值计算，那当然，以前持有人所持有的并不(或不一定)受到损害，因为新权利所采取的形态是资本化价值单位数的增加，虽然增加了的价值单位的综合数所构成的权利，它的对象还是同以前一样的那一堆财富。财富的若干部分，它们的物质的量的比例缩减，是不会使人感到财力损耗的，因为它所采取的形式，不是这

上面曾提到，高一层资金活动赖以进行的流动资本主要由两种成分构成：从事这种活动的人们的经济力量和这些人们的“商

些部分的名义价值的缩减。

由于对差优势所获得益的资本化，使资本获得了大量的“蓄积”和增进。资本家（企业家）这样取得的财富，差不多是全部作为资本的，只是一个极小的部分消耗于生活的日常支出。曾经有人有力地指出，事业经营者的利润是在现代情况下资本化蓄积的主要的、正常的来源；而这里所述及的方式，似乎就是这类蓄积的主要方式。柏克（L. V. Birck）1901 年 12 月在丹麦经济协会宣读的一篇论文曾提到关于事业经营者的利润问题，极有参考价值。斯库（V. Schou）对于柏克先生论文的讨论更加深入地分析了这个问题（见 1902 年 1—2 月份《国民经济杂志》第 76、78—80 页）。克拉克关于这一问题历史的演讲（未印行），他的研究路线与斯库极相近，但不及后者的深入。

这种资本构成的改变与蓄积两者的化合过程，可用公式说明如次：当准备合并并改变资本构成时，资本的最初价值（cap），在通常情况下是有所增加的（加量 Δ），这样就使资产在实际单位（Ue）上的实际价值 $=\mathrm{cap}+\Delta$。资产的这种加大了的实际价值 $=\mathrm{Ue}(\mathrm{cap}+\Delta)$，按 cap' 的名义价值资本化以后 $=\mathrm{Un}(\mathrm{cap}+\Delta)$，在名义上 Un（名义单位）相当于 Ue。在改变资本构成中，由于合并后收益力的假定增加，资本估值的构成单位数须加上分配给所有人的一个无形资产成分。这种由于合并而来的商誉成分试以 co 表示。还有须加上的是发起人的红利，它的形式是在新资本估值中的一宗股票，试以 pro 表示。因此 $\mathrm{Un}(\mathrm{cap}') \Bumpeq \mathrm{Un}(\mathrm{cap}+\Delta) \Bumpeq \mathrm{Un}(\mathrm{cap}+\mathrm{co}+\mathrm{pro})$。$\mathrm{Un}(\mathrm{pro}) \Bumpeq \mathrm{Un}(\mathrm{cap}'-\mathrm{cap}'-\mathrm{co}) \Bumpeq \mathrm{Un}(\Delta-\mathrm{co})$，这对于发起人的 $\mathrm{Ue}(\Delta-\mathrm{co})$——就是 $\mathrm{Ue}(\mathrm{cap}+\Delta)$ 的一个部分——显然是一个可靠的利得。这就由他以资本化形态蓄积起来。至于资产的原来所有人的情况将是这样：$\mathrm{Ue}(\mathrm{cap}+\Delta-\mathrm{pro}) \lessgtr \mathrm{Ue}(\mathrm{cap})$ 或 $\mathrm{Ue}\Delta \lessgtr \mathrm{Ue}(\mathrm{pro})$，视情形而定。所有人的名义利得 co，可以是、也可以不是一个真正的利得，要看事实的证明，要看发起人对于由合并而产生的那个加量 Δ、是否已完全并吞而定；因此这是一个有问号的利得，结果可以是、也可以不是资本化蓄积中的一个实际成分。

基于这种企业行为而实现的蓄积，它的根本来源是什么，可以从 Δ 的构成来决定。如果 Δ 所由构成的完全是生产的节约，则由于这种企业行为的结果，发起人和原来所有人保有的蓄积、它们所体现的是对社会综合财富所增加的或节约的新价值量。如果 Δ 所由构成的完全是垄断利益形态的商誉，那么蓄积是在为了发起人和所有人的利益、以社会为牺牲的情况下实现的；因此这是在社会方面非自觉自愿的、潜意识下的蓄积，从而把社会整个财富的一部分移转到改变资本构成的公司的手里。当 Δ 是由这两个方面合并构成时，结果，就这里的论点而言已经清楚，无须再分析了。另一方面，如果 $\Delta=0$，因此 $\mathrm{cap}'=\mathrm{cap}$，那么发起人的蓄积 pro 是在牺牲原来所有人的情况下取得的；$\mathrm{Ue}(\mathrm{cap}'-\mathrm{pro})=\mathrm{Ue}(\mathrm{cap}+(\Delta=0)-\mathrm{pro}) \Bumpeq \mathrm{Ue}(\mathrm{cap}-\mathrm{pro})$。还有，如果 $\mathrm{Ue}(\mathrm{pro})=\mathrm{Ue}(\Delta)$，$\mathrm{Ue}(\mathrm{co})=0$，那么不管资本估值有任何名义上的增长，所有人实际上将无所得失。

誉”。这两种成分都是有些无形的和无从捉摸的性质的，它们是在带些间接的、多变的情况下，以已经在别方面从事于企业经营的那些成分为依据的。这种经济力量在很大程度上以公司的资本为基础，而这些公司的资本估值是在可售资本的经营中动荡不定的。因此这种经济力量势必是一个带些不确定的、容易变化的量。此外还得加上的是“浮动资本”(floating capital)和由这些人们自由处理的银行资本。如果以常识的眼光看企业时，这方面的商誉也是必须列入资产项下的。在这方面所涉及的、属于这类资本家以及与他们联合在一起的金融业者所有的，是价值极大的一个部分的商誉[①]。这种商誉和这种经济力量在这里的研究意义上是资本，与从事于工业企业任何公司的资本构成相结合的商誉和证券同样地有效。

但这一属于特殊范畴的商誉，至今并没有予以正式资本化。要把这种商誉归纳成为一种资金形态，以一定的标准单位表示，使它转化为有市价的普通股，像法团组织工业企业中的商誉那样，也许是有特殊困难的。关于在这类金融活动中所涉及的经济力量部分——发起人和金融业者的潜在信用或信用力量——情况也是这样。这种经济力量或者也可认为是一种商誉成分；要把它放在别的、比较具体的概念下来讨论是很困难的。要把企业中这类捉摸

① 在企业中这个范围内的“商誉”，它所形成的形态往往是对于参加同类活动中别的金融机构和金融业者加以援助或破坏的一个巨大力量，或者是使他们在金融活动中得以居于有利地位的力量。金融业者的团体往往分裂为界线相当分明的若干派别，各自拥有金融机构和金融业者的广泛组织，在大致确定的工作计划下互相提携，互相推动。这类工作计划是金融业者的“商誉”的很大一个部分。

不定而效力极大的因素加以标准化、资金化和资本化也许是困难的;但现代工业公司方面商誉和信用关系资本化的成功说明,如果有迫切需要——就是说,在经营中有着可以获利的胜算——,这个困难就不应该是不可克服的,就应该把企业财富中这类特殊成分强迫予以资本化。比如,像摩根公司(J. P. Morgan and Company)这样一个商号,关涉到这类金融活动时所具有的商誉和巨大经济力量是一种价值极大的、极为切实可靠的资产,它的领导人的商誉的情况也是这样,并且更加显著,这些都是毫无疑问的。这些无形资产、非物质商品,当然会极其坚决地归纳到标准单位、予以资金化,作为普通股来发行,从而包括在国家资本化财富的综合统计之内。

不妨肯定地说,以美国钢产公司以及后来继续实现的其他若干大合并组织而言,主持改组者的商誉是在若干程度上以资本化形态渗入了这些机构的普通股的。卡内基(Carnegie)先生,他的副手们以及别的许多与钢铁业有关的大企业家们,他们的“商誉”也无疑地有助于这个大公司组织资本估值的扩大。但是属于这种高一层企业活动的商誉有一种“无尽的”特性,因此把这种商誉在某一个公司加以使用并加入它的资本估值以后,在任何别的公司中继续使用或予以资本化时,不一定、事实上也并不会在限度上有所妨碍或减退[①]。一个手工业者或艺术家可以把他精巧的或艺术上的技能体现于某一出品,但不会由此减损了他所具有的技能。

① 这种类型的商誉与可售资本的创造之间所保持的关系,相类于一个工业企业公司法团组织项下的商誉与可售产品之间所保持的关系。

这里所述与这一点相类，虽然是绝不相同的。这种类型的商誉与别的商誉一样——虽然也许更加纯化——是属于精神性质的，由于精神体所具有的无所不在的本质，它的全体可以完整地存在于它所创造的各种结构的每一部分中。因此，由于这样的商誉已经与任何某一公司股份的资本化形态相结合，这一事实在实际上似乎是反而加强了而不是减弱了它的效果，它可以继续有利地投入下一个公司股份的资本化形态。同时它也有着同样的精神特质，它可以不被觉察地、神妙莫测地把它的活跃力量从它的任何一个创造物退出，而在力量上受到这样无形打击的公司，可以不使它因此在物质环境上有任何变动。

毫无疑问，许多企业组织者巨头们及其金融机构的商誉，早已经过了多次的、反复的资本化，或者已经达到了十足程度，这类商誉早已融合在他们所创造的各种各样公司的普通股中；但是作为属于银行机构这样一个公司的一项资产，在这种意义下把这项非物质财富的形式上予以资本化，并把它转化成为有市价的股份登上市场或列为私人财产中的一项，像这样的情形还未见到[①]。

近来在进展中的企业资本的升华作用，对财产的所有人以及工业的经营有严重影响。就投放的资产是在现代组合资金周转方法下经营的这一点而言，显然，资产的管理与资产的所有人两者是

① 还可以附带提到一点，像这样一项商誉的未能在形式上予以资本化，或者可以牵涉到在实际上逃避个人财产的税务的问题，因此在道义的立场上可能发生疑问。

这里提到了摩根公司，当然，这并不是作为一个唯一的或特殊的例子来引证的，不过是就同类型许多巨大有势力的事例中所发生的或可能达到的情况，借它来作为一个典型的或显著的例证。

相互分开的，企业资金周转的规模越大，就相互分开得越远。管理的全权掌握在无形资产的持有人手里；组合资金周转的办法愈向前发展，这种管理全权集中在持有大宗无形资产的大企业家手里的现象就愈益加甚。在组合资金周转方法下，企业家的独断管理，他所能及到的限度，并不只是按他所保有无形资产的量的大小作比例的。如果他所保有的量比较小，他就在实际上没有主持权。反之，如果所保有的量比较巨大，这就会使他具有与保有量对照下超比例的主持权。企业主持权实际所能达到的限度，可以说是按他无形资产的保有量的平方增进的；虽然这样的说法不过借以说明它的特征，并不是作为一个确切公式提出的。

企业家是通过对工业资产的保有借以控制企业局势的，在这类保有物中关系最重大的是无形资产，这类资产是以普通股、商誉等等来体现的。因此产生两个结果：(1)资产所有人的命运大部分寄托在别人——无形资产所有人——的主持权上；(2)工业设备的管理越来越集中于这样一些人的手里，他们并不主有工业设备，对于这种设备的有效进行只有一种淡薄的关系。拥有量比较小的那些人的资产，或者他们所拥有的只是物质资产，是由拥有量比较大的、特别是拥有非物质资产的那些人来管理的；同时，管理着工业物质操作的那一些人，他们的兴趣主要是集中在非物质资产价值的增长上①。

① 这种企业管理与技术效率的分开、与工厂直接接触或工厂所有权的分开，使现在情况在表现上与封建制度好像有些类似；这是因为在这一点上牵涉到了工业巨头与社会日常生活及社会利益关系中所存在的“无形的”这一特点，在社会生活和社会利益关系中工业巨头是无形地居于控制者地位的。有些人试图在封建制度的关系上来解释近代的经济发展，而上列论点好像是提供了在这方面表面上言之成理的依据。——参阅根特(Ghent)《我们的仁慈的封建制度》。

第七章　现代福利理论

在日常生活没有被企业原则所支配以前，除非发生了和平与战争问题，只要生活资料有足够供应，公众福利就趋向从容、安定。自从企业成为中心的、控制的势力以后，福利问题就变成了价格问题。在手工业和小商业旧制度下，物资缺乏（价格高昂）的意义指的是贫困或者还可能是饥荒和疾病；在新制度下，价格低落的意义往往指的是贫困，有时还可能指的是饥荒。在旧制度下，问题是社会的劳动是否足以供应社会的需求；在新制度下，对这一点并不认为是一个严重问题。

但公众福利不安定的情况，现在并不比以前有所减轻。现代工业的生产效率并未能遏止困难时期的反复发生，也未能使那些经济情况不足与困难时期抵抗的人们免于贫困。在现代工业社会中，艰难的情况或不致趋于极度，并不一定就达到饥饿界限；但在“困难时期”这个名词的含义下，这样一个限度的贫困，在现代文明国家仍然毫无拘束地反复发生，它的情况并不亚于文化水平较低、在工业上效率较差的国家。现代物质福利的平均水平比较机器工业未开始以前虽已有所提高，但景气与不景气时机之间的动荡，仍然同以前一样地广泛、频繁。

旧制度与新制度显然不同，这是与两种制度下经济生活组织的指导思想的不同密切相关的。在旧制度下，工业，甚至像当时那样的商业，它所追求的是生活；在新制度下工业所追求的却是利润。因此年头的是好是坏，以前是决定于工业操作所生产的生活资料是否充足；而现在则决定于企业操作所产生的利润是否充足。现在的控制目的与以前有所不同，福利问题的关键就在于这个不同目的顺利实现的程度这一点上。所谓繁荣，在今天的意义主要是企业繁荣；而在以前所指的却是工业充实。

因此，一种福利理论，要能够说明在现代经济制度下繁荣与衰落的现象，必须以决定现代局势的那些情况为依据，而不必十分注意到在机器工业和企业的时代以前旧制度下、与公众福利进退攸关的那些情况①。在旧制度下，在经济事务中掌握事权的那些人们，他们努力的目标在于生活，社会福利的进退则取决于“一般所使用劳动的巧妙、熟练和判断力”②。使这种福利受到破坏的是偶然的季节不利等类的天灾和战争以及苛捐杂税等类的人祸。至于价格变动，除须为这类干扰所支配者以外，对于社会福利的正常进行一般是没有广泛、深切影响的。即使在手工业制度比较发达的时期，当社会的广大阶层已逐渐依靠市场为他们的产品的出路及其消费品或原料的供应基础，这一点在生活上已至关重要时，情形也还是这样。

在机器工业出现以前，商业（和它的仆从、银行业）是在企业关

① 例如帕登（Patten）的《繁荣论》，其内容与“自然经济”制度以及手工业与小商业情况相适应，并没有深切注意到现代局势。关于这一论题时下的一般讨论，情形大都如此。

② 《国富论》引言。

系的严密、广泛系统下组织起来的唯一经济活动部门。“企业”在那个时候的涵义就是“商业”，简直没有别的。只有在这一个范围内人们考虑他们的经济事项时，才习惯地以价格而不是以生活为依据。价格发生了变动，即使变动幅度相当巨大，似乎也只是在商业上有严重影响，是不会在很大程度上传播到商业机构或直接附属于商业的那些事业范围以外的。

所谓恐慌、萧条、艰难、黯淡、活跃以及投机高涨、繁荣等等，主要是企业的现象；归根结底是价格变动、是价格上涨或下跌的现象。这类情况，通过企业活动作为中介，才会牵连到工业操作或社会生活。工业所以会受到影响，只是因为它是在以价格为依据、利润为目的的企业立场上进行管理的。只要企业始终不越出商业本身范围，与工业界限相划分，萧条与繁荣时期的循环更迭，就不会越出商业领域[①]。提供企业利润的最大领域，现在已不是在较严

① 这一点所指的，具体地说，是在机器工业制度以前。自从进入了机器时代，企业就接管了工业；这就是说，工业开始在那种目的在于利润的方式下进行管理，它的目的与意志在实质上与商业方式相一致。前已提到，这时的资本绝对地可以售让。工业的物质因素，尤其是机器工业本身，与商业中处理的物质项目，它们的可售性大致相等，甚至平均还有所超过。所有原料、劳动力、工业设备，情况都是这样，特别是工业设备——在较严格意义下的机械因素。关于投资交易，即与投资有关的买进和卖出，进行得特别活跃的就是这类机械装备，机器工业中其他因素也在内，不过活跃的程度比较差些。在这类广泛的限度内，还可以有一个进一步的限度。一般地说，在涉及的一切项目中，买卖活跃达最高度的是与生产“生产资料”有关的那些工业部门。同时这些部门，特别是由于买卖活跃这一事实的结果，与工业其他部门关系的广泛与密切超过了任何可以说得出的别的工业操作团体。近代德国作家们把这类工业列为“生产资料工业”，原因似乎正是由于有关它们的买卖的特别盛行以及它们对整个工业操作关系的深远与密切。从企业目的方面来看，关于这两点，以这类(定义不够明确的)生产生产资料的工业与生产消费资料的工业相对照，其间是具有程度上的差别的。所谓“生产资料工业”，在加强的形态和力量上显示了现代工业和企业的特征，因此它们在企业

格意义下的商业经营，而是为市场从事于生产商品和劳务的工业。各种工业操作在一个平衡的系统中保持着密切、深远的关系，通过价格，进行并继续维持着彼此间的间隙调整，这就使价格变动可以这样迅速、有力地传布到整个工业社会，从而使萧条或繁荣的浪潮可以在数星期内普遍渗入社会的全体，影响到服务于工业的每个阶级。在相类的程度上，若干现代工业国家在世界市场的企业关系上也是束缚在一起的，当任何繁荣或萧条的浪潮首先发生于这个国际组合中的某一成员时，其余成员也将波及。至于季节性之类的地方的（物质的）偶发事件，因此而引起的繁荣或萧条，这类情况当然是这个规律的例外；这类偶发事件可能使一个社会受到打击，而通过价格的居间，在别的社会，没有发生造成这类变动的天灾的，却可能转化为利益。

那些真性的、或者可说是正常的企业界的恐慌、萧条和繁荣，并不是偶发事件如农业歉收之类的结果。它们是在企业的常态过程中发生的。萧条和繁荣两者是或多或少束缚在一起的。在不久的过去，萧条和繁荣已成为局势中的正常状态，每一次突出的繁荣时期过去以后，跟着来的就是萧条时期；虽然在一次发生萧条的浪潮以后，跟着发生的不一定就是企业活跃时期，这似乎并不是一个当然事理。在最近的过去——在最近二十年左右——并不罕见的是，一个困难时期，或者甚至相当突出的一个恐慌时期，在它的前

局势中是在战略上居于首要地位的。

参阅斯庇索夫(A. Spiethoff)《生产过剩理论引言》，载《立法及国民经济年鉴》第 26 卷第 2 编，又该年鉴第 27 卷第 343—353 页；图干·巴剌诺斯基《英国商业恐慌的理论及历史》第 18—28 页；波尔(L. Pohle)《周期的经济恐慌》，特别是其中第 2 节及其附注。

或后并没有显著的繁荣高潮与它密切关联，可以合理地把两者联系起来看成是动力和反动力。对于这类现象的研究者来说，当一个企业上升(繁荣)的显著高潮发生以后，紧接着的如果并不是一次恐慌或者并不是一次带几分显著和长久的萧条时期，这一点就不免要使他发生迷惑。实际上当企业组织逐渐地越来越接近于目前发展比较充分的时候——大约在十九世纪最后的二十年间，一般地说，繁荣时期的显著和频繁程度越来越降低，而萧条或艰难时期，即使不是越来越显著，却变得越来越频繁、拖长。可以有理由说——虽然理由不一定很有力——在过去二十年间，工业企业处于温和的、但是长期的萧条状态已成为正常现象，发生了任何与这个惯常的衰颓情况的显著背离时，就要引起注意，认为是一个特殊现象，要求特别与以解释。对于近二十年间任何一个比较显著的繁荣时期要根究它发生的原因，往往并不怎样困难；但是对于占十九世纪末叶大部分的几次萧条时期，要追查每一次发生的特殊原因是白费气力的。在上世纪末、比较充分发展的企业制度下，萎靡不振的情况，已经有几分成为自然趋势；而生机勃勃的市情则认为是人类的特殊创造，上帝的稀有恩惠。

现代经济理论关于公众福利所提到的，它的内容以恐慌和萧条的主题为依据的，比较以其他任何方面为依据的为多。恐慌和萧条的理论是经济学说内容之一，也是其中比较不愉快的一个部分，这一点是人所共知的。向来的办法是从工业现象——生产和消费的机械事实——的一面来研究；而不是从企业的一面——价格、收益和资本构成——来研究这个问题。在这方面直到现在还没有获得一个可靠的、可以支持的理论，或者就是由于出发点错误这个不幸的原因。解决的途径往往离开企业，从工业生活的分析着手；就是说，他们所要试图解释的是在已经过去的“自然经济”或“货币经济”下所发生的恐慌，但在那个情况下，恐慌并未正常地发生过[①]。

恐慌、萧条和活跃时期，首先是企业的、是价格和资本构成的现象，在这一明确的事实下，以此为出发点，要对于这类现象的出现和消失以及它们与公众福利的关系作出解释，可以再回到构成现代资本主义企业的那些企业原理的本题方面，从而求得答案。对于现时的、常识的有关价格与投资的企业见解加以分析，就可以看出企业社会的这类主要动态的起源和发展情况以及足以推进或阻碍这类动态的那些因素的本质。企业萧条和企业繁荣至少首先是一个心理的事态，正同价格动态是心理的现象一样。

足以促使工业处于现代管理下的通常情况已经充分明了，在前几章里已经作了相当详尽的分析；但就它们直接关系到目前讨论的问题的部分再作一简要归纳，也许是有好处的。

(1) 工业是靠了投资来经营的，而投资的目的则在于金钱利得(收益)。通过投资组成的商号，它的事务是由企业家管理的，企业家的目的也在于这一点。利得是按照投资的百分率计算的。不论是利得或是工厂或工业操作(利得就是由于对这方面的管理而

① 关于这一点可以图干·巴剌诺斯基(《商业恐慌》)作为一个很好的例证。他在一开头(第 17 页)就断言，在这个问题上货币与价格是可以忽视的因素，从而他得出结论说这类恐慌是经济生活中物质作用(生产和消费)的现象，而不是企业经营的现象。这一位敏锐的观察者和理论家，因此对于问题的合理解决终于失败。实际上为图干所追随的马克思也是这样，虽然马克思对于这一点是有很大保留的(参阅马克思《资本论》第 3 卷第 15 章)。

获得的),都是以货币为计算依据的,实际上除了货币也没有别的可作计算的依据。工厂或工业操作(或投资,不管所处的是什么形态)是以由此所获的利得为基础来进行资本估值的,这种资本估值在进行时的依据是当时的利息率,再加上关于公司收益力未来变化方面的考虑。在公司管理中,要受到一连串错综复杂、千变万化的买卖的影响。在这个投资和管理经营的每一点上有决定意义的考虑是,价格的各种关系上的考虑。

(2) 企业家所借以获取利得的手段,工业,是属于机械操作性质的,或者是与机器工业密切关联的某些业务(比如商业或银行业)。总之,这样的工业,是处于机械范围内的,而且是关涉到如前面一章里所讨论的现代工业生活中广泛的类似机械的操作的。各个工业在一个广泛系统中的这种关系,或与工业其他部门的这种连结,使每一个工业企业必须有赖于工业中一个或一个以上的别的部门,从那里吸取原料、装备等等,向那里售出它的产品;这种相互依存的关系形成了一个无尽的关联。这就是说,任何工业部门必然要参与的工业间的相互关系,在任何方面是没有尽头的;在整个工业操作中,没有一个成员在任何操作的关联中是居于开端的地位的。工业中相互依存的分门别类是没有限度的。工业企业或工业部门彼此之间的这类关系,维持的方式是交易,是买卖契约。这是一个金钱上的关系,归根结底是一个价格上的关系,这种间隙关系上的平衡是价格上的平衡。

(3) 在若干工业企业或工业部门之间这类间隙的金钱上的关系,由此组成的整个广泛工业系统,必须牵涉到持续期间长短不一的信用关系。工业借以进行管理、间隙关系赖以获得调节的买卖

行为，它所取的形式是有待于将来履行的契约。一切具有相当规模的工业企业总是不断地牵涉在这些契约中，一般地说，这些契约在量值上是大的，期间是相当长的，往往要扩展到很多方面。这类契约的内容可以是贷款、垫支、未清账款、期货交割或期票承兑的预约，但就它们的性质说，总不免要关系到信用责任。信用，不论用的是这个名义，或订单、合同、账户等等的名义，总是与现代工业的管理分不开的，凡是牵涉到不属于单一的所有权下各企业之间的营业关系，或者以各个所有权为基础的关系，并且这种关系没有为租借、合办、辛迪加、托拉斯协定等等的办法所中止时，其间总是要使用到信用手段的。在许多场合，信用的使用并不一定是无可避免的，但也使用了各种各样的信用手段，认为这样更加方便、有利。要达到最迅速、有利的企业经营，要使企业成功达到最高度，广泛的信用关系是必要的。在机器工业和现代企业方法的制度下，可以有把握地说，除贷放资本和租借关系以外，在一切商品的经营程序中，从原料到制成品，只要关涉到商品的转手（在所有权上），信用的使用是无可避免的。

（4）在互相竞争的各公司管理下的工业，须广泛使用贷放信用，它的情况已详前面的第五章。

在过去不久的时期中，繁荣、恐慌和萧条现象，在相当有规律的情况下相继发生，作为企业正常过程中的插曲，上面列举的四点是这类现象的特征[①]。为了与目前的主题相适应，关于这方

① 关于繁荣、恐慌和萧条的“循环”现象的评述是很多的。其中图干·巴剌诺斯基在《商业恐慌》第8章对于这个问题的叙述和分析，其生动有力似乎不让于任何别的人。

面的特征的记述似乎有加以某种补充的必要。这些将在下面提到。

在市况活跃时期，信用的使用是大量的，这一点可以是促进业务的一个原因，也可以是一个结果，最常见的似乎是同时是前因也是后果。没有信用扩张是不会有显著的业务推进现象的，信用的形态即使不是贷款，也至少是期货买卖的契约。在持久的萧条期间，从全体来看，信用使用似乎有所限制，至少这是企业家们对于这个情况的当前理解。但是仍然不能有把握地说持久的萧条现象完全是由于信用关系的不存在，或是由于不愿意参与信用关系。如果说在活跃与呆滞的两个期间，对贷款的需要一张一弛彼此显著不同，则以利率的趋向对照时，即不能为这样的推断作保证①。在活跃时期，买卖契约的商订比在呆滞时期为顺利；实际上这一点就是两个时期间的显著差别。

在萧条、繁荣和恐慌三种企业活动形态中，恐慌形态比较地引起学者们的注意，这也是比较动人的一个现象。工业恐慌是一个清算的时期，在这个时期中满眼看到的是信用取消、贴现率提高、价格下跌、拍卖以及各种价值量的萎缩。在受到影响的范围内，将普遍发生一连串的、严重而持久的资本估值萎缩。依照货币价值说，企业家这时将比较困乏；但是他们所持有的资产，以物质量或机械效率说，比较清算开始以前并没有显著缩减。同时也往往会发生工业的显著萎缩，它的严重程度超过持久程度；但恐慌对于工

① 但也可以参阅卡赛尔(Cassel)的一篇论文，载《国民经济杂志》第6卷第2期第59—78页。

业本身的影响，大都是不能与它及于企业的后果或它在企业社会中的严重意义相提并论的。在恐慌中大都并不发生财产的显著毁灭或各项物质财富的巨大损耗。恐慌使整个社会比较困乏，但这是从市场价值方面说，不一定是从生活的物质资料方面说的。在恐慌中的萎缩现象主要是金钱上的而不是物质上的萎缩；它主要发生于各项无形的财富，从属地发生于各项有形财富的价格比率上。在恐慌中最实际、最直接的后果，除了财富的重估值以外，是工业设备所有权广泛的重分配，像在贷放信用的使用一章里所说的那样。

由于企业情势的演变而导致的这样一个清算时期，它的过程大致是这样：许多商行有大批应付票据即将到期，同时也持有大量的应收票据。这些商行为了应付债权人的需求，向债务人催付欠项，而这些债务人可能也有着应收票据或抵押贷款。在这一连串的清算中，首先的一个行动也许是对于一笔短期贷款的催还或催请增加抵押品。迟早会发生的是，在一连串债务中的某一抵押贷款，就债权人的了解，认为他的抵押品已不足清偿债务，即将贷款作了处置，或将抵押品变卖。抵押品通常是一批体现着资本化财富的证券，在债权人方面，这时或者对于这项财富的实际资本估值的稳健性有了疑问。换句话说，即在债权人的理解下，认为抵押品所体现的资产，以该项证券的现时价格或以预计中的未来价格来衡量，它的资本估值已过高。抵押品的市场上的资本估值，发生在当商情活跃、以高价为依据的时候，而企业繁荣时期往往是剧烈恐慌的前奏。当这样一种催欠行动临到了某一债务人的头上时，这种行动就会沿着一连串的债务传布到更远的债务人，于是一连串的清算随之而起，根据牢不可破的经验，结果必然是沿着这一线的抵押品在市场上价格的普遍低落。恐慌由此发动，而进一步的演变更不待细论，一切都是企业家和学者们所极端熟悉的。

这样的恐慌所引起的直接结果是，抵押品当债务接受时的较早期的实际资本估值与同一抵押品以市场上出售证券时价格上所显示的随后的实际资本估值这两者之间发生了事实上的差异。但上述较早的实际资本估值，在正常情况下一般总是产生于企业繁荣时期；现在要研究的一点是在恐慌以前当繁荣时期这种实际资本估值的根据和方式，从而又牵涉到所谓繁荣时期的本质和原因的问题。

关于抵押品的资本估值通过繁荣时期贷放信用而增进的情况，也就是资本的推定收益力与实际收益力之间发生差异的情况，上面第五章已作了相当详尽的叙述。但是如果在相类的研究方式下能够证明，即使与贷放信用影响下的扩张无关，繁荣时期也同样可以使推定收益力与实际收益力，因此也就是抵押品的推定资本估值与最后资本估值之间发生差异，那么将使在上一章里所采取的观点显得更加有力。

繁荣和恐慌两者同样是当然的事理。繁荣的发端是出于许多情况的配合。它是由于企业过程中某些可以追踪的有利的变动而产生的。在这样一个时期中，作为推动企业的诱因的一个有力事实是价格的上涨。随着繁荣的进展，价格的这种上涨不久即普遍化，成为一个习惯事实，但它的开始则是由于价格的某些最初特殊变动所造成的。那就是说，价格上涨是首先发生于某一工业或某一类工业的[①]。

当这样一个涨势发生时，企业家将立刻利用时机从事于新的投资或扩充已有工厂的规模。对于需求已有所增长的那些事物，将力求扩充市场供应，这时居于首先有利地位的企业为了扩充供应，由此而起的对于原料等方面的需求将增加，于是促使在这方面有关的行业的供应品销路扩大，价格上涨。部分由于需求的实际增加，部分由于对需求增势的热情的预料，于是取攻势的企业将扩大它的冒险事业，迫使关系较疏远的行业的价格也同趋上涨。这种企业中有利变动的传布(实际上是一种心理现象)，在现代情况下是极迅速的，由此使变动最初发生的那个行业，它在开始时所获得的任何对差利益，不久即告消失或大大减少。同时大量的订货契约在各方广泛成立，在各种各样行业间，这种广泛契约关系的本身将产生暂时维持繁荣状态的作用。如果在需求和价格方面原来的有利变动，繁荣现象即由此而起的，衰退到了较早的需求水平，这就使繁荣时代的前进有了限制；虽然它的终止时期总是在稍远的将来，总是要稍迟于原来需求已经停止发生作用的时候的。如果别的方面没有变动，繁荣时代的结束总要推迟到它的起因已经

---

① 例如1897—1902年的繁荣时代开始于由美西战争引起的对军需的需求，虽然还有别的有利情况也与有关系。卡维(Carver)先生或者是受到了斯庇索夫见解的影响，他认为在行业中发生最初的有利变动的，必然是生产“生产资料”的那些行业；理由是，“生产资料价值的波动将比消费资料价值的变动为猛烈”，这是当然的事理，因为生产资料的价值多少是按着利润界限的量变动的，而消费资料的价值多少是按着整个需求的量变动的，同时这种利润界限即倚靠需求作为一种加量(生产资料的价值$=f[\Delta]$，消费资料的价值$=f[需求+\Delta]$)。根据这一论证，则首先打破恐慌局面的也必然起源于生产生产资料的某些行业。参阅《经济学季刊》，1903年5月份，第497—500页。并参阅本章第117页注①。

消失以后。所以发生这种推迟现象的原因是:(1)在这种情况下任何企业社会中势将发生的那种轻率的或投机性鲁莽的习惯势力;(2)大量订货契约的继续存在,这将使为了履行契约所需各项事物的需求继续维持,从而在这个程度上支持着价格。大体上可以说,在造成繁荣状态的有利价格变动衰退以后,繁荣时代还将继续一个(不定的)时期,在这个期间继续支配着企业局势的是未完成的契约的余波。当然,在这个期间总还是要缔结一些新契约的,也总是有一些未完成的契约将延宕下去直到发生清算的时候;但一般地说,终局的到来,并不在于这些现有契约的是否已经满期或已经履行,而是在于这个时候企业社会所主要注意的,已不再是关于这些契约的履行或由此所发生的订货交易,它这时所注意的只是其余的当前业务。

在繁荣时代进展下企业进行的一般特征,可以概述如次:需求增长,价格昂腾,在这种市场情况下跟着发生的是订货契约大量增加,由此使若干有关企业的预期收益有所增长。这类预期收益最后可能全部实现,也可能终于成为只是推想的收益;这方面大部分是一个清算在几时到来的问题。至于对收益增加的预期,经事实证明不论它是否有确切根据,这一点对增加预期收益及于企业的影响是没有出入的。不论处于哪一种情况下的预期,将促使企业家愿出高价收买设备和供应品。预期收益既有所增加,与它相适应的是实际(市场)资本估值也将增进。在提高了的预期收益的基础上进行工业资产的资本重估值时,将使作为抵押品的资产的价值增加。价值被抬高的资产,即使没有贷款方式的正式信用关系的存在,也已在实际上成为抵押品;因为所订立的契约实际上就是一种信用关系,契约如果未能履行,在清算时订约双方的资产是不能置身事外的。但当繁荣时代,企业正在大胆地向前猛闯,当订约时,对于有关方面现有资产的审查往往不很注意,很轻易地就成立了契约关系。因此不但工业资产的资本估值在预期收益的基础上有所抬高,就是在缔结契约时,对于安全的限度也不及像在订立抵押贷款时那样的注意。结果是,繁荣时期的实际资本估值与繁荣开始以前的资本估值两者之间发生了差异,而抬高了的资本估值则成为信用形态之一,成为契约(订货单)广泛成立的基础;同时当繁荣时代,信用的正式形态、贷款也有了大量增加①。

繁荣的时代就是价格上涨的时代。当价格停止上涨时,繁荣气象即使不在这个关头迅速结束,也已成尾声。这是由于根据繁荣而来的收益的想象增加,在实质上是产品售价高到超过产品生产费用的一种逆料中的对差利得。只有当产品售价确能实现这样一种超过产品费用的对差利得时,想象的增加收益率才能变为现实;一旦这种对差利得不复存在,繁荣时代就到了结束阶段。

所以有这样的对差利益,主要由于以下两个原因:(1)当繁荣时代开始,各个行业受到价格水平有利变动的影响时,时间的先后、程度的深浅各有不同,有些行业首先地、主要地受到了这种影响,它们所生产的各种供应品需求首先增长,价格首先提高,有些行业从最初变动的起点来说,则处于较远地位,受到影响时没有那样迅速、尖锐;这种变动中的迟滞现象,使在变动中占位次较近的

① 参阅桑巴特《现代资本主义》第2卷第1章,关于在前进的企业中起着作用的动力。

行业获得了对差利益，行业距离最初变动的起点愈远，则所得对差利益愈少[①]。(2)当繁荣时代劳动费用的上升比较缓慢，由此所获得的是主要的、也是最安全的对差利益。繁荣时代开始以后，在相当时期中，工资大都是绝对无所增加的；此后只要工资的上升不超过价格的上升(在一般情况下从未真正超时)，那么从事于受到繁荣影响的工业的一切企业，如果别的方面没有变动，在它们所得的售价中当然在实际上是要享有这一种对差利益的。

还有，某些(离开中心的)行业，例如农业，可能并没有在任何显著程度上卷入运动，它们的供给物的价格也不一定会上涨；尤其是不一定会与那些商品——它们的生产费用的成分中含有例如农产供给物的——的价格作按比例的上涨。当此时期，在不定的、但大致显著的程度上，生产操作成本也会有累进性的降低，这种降低，特别是就它对于订约供应商品的生产的影响而言，与生产装备相对照，也提供了约定售价与约定商品生产费用之间的对差利益。

但是按通常的趋势，必要的生产费用不久就会赶上、或差不多赶上产品的预期售价。到那时，企业繁荣的靠山，对差利益，即不复存在。收益率减退了，抬高的资本估值，以抬高的推定收益为依据的，显然大于实得的收益，或者大于以已提高的生产费用为依据的预期的收益。于是抵押品价值萎缩，萎缩到这样程度，将不复能支持在现有契约和贷款方式下的信用关系；在这种情况下势必要跟着发生的是清算，这些情况已为讨论有关这类问题的许多作家

① 这里所说的“最初变动”，当然可能是属于累进或循环性质的，因此可能使对差利益在累进的状态下进展；比如在持久的战争中或在战争准备的持续期间，对于某类供应品会有着累进的需求，像近数年来在美国所发生的情形就是这样。

们所一再说明[①]。

在投资和企业扩张的体系中，产业的某些部门，这时将逐渐丧失当繁荣时代开始时所享有的对差利益。如果这种情况牵涉到这时尚在执行中的大规模的契约和任务，那就是说，有关的其中某一产业部门，这时已不再享有产品价格超过原料或劳动供应费用的对差利益，那么在早期，它们的收益力以巨大对差利益为依据时可能是显得稳健的资本估值，这时由于对差利益丧失，收益力已经衰退，资本估值将显得过于抬高。在表面活跃时期的过程中，某些部门，或某些商行或某类商行必然要陷于这样的地位。处于这样地位的一个商行势必成为一个债务者，它的债务在若干程度上也势必成为呆账。它为情势所迫脱售它的产品时价格将降低，将不能使它获得企业扩展时所预计的利润。这就是说，由于收益力的萎缩(依照价格计算)，它已经陷于资本估值过度抬高的情况。这样一种居于债务人地位的商行，它的现时收入是不足以应付债务的；在多数情况下往往要发生的是，如果它的债务已经增加到它近来收入所能承担的程度，那么这家商行在这时已陷于周转不灵的地位。如果债务对它压得很紧，那它将没有别的办法，只有通过拍卖

① 关于可以说是繁荣和恐慌的方式方面，还有在细节上的一两点，最好同萧条现象一起来讨论，因此将在下面谈到。上列关于繁荣时代及其自趋溃裂的情况，可以作为处于十九世纪形势、在比较高度发展企业方式的制度下这样一个时代过程的特性描写。当十九世纪初期，企业还处于比较未充分发展的情况，这类事态的演变过程是有些不同的，至少主要是由于：(1)任何价格变动，它的传导比较缓慢，(2)所谓“离开中心”的行业范围比较广、价值比较大，这些行业对于繁荣的活跃动向即使参与，在参与时也是极迟缓的。在这方面值得注意的是，当十九世纪初期，关于专属生产资料的生产，不论在这类商品经营行业的分工化和专业化方面或这类行业的相对量上，都还没有达到后来所实现的程度。

或破产来实行清算。如果这一事件范围相当广大，则上述的不论哪一种清算方式，都是有损于企业社会中信用的平衡关系的。在这样一个时期存在的信用关系体系，是在被对差价格利益高潮所暂时抬高的收益力的基础上成长起来的；一旦这个高潮过去以后，这时即使价格普遍有所提高，但至少大多数商行的对差利益已成过去。对差价格利益当初是接连着在若干部门或商行中发生的，同样情况，这时也接连着使它们陷于资本估值过高的处境，还使其中很大的一部分背了与它们随后的收益力不相称的债务。这时企业社会的综合（金钱的）收益力，即使不低于繁荣高潮未开始以前的水平，情势显然还是要这样演变的[①]。

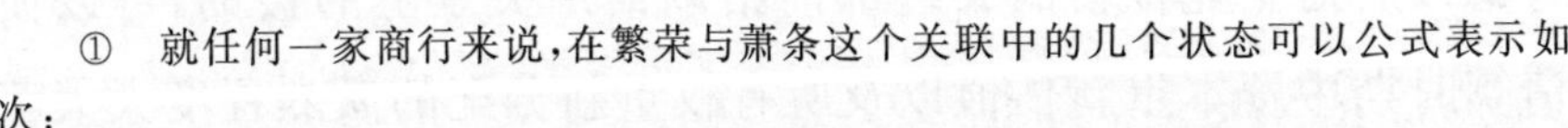

① 就任何一家商行来说，在繁荣与萧条这个关联中的几个状态可以公式表示如次：

假定 ea＝收益，$outp$＝产品，pr＝产品的售价，exp＝产品的生产费用，mar＝产品的余利＝$pr-exp$，cap＝初期实际资本估值，int＝当时利息率，yp＝按当时利率计算的一年收入（风险因素不计），cr＝某一 cap 的正常信用扩张＝$\frac{cap}{n}=f\left(\frac{cap}{int}\right)$。

于是初期的状态是：

$$ea=(mar=pr-exp)outp,$$

$$cap=ea\times yp=\frac{ea}{int},$$

$$cr=\frac{cap}{n}。$$

当繁荣时期，随后的状态是：

$$\begin{aligned}ea'&=ea+\Delta ea=mar'\times outp\\&=[(pr'=pr+\Delta pr)-exp]outp\\&=(mar+\Delta mar)outp>ea,\end{aligned}$$

$$cap'=\frac{ea'}{int}=\frac{ea+\Delta ea}{int}>cap,$$

$$cr'=\frac{cap'}{n}=\frac{cap+\Delta cap}{n}>cr。$$

当情势发展到了这样的地步时，只要有某一个比较主要的债权人对于他的债务人发生怀疑，看到他的收益力或已与他的抵押品估价所依据的资本估值不相适应，就可以引起普遍性的突变。为了自卫起见，这个债权人势必谢绝贷款的延续，跟着发生的必然是强制清算。这样的清算势必要牵涉到产品的削价，使之降低到市价以下，这就减少了各竞争商行的利润，使它们枷入了周转不灵者的行列，于是资本估值的重新调整将逐步蔓延。

在清算的持续过程中，或者有某些银行将倒闭，这也并不是不常见的，如果有这种情况，可以肯定地说，银行的资金必然是被“冻结”于对上述那类工业企业的“愚蠢”的贷款中了①。

有时由于债权人方面的开明、宽大，或者由于政府方面经慎重考虑以后对企业社会的某些部门给以信用关系上的援助，可以使清算时期中资本重新估值以及所有权重新分配的激烈程度大大获

当萧条时期，结束的状态是：

$$ea''=ea'-\Delta ea'=mar''\times outp$$
$$=[pr'-(exp'=exp+\Delta exp)]outp<ea',$$
$$cap''=\frac{ea''}{int}=\frac{ea'-\Delta ea'}{int}<cap',$$
$$cr''=\frac{cap''}{n}=\frac{cap'-\Delta cap'}{n}<cr'。$$

为叙述的简便，所有风险因素以及贴现率的波动或产品数量的变化均未计入。如果把这些作为变量计算在内，结果也大致相同。这类变动的作用实际上已经计入，如果再把它们本身计入，一般说来，将使现有计算所显示的动荡进一步加强。

① 恐慌的起因不一定是由于工业企业本身的信用膨胀。比如1837年在美国发生的恐慌大部分就是这样，其时最显著的、灾害性最大的膨胀是在地产投机价值以及由此发生的信用关系方面。但在那时的情况下，恐慌的所以会发生是由于该项地产价值的资本估值过高，这样说并非过甚其词。资本化地产当然也是在企业意义上的“资本”，它的性质的确凿无疑正同资本化的并经投入货币市场的任何别的价值体一样。

得缓和，可以使价值萎缩的影响范围比较均匀地散布开去。例如近来发生的一次紧急状态，即由于采取了这样的排难解纷的办法而得到了圆满结果，有人说这是一次被躲过了的恐慌。但是事态的演变如果符合于上面所说的规格，就是说收益力与资本估值之间有了巨大、广泛的差异时，则各项价值量剧烈的重新调整就显然是难以避免的。

有一点已经一再提到的是，在恐慌中发生的这样一类清算，它那最具体的、直接的结果是有关清算各项资产所有权的重新分配，从而使债权人和相类的权利要求者获得利益，使有偿付能力的债务人受到牺牲。情况既然是这样，自然的趋向是，那些较大的债权人，利之所在，将有计划地尽力迫使债务人仓猝就范，实行清算，从而在情势许可的范围内，在尽可能避免迁延的情况下，获得尽可能大的利益。

就情势推论，可能不得不是这样，但是在实际上较大债权人在这种情况下的举动并不是这样。其间有好几个原因。显然，这里并不是说人类同情心战胜了债权人对于牺牲债务人以求取利益的冲动。由证券与货币市场中的行动所不断提供的事实教训，不得不使人深信，当一个企业家从另一个企业家占到了便宜时，只要提供给他的是在他所能了解下的利益，他往往将加以充分利用而不作任何人道主义上的考虑。但从事于规模较大的企业活动的这类人，除了日常例行事务以外，目光短浅，缺乏远见，似乎是他们相当普遍的特征。因此虽然在物质利益上大债权人这时确有所得，在清算时期中按着大大降低的估值取得债务人的资产，然而他却往往不是这样看问题；因为通过清算将使有关资产的货币价值萎缩，而企业家，不论是债权人或债务人，却没有把问题看到此该项资产的货币估价更远或比最近的将来更远的习惯。企业经营中习惯的基准线当然是货币价值，这个基准线是随时会动摇的，必要的时候还会发生突然的变动，而这一点却在企业家的实际理解力以外。货币价值是企业家习用的基本标记，事实尽管像上述的那样，他却始终认为这个基本标记是稳定的[①]。

的确，有时也会遇到这样的情况，在某些相当大量的交易中，也未尝不在若干程度上认识到上述基准线有动摇可能性这一事实。有些企业家会有着很高的智力水平，对于整个企业经营中货币基准线根本不稳定、随时可以被操纵这一事实，不但有所认识，而且还无所顾虑地见之于行动，对于这样一种人的事业，它的非凡的成就以及随以发生的一些现象；是值得有意识地加以观察的。可以附带提到的是，像这样的识力如果成为企业社会的一般共有特性，则像现在这样进行的企业经营，或将由于失去了它的基准线而陷于瓦解。要达到这样一种摆脱货币基准线的境界，在组织体系方面条件还有所不足，其中最重要的一点恐怕是在于企业资本的越来越趋于无形的、难以捉摸的状态，将来或将完全处于这样的

① 财富的大规模积累，在很大程度是由于、或依靠了货币价值基准线波动的力量而实现的。我们几乎可以说，这是现代积累的形成及其资本化的“正常”方式。证券市场的波动当然属于这种性质，又如在证券市场以外价格进程中的巨大变化以及货币市场的波动也大都属于这种性质。成功的大公司发起人之类的巨大利得也就是这样得来的。它的手法是将某一宗工业设备的货币价值加以扩大，与设备物质上的任何变动丝毫无关。这就等于是说，巨大财富是由于基准线这样的变动造成的，从这一点可以推定，资本量的较大增长，它的来源也就在这里。巨大利润是以资本形态出现的，是通过价格上的变化而获得的。参阅第109—110页注①。

状态，这一点的实现或已为期不远[①]。

但是还有一个具有比较强制性的情况，使较大债权人们当清算时机成熟时对付债务人不能任意走向极端。如前所述，当繁荣时代，在企业社会中信用关系的连接是四通八达的；因此债权人同时也是债务人的情况极为普遍，作为一个债务人的损失，这种关系与债权人是分不开的，即使这种损失与债权人牺牲别的债务人所获得的最后利益不必相等，但多少要受到些牵累则是事实。这一情况本身就有着强有力的影响，再同上面提到的企业家们对货币价值不稳定的未能了解这一习惯事实结合起来看，就可以充分说明，当清算到来时，那些大债权人们为什么有企图缓和清算紧张局势这种显然缺乏远见的行动。

这里对于恐慌和繁荣时代的"规律"的解释与通常所作的解释并没有很大区别，所不同的只是说明这些现象主要是企业的而不是工业的现象。在任何恐慌时期中的一个显著特征是工业机械操作的变动，这是在金钱交易中首先有了变动以后跟着发生的，它并不是一个首倡者。工业和企业固然有着互为因果的关系，但在这一点上同在别的情况下一样，变动的发端出于企业活动而不是工业操作。

工业是受企业要求支配的，是为了企业目的而进行的。因此

① 在这方面见到的一个具体步骤是斯德特孙(F. S. Stetson)先生在纽约律师公会的倡议，随后又在美国工业委员会提出的主张："准予成立另一种企业证券公司，它所发行的股票代表全部资本中的若干比例部分，而不附有任何票面或货币价值"。它被赋予的唯一价值将是市场价值，这样与法定价值方面的基准线就简直没有什么关涉，法律上的价值将不会再阻碍到对于事实的认识——《工业委员会报告》第 1 卷第 976 页。

企业的广泛变动,会十分直接地影响到工作操作,由此发生的结果,如工业活动范围的扩充或收缩及其产量的增长或减削,当然是既直接又重要的。当繁荣时代作为工业方面的一个主要效果是,在综合物质财富上社会将获得很大利益。这种在物质财富上的增进当然不是平均分配的,大部分属于那些大企业家们,最后,当清算时期居于债权人地位的,也将获得一个很大部分。但是跟在繁荣时代后面的不景气市况与呆滞状态,将发生无可避免的损耗,这一点将使这种物质的综合增进在若干程度上被抵消。还有足以冲淡这方面的增进的是,当日子过得快活的时候,在日常消费上就不免于格外的浪费。而且形成繁荣时代的常见的、比较有效的动力,如果不是通货膨胀,就往往是浪费性支出的某些形态,例如不断的军事需要或由于海陆军战备扩充的需要,再不然就是由于保护关税对于企业趋向的干扰。美国和德国的近代历史,就提供了如何依靠这些方法以造成繁荣时代的例证。应当看到,这些方法的性质基本上就是对工业产量或能量的浪费;但由此所造成的繁荣,却仍然看作是在加强工业活动方面、在增进产业各界生活享受方面的有利成果。

就从事于工业的工人阶级来说,繁荣时代对他们是有实际利益的。这些利益指的并不是在等量工作中获得较多收入,而是大致在早期的工资比率下可以获得更多工作、更多的就业机会。对工人来说,如果能够因增加工作强度、延长工作时间而改善一些生活,这就是一个实际利得,而繁荣时代却提供了这样一个机会。但是当繁荣——也就是说价格水平提高——逐渐进展、扩大以后,生活费的增加将与因就业机会增加而获得的利益相抵消,到繁荣时代进展了一个时期以后，生活费的增加将与因工作量增加而获得的利益大致相抵消。上面曾提到，在繁荣时代所获得的企业利益，其中很大部分是由于工资上升比商品价格上涨为迟缓这一事实。繁荣时代，除非到将近结束的时候，并不一定会使工资上升。在这样的情况下，工资上升不仅是表示繁荣时机已将过去的一个征兆，而且是一个企业因素，一旦工资上升的情况相当普遍时，这一现象本身即足以促使繁荣时代趋于结束；因为工资的提高，毁灭了繁荣时代赖以持续的对差价格利益的最可靠基础。

恐慌或繁荣时期毕竟是比较简单的现象，有它们的显著特征，要加以适当解释是并不怎样困难的；而且还有一个方便的地方，经济史的研究者们对于这个问题已给以很大的注意。另一方面，持久的萧条现象，无法从起因于企业活动范围以外各种情况的艰难或困苦中追溯根源的，却是一个比较新的、未经研究过的经济理论问题。这个现象是比较新起的，比较暧昧难解，比较地缺乏显著特征，与投机进展或投机恐慌的动态相对照，比较地缺乏明确界限，学者们对于这个问题也比较地少注意。因此从企业理论的观点来看这个问题，要对萧条现象的沿革和因果关系方面加以探讨，恐怕是很难获得扼要、可靠的结论的。

工业是追随企业的，因此工业萧条根本是企业萧条，这是当然的事理。萧条是在企业中意识到的，可以说经济的神经中枢是在经济活动的企业这一方面；要将萧条的程度加以衡量时，也是应当在企业的（金钱的）依据上来衡量或估计的。如果在机械操作中、在工业操作的机械关联中，附带地发生了紊乱时，这种紊乱是随着企业的金钱上的危机而发生的。只是当金钱上的危机，它的情况系属于这样一种性质，对企业社会的活动将发生抑制作用时，跟着才会发生萧条和工业呆滞现象。但企业是对利润的追求，当这种追求受到抑制时，必然就触痛了它的切要动机的核心。工业萧条的含义是，有关的企业家们感到使工业操作按预定方针和规模继续进行时，已不再能获致满意的利得，而工业物质设备原来却是为了这样的打算而设置的。他们感到继续进行已不再值得，或者甚至要遭到金钱上的损失。由于这方面的矛盾，使他们在工业企业的进行中不再能取攻势，他们对于这一点的理解，通常是用"生产过剩"来表示的——换一个说法，比较少用而含意相同的是"消费不足"①。

关于任何"生产过剩"学理是否可予以支持这一引起争辩的问题，这里且存而不论；这一问题在企业理论的范围以外，对企业理论并没有什么长短、得失。这里有关的一点还是在于企业家是在什么根据下接受它的，以及他们对它的含义的看法如何；就是说，这里主要所要探讨的是，对于企业家在实际上所怀有的"生产过剩"这个信念、使它具有说服力量和影响作用的思想习惯是什么——它实在的意义是什么，为什么怀有这个信念，它对于企业进行的影响怎样。

在企业家的见解中不时要流露的所谓"生产过剩"或"消费不足"，既不是一个空洞的信念，也不是一个恍惚不定的掩饰他们自己短处的遁词，而是一个现实的事态。这是当企业长期呆滞时的

① 参阅霍布森（Hobson）《失业问题》第 5 章；维艾尔（Vialles）《消费与经济恐慌》，尤其是其中的《引言》及第 3 章。

一个事态;这个名词的概念含蓄着在企业社会理解下市况不振的充分根据,虽然他们不一定把它理解成困难。这里值得不避烦琐地指出的是,"生产过剩"这个概念并不适用于物质的、器械的方面,而是适用于金钱的方面的。它的含义,从来没有认真地指商品逾量,也不是说生产商品的装备超过了可以供作人类使用的数量,如果企业情势允许的话,这些装备是可以得到充分使用的。

(1) 消费的供量是决不会大于社会对这些消费品的消费能力的。认为任何种类的商品会发生难以应付的供量过剩,这一点实际上至多是在遥远的将来或许会发生的事情[①]。这个道理是再明白也没有的,在许多经济学教材中雄辩地说明了这一点,可以拿来作为佐证,它们煞费苦心地指出人类欲望是可以无限制扩大的,这是一个自然事理。这里没有别的阻碍,只是要有足够的商品以满足这样的欲望却"难以实现"。(2)在萧条或"困难"时期,至少在现代工业制度下,并不存在生产过剩现象,并没有这样的大量生产,以致超过了所使用的工业装备和操作的工作负担能力,生产也没有这样的扩大,以致超过了工人的正常负担力量,或需要他们在规定时间以外或假期中工作。情形完全相反。这种情况只会发生在市况活跃的时期,而其时却没有生产过剩。这些都是老生常谈,要认真加以引申似乎有些无谓,但是对于生产过剩这个名词,只要是从机械现实的方面来分析,它那发展的方式似乎总不外于上述的两点。从这样的角度来看,萧条时期是生产不足的时期;这个时候

① 有些情况或将被据为解释时的例证,比如某地方捕得大批鱼类,一时间超过了工人的加工能力;但引用这样的例子来作解释,显然是没有意义的。

工厂只开半工了，甚至完全停工了，流到消费者手里的使生活上获得享受的商品供应显著地缺乏了。

当然，困难是属于金钱上的性质的，企业家是在金钱的意义上来使用生产过剩这个名词的，因而是同企业有着直接联系的。在这方面还有一个名词是“竞争过度”。有了过多的商品或商品的生产资料，超过了在金钱基础上有利的限度——超过了在足以抵偿商品生产成本并留有相当利润的价格上有着实际销路的限度。这是一个价格和收益的问题。困难是在于产品售出时不能获得相当的价格，从而使工厂的全力进行得到保证，或者使工厂能有足够的开工比率从而获得相当利润。或者把论点掉一个方向来说，像企业家所惯于说的那样，在相当的价格下出卖的产品超过了能够被消纳的数量——所谓相当价格，指的是使它根据投资与经常开支能够获得相当或通常利润的价格。生产力太大了，竞争的生产者太多了，工业装备也供过于求了，以致使商品不能按适度价格供应市场。说到底还是一个相当价格与通常利润的问题[①]。

如果还有着未了的大量信用责任，将使情况复杂化。巨额的有息证券总是存在着的，在发给普通股股利以前，或在发行证券的工业企业收入利润以前，首先必须顾到这类证券的权利。这些固定的以及其他相类的责任，缩小了生产利润的范围，也增加了管理工业的企业家们在市况呆滞时的困难。同时，除非发生了确实的、严重的亏损，这类固定责任的存在，使他们不能宣告闭歇。这就使有关的企业家不得不继续进行，在工业中不存在广泛合并的情况

① 参阅斯马特(Smart)《经济学研究》第 7 章。

下，就不得不在这样的竞争价格下经营，以致完全放弃了适度利润。

相当价格与适度利润问题是同利息率有着些关系的。一个利润的"相当"比率是同当时利息率有着适度关系的比率，虽然利润率与利息率的这种关系好像并不严格。然而毫无疑问，其间确有着某种关系，利润率是以当时利息率为一种基点，是不应在这个基点以下的。新的投资是在当时利息率的基础上进行的，投资者预期利润将超过利率，因此作了投资，希望获得其间的对差利益。

当萧条时期，众所周知，综合工业设备并不是依照全部能力使用的；有许多停工或半停工的厂，有许多闲散的工人。许多有关的企业觉得无法在能够获得适度利润的情况下全力进行。但是，除非萧条的期间特别短促，这时总还是有些新的投资会继续活动的。多少总会有一些新加入的资本，在工业企业中与这个领域内原有的企业相竞争[①]。在长期萧条的情况下，这样在多年内造成的新投资，它们的综合量也许会使工业装备大大有所增加，这些新组织的生产也许会使综合产额有显著增进。实际上这些新组织的产额是扩大供量、压低价格的一个显著因素。但当萧条时期出现的新投资，至少在开始是可以获利的。或者，如果这样笼统地说要引起疑问时，至少有一点是确凿的，它们事前多经过慎重考虑，如果从新事业创办到新设备开始工作，在这个期间情势没有重大变化，获利目的是往往会实现的。如果新事业从创办到完成，其间须经过

① 就目前所讨论的意义来说，一个经过清算的商行，在它的资本及各项负债作了重新估值并经改组以后再度出现时，也具有很多的新投资性质。

一个很长时期，那么在这个期间情势可能会有这样大的变化，以致它的原来计划即使十分稳妥，结果也会变得无利可图。当然，其中也会有滑头性质的企业，创办人对于投资根本就没有分配利润的企图；或者还会有一些企业，它们在市况呆滞的时候建立起来，用意在于先走一着，以便静候良好时机。但对主要论点作了这些补充以后，事实还是这样，新的投资在不断加入，抱着审慎的意图，希望在当前的成本、价格和利率基础上获得适度的利润[①]。

萧条时期的利息率，在借出者方面也许是不满足的；与市况较好时习见的利息率相对照，也许是要使他们感到沮丧的。但是企业的障碍并不是在于借出者方面的兴趣不大，因为事实上在任何持久萧条的时期，只要担保可靠，钱还是随时可以借到的[②]。还有，新的投资仍然源源不绝，这一事实表明困难既不在于投资界找不到资本，也不在于投资前途的没有获致适度利润希望。事实上并没有额外的一个游资量退出市场——除非在恐慌时期，那是另一个问题。还有一点可附带说明的，萧条时期的利息率并不一定

① 参阅坡尔《人口迁流、资本构成与周期的经济恐慌》。他断定萧条是由于与人口对比下资本的不足，认为资本的增进率落后于人口的增殖率，因此发生周期的萧条现象。

另一方面可参阅马克洛斯坦（Macrosty）《托拉斯与国家》第133页。他在英国工商业萧条调查委员会作证时说，当萧条时期，资本一直在找寻投资的机会，要参加进来与已有的投资相竞争。参阅《英国工商业萧条调查委员会最后报告》（1886年）。报告里有这样一段：“我们向商会查询后，获得的答复证实了证人们在我们这里的陈述；说明贸易额一般并没有减少，或者还有所增加，同时在多数情况下价值趋于萎缩，利润大大减少；并且证明在商界普遍有着这样的想法，认为这个国家的工商业情况所以陷于目前的状态是与生产过剩、国外竞争加甚以及税率过高等因素有密切关系的”（第9—10页）。并可参阅《报告》第11—15页。

② 参阅柏登（Burton）《恐慌与萧条》第4章，特别是第113—115页。

是十分低的，正同另一方面、当企业活跃时期利息率并不跟着普遍显著提高的情形一样。

但是一个低落的或在低落中的利息率对于促使企业局势的趋于萧条是有作用的，虽然没有这一点，萧条情况也可能会照样发展下去。这一点同企业萧条的关系，或者至少在一个方面的关系是这样的：已成立的从事于工业的商行（特别是公司）是有着相当沉重的固定负担（利息支出）的——关于租赁、抵押以及有息证券（优先股和债券）。这些现有债券和证券，它们的成立或发行也许在较早的、当利率较高、利润较大的时候，或者也许是经过一个利率较高的时期移转下来的。在前一个情况下，与资产的当前资本化价值（它的资本估值以这项资产的现在代置费用及这项代置费用将负担的现在利息支出为依据）相对照时，这类利息负担将显得非常沉重。在后一个情况下，这类资产项目的资本估值已经过一度实际变更，有所抑低，使与所经过时期中利率较高的情况相符合；但在随后的低利率期间，在这个已经过变更的资本估值下的这类固定负担，与资产的当前实际资本估值相对照，也将显得非常沉重。总之，由于上述的利息负担，公司的负债与它们的资产的当前收益力（由这些负担体现的）对照，是非常沉重的[①]

① 关于有息证券经过利率较高、企业比较活跃期间所发生的情况，作进一步简要说明如次：当利息率提高时，有一定比率（股利或利息）的证券在市场上将跌价。这就是说，这些固定比率收入的权利，它的通过市场价格表示的实际资本化价值将萎缩。同时，由于发生这样变动的时期是企业活跃的时期，因此这些证券所依据的资产，它的（实际的或推定的）收益力与这些证券发行时情况相对照将有所增长。换句话说，即这项资产（工业设备）也经过了资本重估值，以市场价格表示时，它的价值比证券发行时为高。通过市场价格所实现的这种实际的资本重估值，在目前意义上，对于所考虑的

对于有着这样固定利息负担的企业来说，使它们受到挫折的一点是，新的投资以及已经宣告破产或已在破产管理人手里的那些商行，这时将参加进来与原有的企业相竞争。这些新的或重起炉灶的商行，并没有从高利率水平带来的固定负担的牵累；它们所

两项价值有着同样的影响，这个影响使以前已与所发行的证券相抵的资产留出了一个余地，留出了一个未经相抵的部分，可以用来作为担保，从事于发展新的信用关系，如抵押贷款、有息证券等方式。在通常企业程序中，这种在资产（抵押品）现时（较高的）资本化价值与以资产为依据的证券现时（较低的）资本化价值，这两者之间可利用的余地，将立刻用来与新的信用关系相抵。这种信用关系可能是属于贷款、债券、优先股之类明确的方式，也可能是属于比较不显明的方式，如通过契约的订立使责任扩大之类。这样的情况对于证券及其所依据的资产方面所发生的结果是：证券的名义数量不动，综合利息支出也不动，但在经过资本估值这样的重新调整以后，它所依据的那一部分工业设备，比较它在当初发行时，却在实质上有所减缩。在萧条现象发生时，收益和利息的比率降低，而有着固定收入比率的证券的实际资本估值则有所提高（如果这些证券认为是可靠的话），以与较低的利息率相符合；而这些证券（加上在这个期间任何可能增出的各项）所依据的那部分工业设备的资本化价值却有所萎缩，以与下述的同样事实相符合。当利率较高期间，由于资本估值变更而发生的差异将再度出现，不过是在相反的意味下。这样的一个差异是无法改正的，因为前期调整时所存在的余地现在已经消灭，并没有相当的余地可以从别的方面发现。企业会计中，除非在不得不违反这个规律的必要情况下，是没有负量的。

再回到第 99 页注③，假定 1＝有固定利息的证券的面值，r＝固定利息的年率，$1'$＝这类证券的市场价值（实际资本估值），那么

$$cap'=ea\left(yp=\frac{1}{int}\right),1'=\frac{1r}{int};$$

但是如果 int 变成了 $int'(=int+\Delta int)$，那么 $1'$就成为

$$1''=\frac{1r}{(int+\Delta int=int')}<1'。$$

同时 cap'成为 $cap''=\frac{ea+\Delta ea}{int+\Delta int}=\frac{ea'}{int'}$；

而在利率降低的时期中则

$$int'=int-\Delta int,$$

$$1''=\frac{1r}{int'=(int-\Delta int)}>1'。$$

负担的这类利息支出，只是按资产的当前实际资本估值所保证的那么些——不管这个实际资本估值指的是设备生产成本，或商行的收益力，或它的证券的市场价格。这些无牵无挂的竞争者的意图是要在现时价格下获取适度利润的，因此它们在市场上出现以后，就不能希望价格上涨到这样一个程度，使别的已有的单位在偿付实际上是过度的资本估值下的利息费用以后，仍能获得适度利润。

现在的假定是当萧条时期利息率也比较低，以上的解释是只适合于这样一个情况的。但萧条与低利率两者并不一定同时发生；而且也还有别的方面使以上解释的适应性有所限制。这种论证要阐明持久萧条的因果，只有在利息率作累进的下降的假定下才有说服力——这样一个情况，在持久的萧条时期中是不大会有的。

但是这样一个适用于形成萧条时期现象的有限范围的解释，却可以引起别一类的考虑，大大地有助于其他方面的解释。根据这个解释，困难的根源在于已有的资本估值、利息负担与收益力之间的矛盾。同样明了的是，在这个情况下唯一可以适用的补救办法(除投机性的企业繁荣以外)是有关商行在降低的标准上进行资本重新估值，以与降低的设备生产成本及降低的收益力相配合。但是在现在的法律状况下，这样的补救办法不能应用于有息证券——除非经过破产程序，应用于别的资本化财富时，也是在极勉强、极不愿意的情况下进行的；而除此以外，对有限责任公司的股份，特别是它们的股份在表面上已成为它们的工厂的资本化价值时，要实现这样一种公开的资本重新估值，实际上是极困难的。

这样一种以收益力的实情来表示的由名义价值到实际价值的调整，是在若干程度上不断地在进行的；但也并不是普遍如此，它的性质大都是一种无可奈何的让步，只是在带些迫不得已的情况下实现的。因此，当发生的困难是一种累进性质时，在多数情况下，它总是不能赶上所要想应付的困难形势的。

在现代情况下，除了由于利息率降低以外，也会发生已有的资本估值与当前收益力之间的矛盾，与上述矛盾情况相类，但属于累进性质。上面所指出由于利息率降低的矛盾发生在这样两个方面：一方面是成立较久的商行的名义价值（已有的资本估值），是按照它们的早期收益力或设备的原始成本计算的；另一方面是它们的现在实际价值，是按照（与具有设备成本较低的优势对方竞争下）它们的现在收益力计算的，或者换句话说，是按照收益力的每单位的较低利息负担计算的。在近代制度下机器生产有了进一步发展，于是在某一设备的过去生产成本与同样或同等设备在随后任何时期中的当前成本之间的永久分歧中，发生了影响相类的矛盾——假定其间并没有发生价格昂腾，也没有发生造成投机性涨价的任何外来原因[①]。

假定制成品的价格稳定，或者变动极微，在目前讨论中可以不必计及，再假定利息率也是处于这样一个情况。换句话说，就是所处情况企业家认为是正常的、稳健的，对前途没有抱奢望也没有抱忧虑的理由。但是在现代以机器工业为主的情况下，这样一个局势，即使没有外来性质的任何干扰，也仍然是不稳定的。这是由于

① 参阅霍布森《失业问题》第 5 章及图干·巴剌诺斯基《商业恐慌》第 1 章与第 6 章。图干在他的评论中（第 191—193 页）未能领会霍布森的理论及他所举的例证，显然没有理解到霍布森所作的解释的内容实际上同他自己的见解极相近。并参阅霍布森《现代资本主义》第 7 章，特别是其中第 8 和第 16 节。

在它自身程序中起着作用的一些势力，这些势力总起来说，在助长着趋向萧条的累进性变化。

如前所述，一个比较低的（在低落中的）利息率的所以对工业企业具有促退影响，是由于它引起了旧组织的已有资本估值与具有相等收益力的新组织的成本两者之间的矛盾。可是在最近二十年来机器工业进一步高度发展的情况下，由于工业操作逐渐的、但是不断的进步，发生了相类的矛盾。“工业技术的形势”，如老一辈经济学家们所惯说的，即在一霎的时间，也不能认为是稳定的。谈到工业技术或企业繁荣，没有站得住脚的“静态的”理论，甚至也没有在工业局势的意义上的“静态”理论。在使用中的各项操作效率的累进无已的提高，是工业局势中普遍存在的特性。以工业技术的效率而言，它的水准是不会在接连两年中相等或实际上相等的；的确，说到“生产时期”，已不再能有把握地认为在这一点上是自始至终处于相等水平的。同时，在一个广泛程序中若干工业的越来越扩大越紧密的连结也在进展，这一点也在若干程度上、在同一方向上影响了工业企业的一切部门，这在下面将继续提到。

无论什么工业企业所投资的各项设备（工厂、材料甚至在某些意义上的商誉），工业中企业家用以生产可售商品的，它们自身就是机器工业的产品。一直在效率增进中的机械操作，造出了操作赖以进行的器械设备和材料，成本则一直在降低中；因此每一个持续步骤的结果是一个效率更高、成本更低的操作[①]。这已不再是

① 这种进展的代表形式是机器的机械生产，但在事实上还牵涉到其他物质因素以及器械装备，尤其是工业中使用材料的生产。

什么天才发明,不只是属于个别的、不时发生的性质,供作局部的、有限制的应用,可以作为商业秘诀、利用以获致长期对差利益的了。

"资本商品"的生产成本,按照它们生产时所涉及的各项操作计算时,是逐步地、累进无已地在降低的。这一点反映在这些商品对一切买户的价格上,在一个竞争市场中这种反应相当迅速。但这种降低的价格特别适合于某些买方的意旨,这些买方主要是新加入的投资者,他们的目的在于建立新的或扩充旧的工业组织。每一个新建或扩建事业,在竞争经营中从事于生产和销售任何种类的主要商品时,由于成本较低,与它们的同业中的前辈对照下,将获得一种对差利益。这时新置的设备有着较低的综合价值,将制出一定数量的可售产品。在产量方面或价格方面既不存在任何协定,这就意味着这些新起的后辈将从事于削减价格,削减到它们的前辈供应产品时所满意的价格以下。竞争价格的水准降低了;这就是说,成立在先的组织和操作,就生产费用言,它们的生产还停留在旧的基础上,在新的竞争价格下,它们将不再能获得与它们旧有的资本估值相称的利得[①]。由此可见,由于机器工业本身固有的、先天的特征,结果是任何工业企业的收益力在一开始就进入了一个下降的过程,它们的资本估值,以最初的假定收益力为依据

① 旧有的商行的资本估值是以过去的成本为依据的,我们可以说,在这些旧组织中,$cap=f(\cos)$(成本),但是在有着同等收益力的新组织中,$cap_1=f(\cos_1=\cos-\Delta\cos)$;因此收益率$\left[=f\left(\frac{ea}{\cos}\right)\right]$将随着成本的减低而逐步提高:

$$f\left(\frac{ea}{\cos}\right)<f\left(\frac{ea}{\cos-\Delta\cos}\right)<f\left(\frac{ea}{\cos-2\Delta\cos}\right),等等。$$

的，从开始起就在逐步地、越来越加甚地趋向陈旧、废弛。在“工具工业”中机械操作的能率，产生了成本与资本估值间的矛盾。因此资本估值必须不断地调整以与降低的收益力相配合是必然的事理。同时也是出于必然的事理，这一点是办不到的。

在投资和企业管理程序中是要牵涉到信用的使用的，所使用的信用方式是有息证券或意义相类于这种证券的贷款，这一信用成分就阻止了对由此而起的固定负担的强制调整。这种阻力（加上企业家对于降低他们的资本估值这一点的抵触情绪），一般地说，足以阻止需要日益迫切的资本重新估值的实现，结果使工业投资在公开竞争的领域内，不能恒久地获致一个相当的或“常态的”利润比率。因此利息率为了要能够在这样一个方式下起着实际促使企业萧条的作用，这个比率并不一定要提高或抑低，也不一定要使它比较地高或低，也不一定要在某一个范围内始终不变，所需的只是在每一个情况下有着一个利息率，在工业投资中存在着数额相当大的信用关系。在现代工业企业中，事实上信用是一个普遍存在的因素，因此它的影响，像上面所提到的那样，应该认为是局势中的一个恒久力量。

但是，即使把这个到处存在的信用因素撇开，由于工业效率的不断提高，特别是像近来这样速度的提高，或者也将发生相类的影响。如前一章所述，企业家对于他们的财富、支出以及收入是以货币价值计算，不是以机械适用性或消费效果来计算的。企业经营和企业成果是在货币单位的基础上标准化的，而工业操作及其出产则是在物质量度（机械效率）的基础上标准化的。在现在的企业社会中，积习相沿，以货币单位为标准尺度已获得一般公认，并在这样的观念下进行交易。在企业经营范围内，标准单位的稳定性实际上是没有争论余地的。不管事实上是否如此，按照企业社会的经验哲学观点，货币单位是一个不变的量。一个感染着这样的企业哲学观点、不喜欢从事于微妙、深刻思考的人（企业家大都是这样的），他的经济情况在他自己的理解下是在好转还是在恶化，是按照这些价值标准单位在他的资产负债表上所列数目的多少来衡量的。不论是投资、开支、可售产品、收益、固定负担或资本估值，都是以这个价值单位为依据的。收益或资本估值以价值单位估计有所降低时，就有一种趋于困乏的感觉。因此资本估值在这样关系上的降低是一种不好受的厄运，只是在迟疑的、满不乐意的情况下勉强忍受的——即使在生产上、生活上、享受上的物质材料的自由使用并没有由此有所削减。同样情况，一个企业家在企业社会的等级、地位，评量的依据是他保有物或他的营业在金钱上的量，而不是他的事业或生产的机械适用性；这种企业上的评量是企业家日常愿望中的一个很大部分。这一点的提高是确实使他愉快、满足、使他具有自尊心的根源，它的降低则有着极切实的相反影响的①。关于在金钱上表示的缩减，只是在迟疑、勉强的情况下、直等到无可避免时在可以实行的最低限度上忍受的。但是在

① 再回到第109页注①，假定U_m＝物质效率单位，那时某一个老商行A，所拥有的某一宗设备是$U_m(cap)_a \mathrel{-\!\circ\!-} U_e(cap) \mathrel{-\!\circ\!-} U_n(cap) \mathrel{-\!\circ\!-} U_e(\frac{ea}{int})$，不久它就感到同它竞争的一个后起的商行B，有着同样的物质设备＝$U_m(cap)_b$，是按较低的成本得来的，只要求着较低的收益（$=ea'$），有着较低的固定负担。

$$U_m(cap)b \mathrel{-\!\circ\!-} U_e\left(\frac{ea'}{int}=\frac{ea-\Delta ea}{int}\right)=U_e(cap'=cap-\Delta cap)。$$

现在所处情况下，这样的重新估值的进行有着累进无已的需要，而上述的那种勉强让步从来就没有能赶上这种需要——因此，只要没有外来的情况足以使企业事务中这方面的演进暂时停止，这种资本估值与收益力之间的矛盾是长期存在的。根据这个论点，可以说相当显著的长期、慢性萧条，是机器工业充分发展制度下企业的正常情况①。

但是由于机器工业的盛行及其效率的增进在企业中造成的黯淡趋向，可以被多少是工业系统以外的若干因素所抵消。即使在工业的机械体系以内，也至少有一个相当重要的因素，在不断地起着对上述趋向的缓和作用，甚至还不时地会使它停滞不前。前面已指出，企业问题根本是一个价格问题。价格下跌，广泛地影响到企业利益时，就造成萧条。相反地，价格显著上涨，不论出于什么原因，就意味着企业进展。价格上涨，可以是由于投机活动所造成；而投机活动又可能起因于种种情况，这些情况大部分总是在工

但是作为市场中的竞争者 $U_m(cap)_a = U_m(cap)b$。因此，由于在竞争下收益的降低，也就是实际资本估值的降低，A 的情况变成这样：

$$U_m(cap)_a \Leftrightarrow U_e(cap') = U_e(cap - \Delta cap) < U_n(cap)。$$

实际上 A 的资本估值已过高，其过高的量是 $U_e(cap - cap')$。A 的名义资本是 $U_n(cah)_a \Leftrightarrow U_e(cah' + \Delta cap)$，而 A 的实际资本估值则是

$$U_e(cap')_a = U_e(cap - \Delta cap)。$$

因此企业家在感情上将受到损伤

$$= f\left[U_n\left(\frac{ea}{int}\right) - U_e\left(\frac{ea - \Delta ea}{int}\right)\right],$$

这是一个单调函数。$U_n(cap)_a$ 与 $U_e(cap')$ 之间的矛盾，在很大程度上体现于有固定负担的证券；由于这一点，即使没有 A 的抵触情绪，要进行调整也极为困难。

① 以上的分析，可与马克思关于利润率减退问题的讨论以及他所设想关于生产过剩、投机和恐慌系起因于利润减至最低度的情况相对照（《资本论》第 3 卷第 15 章）。关于这一点，并可参阅图干·巴剌诺斯基对于马克思的批评，《商业恐慌》第 7 章。

业操作范围以外的。但是在这里最好把投机问题搁开。还有一个因素，对情势的影响更加直接。这种情况发生已不止一次，价格上涨的起因可能为贵金属的供量过度，或通货的膨胀，或以信用手段作为通货的辅助在使用时的过于轻率。须知工业效率的提高足以使贵金属生产的(物质)成本降低，从而促进它们的供应的便利，这种情形与它对于工业用或消费用商品供应的影响正是相同。但贵金属供量增加对于价格的影响与商品供量增加时所发生的影响对比，当然是相反的。既然有着这样的影响，就这一点而言，对企业走向长期萧条的趋势就发生了改变或缓和的作用①。

但是一方面还有着某些情况，冲淡了贵金属成本降低的有利影响。工业操作对贵金属生产的(工业上的)成本所发生的影响程度，比对其他商品成本所发生的为低——至少近来的情况似乎是这样。此外还有比这一点更严重的是影响货币金属价值的特有情况。货币金属的年产量并不是、或并不大都是年年被消耗掉的。以贵金属作为货币时，除了在极个别、极缓慢的情况下有所消耗外，一般在使用中是不会毁灭的。在任何一个时期存在的这些金属，数量既大，又比较具有不灭性，因此每年的增加量只是综合供应额的一个极微小的部分。结果每年供应额部分成本的降低，对于现有供应额综合价值所发生的只是一个比较轻微的影响。

① 就直接的物质贡献而言，毫无疑义，增出的贵金属供应是工业所能努力生产的财富中效用最低的形态之一，但是就整个企业繁荣的目的而言，这一点在增进综合财富的方法上大概是效果最大的。别种形态的财富，它的生产效率的迅速提高对企业利益是有害的，因为它引起萧条；但是贵金属的迅速增加是工业活动对企业利益所能造成的最幸福的境遇，因而它使价格上涨，从而赶走了萧条。

至于可售产品的年产量，不论供工业或消费使用，情况是不同的。在这方面的情势下，特别是关系到新投资或工业设备的扩充，年产量是构成现有供应额现时价值的一个极重大因素，甚至可认为是这里所讨论问题中的一个实际上唯一的因素。因此除了贵金属供应特别旺盛这种极个别的情况以外，这些金属产量的增进并不能挽回企业走向萧条的趋势。这一因素对“利润的趋于最低度”通常只能算是有着一些缓和作用。即使是这种缓和作用，它在现在企业一般局势下的影响程度，似乎已经比在机器工业制度处于早期状态时为低。贵金属供应额增加的最显著影响似乎是在于它对投机性价格高涨所具有的煽动性①。

应该注意到，这里对萧条所作的解释是把它说成一种感情上的病态的。使企业家感到沮丧的两个方面之间的矛盾，一方是根据过去习惯他们所全力祈求的名义的资本估值，另一方是现时收益力所能保证的资产实际可以资本化的价值。但是，像通常所见到的那样，当企业家们的成见在有息证券的形态上已经固定并已在法律上获得认可时，这种感情上的病态就极难加以补救，虽然这类获得认可的感情、成见、或者叫它别的什么等等，是集中在货币单位在哲学观点上的稳定这一点的。

萧条诚然主要是一个企业上的困难，是寄托在感情基础上的，但是虽然如此，它对于工业、对于企业利益范围以外社会的物质福利，仍然有着严重影响。企业诚然是在它的哲学观点的基础上进

① 参阅斯马特《经济学研究》内第 6 篇论文《价格一定要下跌的么？》，又《所得的分配》第 2 册第 3 章。

行的，是被名义财富的观念、不是被物质适用性的观念所支配的；但是话尽管这样说，控制着工业趋向的仍然是企业和企业哲学。

企业的呆滞当然意味着工业的呆滞。但是在这一个问题上必须小心。在活跃与呆滞两个时期中，年产量除非以价格来衡量，通常是没有什么极端区别的。如果以物质关系来衡量时，活跃与呆滞两个期间在产额上的差异当小得多。在别的方面没有变动的情况下，在呆滞时期以量计的总产额当比活跃时为小；但以这类标准衡量的差额比在价格报酬上所表示的要小得多。实际上在持久萧条时期以量计的产额，它的平均数字比较在前一个市况活跃时期下的不一定会有显著的减缩[①]。当萧条的若干年间，工业营业额以及产量的增进程度，把它与活跃时期相较，即使不完全相等、也相差无几。但是由呆滞转变到活跃时期时，即使不一定、也大都会使价值量作迅速增长，当转变的趋向相反时，价值量将趋于萎缩，不过萎缩进度，除非发生了恐慌，一般是比较缓慢的。

萧条时期的最大困难是企业家牢不可破的感情上、精神上的病伤；其次的最大困难在于工人，由此引起失业，引起工资的降低，使他们的生活陷于不安定和低落状态[②]。至于那些继续有着相当

① 当呆滞时期，工作进行的步子虽然要慢一些，但仍然在前进，各方面的扩充和进步仍然在继续。结果产量仍然有所增加。因此即使在萧条开始时生产上发生了挫折，总产量不久仍然会达到呆滞发生时的水平。还有一层，当呆滞时期，消费的比率也会显著降低，特别是属于奢侈性质的一些消耗。当呆滞时期这种消费综合量的减退足以与生产强度降低起抵消作用到这样程度，不妨说，产品以量计的净余额，在萧条时期至少不会比活跃时期显著缩减。参阅来特(Wright)的证词，《工业委员会报告》第 7 卷第 25 页。

② 工人阶级生活标准的降低，可以说是与上述当萧条时期生产总额减退的情况相抵的一个主要因素。

稳定工作机会的工人们，对他们来说，虽然工资减低，实际并没有像表面上显得那样大的损失；因为物价的降低抵消了工资的减缩。的确是这样，有着稳定工作的工人们，他们的生活费的削减是很容易与工资的削减充分相抵的。因此，在工人方面，与企业家的情形相同，呆滞时期所带给他们的烦恼，在某些程度上也是一种精神的、感情的性质。

对于社会的其余部分——那些处于企业圈子以外、处于工业工作本身的圈子以外的各阶级，就是说，那些（非工业的）有着固定薪金或类似的固定收入的人们——来说，呆滞时期是一个表面上不十分明显的福音。企业社会情绪消极，他们在感情上也受到影响，但是由于活跃与呆滞两个时期间价格上的差距，使他们在生活享受方面、在储蓄方面都有所得。对于这些人来说，活跃时代所带来的实际上没有别的，只是损害[①]。

萧条根本是企业家感情上的一种病态。这是困难的主要所在。工业的不景气以及工人与别的一些阶级所受到的困难，它的性质是外表的迹象，是次要的。因此要提出任何挽救办法，这种办法必须属于这样一种性质，要接触到问题的感情上的症结所在，要恢复企业资本名义价值与企业收益之间的平衡；就是说，如果要使这个办法灵验有效，就得恢复利润的“适度”比率；也就是说，必须

① 参阅卡赛尔的一篇文章，现连续刊载《国民经济杂志》（1904年第1及第2期），它所讨论的内容与这里所说的属于同一方向。卡赛尔先生的分析与“资本”、“生产”等一般公认的概念关系较为密切，对于某些方面，特别是储蓄、投资与金钱上的预期事项等方面讨论比较详细。他的文章还没有结束，但就现已看到的而言，他的结论当与这里所述的实际上相同。

使价格在实际上达到已有的资本估值上的水平。这种补救办法，目的在于消除由机械进步引起的灾害性的产品跌价，曾经在各种各式的企业合并与工作安排中看到，它的方式大都是在价格和产量上有所“规定”。这种办法近来已为企业社会以及研究企业情况的学者们所熟知，它对于消除现代企业这种主要病征具有确切、直接的效果，这一点在现代企业中已有充分认识，甚至已有迫切需要的感觉，因此有一句俗语，叫作“有了合并就不再有竞争”。所需要的是在这样一个准则下的企业合并，由此可以在足够大的范围内调节产量，消除竞争销售和竞争投资，组成一个自相平衡、大体上独立的工业系统——这样一个企业合并泛称“托拉斯”。

这样一个企业合并，如果在广泛的、周密的管理下，可以使商品和劳务的产额相当密切地与市场相配合，可以这样有效地使市场价格或约定的价格标准保持平衡，由此即使工业操作方面有极重大的改进，面临着这样的局面，已有的资本估值也不会变为陈迹。在理想的成功情况下，这一个措施的效果足以抵消由于当前工业进步而发生的商品和劳务的跌价。当工业进步对于商品成本所发生的影响超过了它对货币金属价值所发生的影响时，这一个措施足以抵消这方面的工业进步的影响。乍看起来，由于托拉斯的这种抑制性的效果，在托拉斯范围内由工业进步而来的全部利益，好像都是有助于合并组织中企业家的利得的，但实际结果显得并不是这样。如果托拉斯能顺利实现它的目的，那么从实际结果看，比较近似的是，在它管理下的工业的进步对于它并没有什么实际利益。托拉斯管理的这一特点将在另一场合论及。

这样一个企业合并，除了它的主要目的在于防止按过去投资计的收益的减退以外，它还有一个作用，对于所使用生产资料的生产成本的不断降低，由此发生任何无可避免的影响，可以相当均衡地散布在合并组织所包括的整个范围内，从而避免工业进步对任何一点上特别严重的打击。同时，由合并措施所造成的节约，它的利益则归集体的企业组织享有，表现在股利的增加与合并组织资产的实际(市场)资本估值的提高，不再将这种利益消散在竞争销售中，从而为消费者或整个工业系统所享有。

再回到上面所暂时丢开的一点。根据假定，在以上关于企业萧条的讨论中，任何如投机性价格暴涨一类的因素是完全除外的；事实上也确是如此，因为这两者是不会同时降临的。但是在一点上两者具有共同特征。在这两个差别极大的企业情况下，已有资本估值与实际收益力之间都存在着矛盾[①]。但是即使在这一点上，两者也有所不同。在价格暴涨的情况下，起先是并不感到有矛盾的，直到事态发展到顶点，物价狂涨以后继之以恐慌，方才普遍认识到矛盾的存在，不得不进行急转直下的调整；而在萧条时期，对于这种矛盾的感觉以及由此引起的反感是这个时期的最显著情况。在投机猖獗时期，资本估值与收益力之间的矛盾造成了资本

① 在投机性涨价的情况下，

$$cap=\frac{ea}{\cos}\times\frac{1}{int}<cap'=\frac{ea+\Delta ea}{\cos}\times\frac{1}{int};$$

在萧条情况下，

$$cap'=\frac{ea}{\cos\times int}>cap''=\frac{ea-\Delta ea}{\cos\times int}。$$

在前一个情况下，价格暴涨时的当前资本估值是 cap'，超过了经事实证明的真实资本价值 cap；而在萧条情况下名义资本是 cap'，却超过了当前收益力所能保证的资本估值 cap''。

估值的膨胀；而在萧条时期，矛盾的发生是由于收益的萎缩——当然，资本估值与收益力两者都是按货币价值计算的。投机活动足以抵消或阻止任何时出现的萧条倾向；在过去一个相当长时期间，这样的一个投机活动，似乎足以不时打破企业萧条的无间断过程的唯一力量。在充分发展的机器工业和充分发展的企业组织制度下，到处是活跃的竞争，这时除了投机活动，没有别的可以真正防止萧条——这样的说法至少是有些理由的。

在近代有一个经济学上的论点——不能称之为理论，因为它并没有充分的说理依据——认为萧条与繁荣以后接着的是恐慌，它们是在大致具有周期性的情况下、在一定事理下、无间断地互相接踵而至的。说到一定的周期性（从一个时期到另一个时期，其间大致为十年至十二年），在这方面并没有切实有力的证据，除了1816年到1873年的那个时期；而且即使就那个时期而言，举出的证据也不是研究这些现象的所有学者们都信服的。就那个时期而言可能具有周期性，而在该时期以前或以后则没有这样的情况，在这一点上可以这里所提示的见解为基础，试加解释。记住一点，不论繁荣也好，萧条也好，其间的变动乃是资本估值与收益力之间的矛盾，并且记住这种矛盾发生的情况，然后我们可以注意到，在上述1816—1873年那个时期以前，现代工业系统还并不是一个广泛的、密切连接的操作，系统中某一点或某一个成员发生了变动时，并不一定会通过企业的媒介传播到所有的其他部分。一处的投机活动并不一定会蔓延到整个工业系统。在近代早期发生的投机和崩溃那些波澜壮阔的插曲，并不是属于要影响到从事于工业的整个企业社会的投机性膨胀性质。它实在是一种商业投机，接近于

赌博的性质[1]。因此在那个较早时期发生了恐慌时，如果不是赌博冒险的后果，就往往是由于发生了重大灾害，如农作物歉收、军事侵略或军费浩大等等，使社会遭遇了绝对的物质损失。另一方面，所谓萧条时期，在十九世纪初期以前，除了由于资源缺乏或政治上的负担以外，这种现象纵然不是绝对没有，一般也是很少见的。至于由于资本估值与投资收益力之间的矛盾形成持久变动、引起长期萧条，这种情况在那个时代还没有发现。那时还没有充分发展的机械体系，这一点既然不存在，生产资料的生产成本就不会发生那样大的缩减比率，足以引致资本估值与收益力之间的持久分歧。

在十九世纪上半期不十分确定的一个期间，机械工业体系和以此为基础的企业体系达到了这样的规模、这样的坚定巩固，因此在任何部分发生了相当显著的企业变动时，将影响到整个体系的价值量。这一体系以后又逐渐成为这样庞大、联系这样密切的结构，因此它的各个成员相互之间的关系以及对整个体系的关系，对这些成员的前途来说，对整个有组织的操作来说，比较这些成员对机械工业体系与企业社会以外工业因素的关系有着更重大的意义。所以工业恐慌，按照这个字眼的本意来说，在这个时期是不以为奇的。这时恐慌一旦发现，就非常有力地、灵便地传播开来；它是具有真正的企业恐慌性格的，在于它进展时情况非常猛烈，但除了按价格计算外，物质财富方面并没有综合损耗。这时恐慌往往

[1] 在早年的繁荣和恐慌时期中，它的赌博性质这样地突出，因此在以后发生的属于繁荣和恐慌之类的现象中，即使没有显著存在着赌博成分，而经济学家们仍然认为是赌博性质，认为这是当然之理。一般认为如果发生了繁荣或恐慌现象，就必然有赌博的成分在内，因为较早时期的历史经验是这样的。

要造成价值量的削弱，但商品方面并没有显著损失。它似乎与恐慌的一般界说也相符合，由于它是跟在工业投资的投机膨胀时期后面发生的。

但长期的、慢性的萧条，在这个十九世纪时期，在世纪的八十年代以前或七十年代的过程中，似乎不是一个主要特征。一般认为通常的过程是这样：繁荣、恐慌、短促的萧条、逐渐走向繁荣，这样地周而复始①。

关于这里所说这些周而复始的现象，试加以解释如次：在十九世纪初期的情势下，恐慌是资本化价值量的突然崩溃，这时资本估值不仅达到了在平稳时期投资收益力的水平，而且显著地低于这个水平。这时机器工业对于生产资料的生产，它们的效率还没有提高到足以使它们的生产成本迅速降低、并且降低到超过资本估值萎缩的程度，从而阻止资本估值因受到收益力比较高涨的感应时的再度回升。在生产资料的跌价还没有来得及赶上由于恐慌所造成的资本估值的萎缩以前，清算的激动影响已经逐渐消失，因此这种激动影响过去以后，作为清算时期的一个后果，资本估值显然过低的现象依然存在。结果是并没有发生资本估值与收益力之间持久的逆差以及随之而起的长期萧条。相反的，在恐慌以后，投资的收益力还比较地高于它那萎缩的资本估值。这时工厂的实际收益力超过名义收益力到这样显著程度，许多企业家将受到鼓励，从事于大胆竞争，充满信心，从事于资金方面的活动，于是清算的震

① 参阅柏登《恐慌与萧条》第 8 章，关于美国在这个时期萧条与恐慌的经过，这里作了简要叙述。

动迅即成为过去，企业又达到了稳定局面。但是这样大胆竞争，向前猛闯，是工业中信用扩张和投机活动的开端，这种情况在上面关于恐慌现象的研究中已经提到。这种活动是有累积性的，它的情况上面已经指出，结果是资本估值膨胀，信用关系扩大，最后通常还是要以一个清算时期作收场的。

在所述时期(1816—1873 年)，这种清算显然总是由一些外来的变动带来的。但是在理论上有一点不能不说明的是，投机活动的发展越是深入，则足以使它趋于危急关头所需要的外来变动也越轻微；因此当繁荣时代处于初期状态时，只有比较剧烈的变动才能引起清算，等到投机性繁荣已经发展到更进一步的形势时，一个比较微细的变动就足以促使局势发生变化。

再说，这样的投机活动，要造成资本估值与收益力之间极大的差异，即使没有被严厉清算以外的方法所调整，也是需要相当时间的[①]。因此资本化价值量高涨与萎缩时机的反复出现，只是在大体上有周期性。在十九世纪历史上每一次的恐慌中，当然还存在着各种各样的其他因素，关于恐慌的任何历史记载，甚至关于恐慌的任何理论，如果要求详尽，这些其他因素是应该考虑的；但是这里所指出的，似乎是在于这个时期历次恐慌中一些特有的、始终存在的因素，同时这些因素与现代工业中企业管理程序也特别有关系，而后者乃是这次研究的主题。

自十九世纪七十年代以后，以恐慌和萧条现象而言，企业趋势

① 投机活动的进展需要时间，因为膨胀是累积性的，是在无意识的、不自觉的情况下实现的。

显然有了永久性的变化，这里说的是一个大致的年代，美国的情形特别是这样，英国的情形大致上是这样。在这个近代时期，长期的、慢性的萧条成为企业中的常规而不是例外，这种情况的顽强不变越来越显著。在这个期间，出现了比较松动的情况，所谓“平凡的繁荣”时期，追究它的起源总是在于工业企业本身操作以外的特殊原因。例如在十九世纪九十年代初的一次，似乎是起因于突出的农产收获情况，又如现在(1904 年)显然已成尾声的一次极触目的投机性物价暴涨是由于美西战争，为了使这个国家处于战时编制状态，在贮藏、军需、军役方面支出浩大，由此使企业社会从萧条转入繁荣。如果这种造成现在繁荣状态的外来刺激因素，在适当高度上继续存在，则繁荣季节当可延长；否则除了多少是有些急性的、严重的清算以外，似乎很少理由可以希望发生任何别的什么结果。

怎样才算是助长繁荣的一个适当程度的刺激，当然是不容易说的，但是可以肯定地说，如果要使繁荣时期继续到很多年，那么刺激的程度必须逐渐提高。换句话说，就是由于工业以外的花费，在这方面所吸收的商品与劳务，在工业立场看来是属于纯粹浪费性质的，它的数量必须不断的增加。如果这种浪费性支出松弛了下来，慢慢地减少了，那么必然的结果是企业与工业将发生相当的混乱，再演进下去就是萧条局面；如果战争、殖民地开拓、地方投资之类的花费突然停止，那时又没有任何别的其势足以与之相抵的因素，那么必然的结果是一次相当严重的恐慌①。

① 这里把足以引起繁荣的工业以外的支出说成是浪费性质的，并不是说这些支出对社会甚至关于它们对社会综合收入或财富综合积累的影响方面没有好处。所以把这些叫作浪费，只是由于这类支出，就直接影响范围而言，对于工业的财富和劳动只

在上面曾说过，自从十九世纪七十年代以来，企业进行，如果不受到工业系统本身以外事变的干扰时，它的通常状态就是长期的、慢性的萧条。以美国的情况来说，在一定程度上以英国的情况来说，任何研究这一时期企业形势的学者，大都不能否认这一点①。以欧洲大陆的情况而言，则关于这一特征是有很大限制的。但所以如此，其间是有理由的，在欧洲、特别是在德语地区，政府方面的干预这样普遍，因此它们的情况简直处于任何共通理论的适应范围以外。这一理论是以机器工业高度发展的假定为基础的，以德国工业系统在这个期间发展的程度而言，是否与理论的要求相符合，也是有疑问的②。

能从事于剥削、花费，对于工业的成果只是从事于非生产性的消耗。就间接影响而言，它们对工业是有利的，在于由此引起了对工业设备生产效力的充分使用；因为至少可以想得到，在一个很短时期内，即使由于浪费性支出使一部分产物归于毁灭，而工业操作的综合净产额在数量上、在适用性上比浪费性支出未发生以前将不会有减色。同时应该看到，对于企业的影响也显然是有利的。浪费性支出促进了需求，从而扩大了产品的销路，这就是说利润由此增加，资本估值由此提高。所以这类支出毫无疑问足以使资本家保有的价值量增长，以企业的立场来说是增加利得的。总之浪费性支出对商务有利。只是在最后清算时才发现它们对企业的不利后果。

关于浪费性支出的影响这一点，有些早期的经济学家如马尔萨斯(Malthus)、罗得达尔(Lauderdale)、察尔麦斯(Chalmers)等以及比较近期的如罗伯特生(Robertson)、霍布森，他们的意思实际上是正确的，虽然关于浪费这方面的辩解可能还有些不完整。要使商业保持活跃，要使工业操作得到充分利用，则浪费似乎是一个必要的因素。所以会造成这个情况的真正原因是由于这样一个事实：足以确定企业、因此也就是工业活动界限的决定性因素是企业家对于以价格衡量的利润降低时的反抗情绪。反对马尔萨斯观点的人们，却未认识到价格——与适用性截然不同——在企业进行的动机中所含有的绝对重要意义。

① 这里也很可能会引起反对的意见，认为不能把这种情况说成是正常的——这一方面的是非不能一下子判定，因为这是由于观点的不同。

② 参阅桑巴特《现代资本主义》第1卷第18—20章。

关于在这些国家流行着的长期企业萧条，要根据这里的论点来解释是很简单的。在十九世纪七十年代将告终、一个不确定的期间，机器工业在效率方面、在衔接关系方面日益进展到这样高度，使生产资料的生产成本逐步降低，使不时在进行的资本估值的重新调整从此再也追赶不上。由于工业设备比较生产过剩，利润不断缩减，于是像十九世纪上半期常见的那种投机扩张现象不容许再出现。在这个近代期间，如果由于外来刺激而发生了投机活动，则由于成立较久的投资方面的收益力由来已久的、比较迅速的减退，将使投机高涨在发展到这样高度、势将引起剧烈恐慌以前，即被拦住。如果已经发生了有些严重的恐慌，资本估值已有所降低，则由于现代机器工业操作的高度效力和机敏的平衡作用，这一点将赶上资本估值的跌势，使它没有时间从事恢复，没有时间使市面由此走向繁荣。在清算的震慑影响还没有幻灭以前，资本商品的跌价已经赶上了投资的资本估值的降低。因此在机器的完整制度下，只要竞争不受到阻碍，没有"意外的奇迹"插进来，萧条就是工业局势中的正常现象①。

既然一直不能获致适度利润，这就要求有一个补救办法。要寻求补救，不外以下两个途径：(1)增加对于商品的非生产性质的消费；或者(2)消灭那种"你死我活的"竞争，这是要降低利润的"适度"水平的。如果以足量的劳动或产品用之于浪费性的花费，只容许有以量计比较微小的综合蓄积，那么就可以保持以旧的资本估值为基础的有利价格。如果浪费支出十分浩大，在增进工业设备

① 参阅霍布森《失业问题》第5章附录。

方面的当前投资，由此产生的竞争力量将不足以压低价格到显著程度[①]。

但是要使浪费性支出达到足以抵消现代工业剩余生产力的程度，这一点几乎是绝对做不到的。出于私人方面对商品和劳务的浪费，是不会接近于企业局势所需要的那个程度的。毫无疑问，私人方面的浪费是巨大的，但导向蓄积财富和精明投资的企业原则在现代人类习惯上根深蒂固，因此资金累积的速度不容许有过甚的降低[②]。对行之有效的浪费要作比较有力的进行是办得到的，有些文明国家的政府已经在这样做。就关系到这里所讨论的问题而言，诸如军备、公用大建筑物、宫廷方面、外交方面的编制等等，差不多完全是浪费性质的。这些支出还有另外一个优点是，体现着这类浪费的公债券，在私人储蓄方面是一种有吸引力的投资证券，同时，总的说起来，这是一种纯粹虚假性的蓄积，因此并没有降低利润或价格的作用。用租税来抵偿的开支，在这里的意义上有利程度比较低；不过间接税有一个特殊优点，可以使课税商品的价格提高，从而直接适合于这里所期望的目标。此外关于兵役以及宫廷、外交和教会人员的费用，在这方面时间和劳力的浪费，实际上也有着趋向相同的意义。但是在这方面的公家的物质浪费近来虽已达到了非常程度，如果要借以抵消机器工业的剩余生产力，显然还是不够的，加以这种生产力是在现代企业组织的极大便利下

① 参阅霍布森《失业问题》第6章。霍布森先生在有关这一问题上没有使用“浪费”这个名词。并参阅维艾尔《消费与经济恐慌》最后一章。

② 而且在企业改组、合并的进行中，资金的积累会自动发生，其情况在上一章已提到。

获得支持的，从而使积累掌握在比较少数人的手里，这就使这种不够的情况更加显著。这里也还有一个缺点，兵役在时间上的浪费减低了参加服役人们的购买力，因此减低了这些人在其他情况下可能完成的浪费性消耗量①。

只要工业效率仍然保持着现在的水平，尤其是收入分配仍然在大体上继续着现在的情况，就不能希望浪费能赶上生产，因此也就不能防止萧条的顽强趋向。但是如果不能靠加速浪费性消费来维持平衡，这种平衡是可以靠缩减或调节商品产量来维持的。

原来在市场上居于敌对地位的企业组织，其中的绝对多数如果能联合起来，在单一的直接领导下进行企业管理，这种局面一旦能够出现，就可以用“共同利益”来代替“你死我活的”竞争、或自由竞销。不论用什么方法实现了这个目的时，在不同价格下从事于商品或劳务的竞争销售即可免除，代之以“照旅客能负担的数目讨价”原则为基础的在固定价格下的集体销售（“集体买卖合同”）。到那个时候规定价格时所考虑的是，什么样的价格标准才能够获

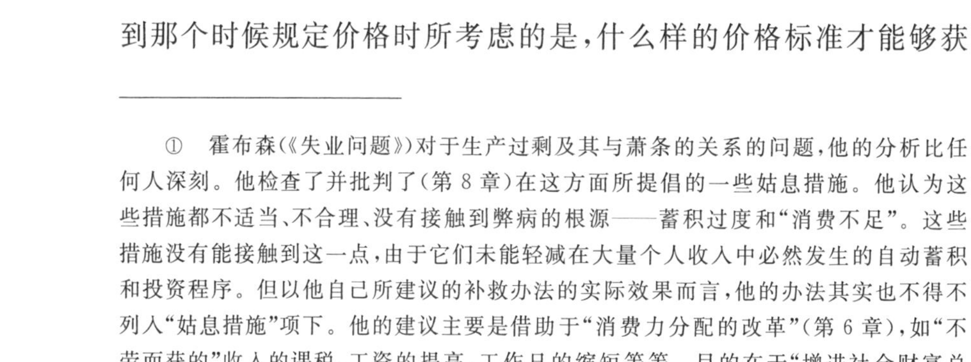

① 霍布森（《失业问题》）对于生产过剩及其与萧条的关系的问题，他的分析比任何人深刻。他检查了并批判了（第 8 章）在这方面所提倡的一些姑息措施。他认为这些措施都不适当、不合理、没有接触到弊病的根源——蓄积过度和“消费不足”。这些措施没有能接触到这一点，由于它们未能轻减在大量个人收入中必然发生的自动蓄积和投资程序。但以他自己所建议的补救办法的实际效果而言，他的办法其实也不得不列入“姑息措施”项下。他的建议主要是借助于“消费力分配的改革”（第 6 章），如“不劳而获的”收入的课税、工资的提高、工作日的缩短等等。目的在于“增进社会财富总额中工资那个部分的比重，借以提高工人阶级消费的一般标准”。这种打算显然是在任何社会中的一个幻想，在现代工业社会，它的政策方针越来越集中于企业利益，而企业的毋庸掩饰的意向则在于增加利润。

并可参阅斯马特《经济学研究》，论文第 8 篇关于《生产过剩》；又论文第 9 篇，《消费的社会化》，特别是其中第 8 节，关于《消费的限度》，第 293—298 页。

得最大的综合净收益，当然也要适当考虑到较低价格的得以增加销售量，以及由于产量增加的得以减低成本。结果以价格标准而言，很可能是对消费者价格的降低；但也同样可能的是平均价格的增长。有一点大致可以肯定的是，产品的价格处于这样的垄断基础以后，在进行中比较在敌对组织竞争销售的局面下可以平稳些。

在上一节中所假定的是企业能够达到这样广泛的结合，结果将使所组成的合并组织在实际上居于垄断地位。这样的结果，尤其是在工业的各个部门，是并不一定能够达到的；虽然在这方面往往要反复努力进行，直到最后实现了实际上垄断的局面而后已。但是即使实际垄断没有实现，这种合并组织至少是有暂时性的有利效果的。这种合并几乎在所有情况下都能够达到像在上一章所指出的生产成本的大量节约，这种节约使经营者感到安慰，因为由此可使合并的工业事业在产品价格比前降低的情况下仍然能获得适度利润。因此同样的价格标准，在以前各自为政的基础上不能获得利润的，现在却可以获致适度利润。但是只要在这个合并组织范围以外仍然有着敌对的商行在从事竞争销售，这种安慰的感觉就只能是一时的。工业中生产成本的降低以及不断发生的竞争投资和扩充，不久就会赶上由节约而来的利得；在竞争中的有利余地丧失了，萧条仍然笼罩着在新基础上组织强化了的企业。补救办法仍然是合并，是范围更加广泛的合并，以便有可能达到进一步的节约，更加接近于可靠的垄断地位。

这种可恼的、折磨人的萧条，只有在垄断的基础上才能把它干脆地推开。但是为了保持一种带些永续性的安慰感觉，这种垄断并没有属于绝对性的必要。垄断组织所需要包含的是，除了一个微不足道部分的商行和工业设备以外的全部，在那个居于绝对少数地位的范围内，竞争使利润降低到适度水平以下。所谓微不足道的部分，它的量究竟多少是不能在一般考虑下决定的，各个行业性质不同，这是要看情形的。但是一般地说，垄断越接近于圆满的地位，就越能够有效地适应企业[①]。

这种企业合并的效果足以使利润达到适度水平，这不但是由于借此可以对产量和价格进行调节，而且在这样的基础上可以实行节约。如前所述，范围较小的合并在生产成本上也可以有所节约。但范围较大的合并使业务处于垄断地位以后，不但有着在大规模组织下工业操作方面的利益，而且在成本方面，由于它所处的垄断地位，也享有特殊利益。关于它所需的一切商品材料和劳务，在采购方面、订约方面以及关于产品的销售，都占着特殊优势。当合并组织还不够广泛到完全消灭竞争时，这些组织在采购和销售方面就不得不与别的分子从事竞争。但是当合并组织已经有效地掌握着它的整个活动领域时，那它就不但能在产品的售价方面按照它所愿意接受的标准来规定（以“照旅客能负担的数目讨价”原则为基础），而且在很大程度上对于材料、劳动和其他劳务（例如运输），也能够在相类基础上从事规定价格——除非在这方面不得不与别的地位相类的垄断组织有着关系。

① 为周密起见，再补充一句话。行业的各种不同部门，对于用垄断方式进行管理的适合性，在程度上有极大差别的。比如农业是一个极端的例子，在现在情况下，对于这种管理方式它是无法适应的；再如杂货零售业，只是在极有限的程度上能够用这种方式进行管理；而另一方面如铁路运输这样的行业，多少带有绝对性质的垄断管理简直是无可避免的。

垄断组织在采购方面的交易中规定价格时，它的方针与在销售交易中相类，并不是把材料和劳动的代价压抑到尽可能的最低度，而是把它压抑到切合适用下的最低度——适合于取得最大净利润的那个程度。它可能、也可能不低于在竞争采购制度下所必需的价格。这里可以附带说明的是，一个合并组织在采购(材料或劳务)方面能够达到这样强有力的地位，使这方面的业务完全处于竞争的可能范围以外，像这样的情况是很少见的[①]。

这个合并的办法不论在什么地方能够实现时，则近代的长期萧条以及随着在萧条局势下的企业竞争而发生的混乱和不安定即可避免。大规模的合并组织是不会受到萧条灾害的深刻影响的，除非它们的工业操作在竞争性各业的范围内居于特殊的中介地位，例如铁路运输业就大都是这样。但即使处于这样的情况，以保持贷借双方的平衡而言，有着垄断优势的合并组织与没有这种优势的同业者相对照，也总是居于比较有利的地位的。

按照这里所提出的观点，除了出于不可抗的天命以外，要逃出长期萧条的罗网，唯一办法是在可以实行合并的各业中实行彻底合并。就可以实行合并的那些行业而言，其中大部分是以机械操作为主的，因此认为这个补救办法可以奏效，这样的想法似乎是不

① 以美国的情形而言，截至现在止，大概还没有一个合并组织能摆脱关于对劳动力竞争出价这方面的不方便，至于对材料或它们所需的各项劳务能居于纯粹垄断购买地位的也是极个别的情况。单就原料一项言，能够达到实际垄断地位的，可举美孚油公司(The Standard Oil Company)为例。还有很少数的别的几个合并组织如制糖公司(The Sugar Refineries)、棉籽油公司(The Cotton Seed Oil Company)与美国钢产公司，也已接近了如上述那样的地位，此外，垄断属于局部性质的，则有某些铁路、木材、煤、仓库等公司。

无理由的。机械操作更进一步的高度发展使竞争性企业无法存在，而这一个祸胎本身却带来了补救办法，使合并组织成为可能。至于彻底合并以后将来的效果，关于工业的效率、就业的稳定、工资的标准、商品对消费者的价格等等，那当然主要是属于臆测性的问题，不能在这里讨论，这里只是就现代企业的经济理论方面提出一个概要。

关于企业合并方面的情况还有一点值得考虑。企业的大规模合并以及与此有关的企业上的操奇计赢，结果足以使大企业家的财富大量增进，这种巨大收入是无法倾注于消耗性支出的，这就加速了投资的增长，一有机会，就要引起竞争，结果仍然要走向萧条，这种情形正像上面所指出的那样。因此大规模合并似乎本身就带有这种竞争病态的种子，要避免发生这种恶果，只有依靠在那样广泛、那样强有力的企业合并的基础上，使一切竞争完全绝迹，到那个时候，即使有任何可以设想得到的巨额新资本寻求出路，即使在那样情况下，竞争的旧病也不会复发。

长期萧条所以成为现代工业企业中的自然事态是由于机械操作的进一步发展——当然，这是反映在企业经营中的人类特性所造成的。机械操作所以会发生这样的结果，即使不完全是、也主要是由于以下两个特征：(1)比较高速度的效率提高；(2)在一个广泛系统中若干行业的密切相互依存，随着工业操作的日益进步和专业化，这种依存关系越来越广泛、紧密。随着依存关系的日趋紧密、广泛，上述后一个因素就越来越重要。在整个系统中变动发生时，传播越来越迅速、越来越有效，每一种行业都不免与在进行买卖中的若干别的行业保持着密切关系，这种保有着密切业务关系的行业范围越来越广泛。在这样的事态下，结果使任何企业合并组织，为了要达到保持收益与资本估值的目的，就必须力求它的规模作进一步扩大、组织进一步严密。形势的要求既迫使合并组织不得不无间断地从事于扩大范围，所谓“托拉斯”组织也就不得不趋于同样的发展方向以适应要求；直到沿着向来的路线再稍事前进以后，适应现代企业局势的托拉斯，在一个严密的企业联合组织中势必包括工业的整个范围，而在这个范围内机械操作却是最有力的工业因素①。

但是由于工业体制的情势所造成，在这里却有一个广大的例外。这一个体制所依据的是在于企业管理与所有权两者的划分。只要所有权还是在占着优势，工业须在企业原则下进行管理，工人就不会，也不能主有或掌管着工业设备和工业操作。因此，在上述理想上十分道地的企业合并组织中，在这个基础上建立的机械系统和企业组织不论怎样十全十美，而劳力供应或工人阶级总不能包括在计划以内。结果是企业合并即使完成了最后一个步骤，而整个企业资本与整个工人阶级之间的摩擦这个问题仍然存在。

从以上所述可以看出，机械操作的效率一旦有了进一步的充分发展时，工业的竞争管理与持久的繁荣两者即处于互不相容的地位。此后技术上有了更大的进步时，将使竞争的企业更加难以存在。有人这样说，合并的趋势是不可抗的。现代情势，对投放于工业企业的资产不容许作竞争方式的管理，更不必说在个人业主

① 例如，现在情势已很明显，美国的整个铁路系统不久势必处于合一的管理之下，而且从事于供应铁、煤、木材等工业团体也势必投入这一合并组织。

下的管理。总之,那种在企业经营中个人间自由接触的方式以及属于所有权天赋权利的其他势力,都是与现代机械技术不相容的。掌握企业处理权的必然是一般资产所有人以外的一些人。如果机械技术以及与之相配合的企业制度一贯地发展下去,那么在理想的情况下一般资产所有人势必要降落到仰人鼻息者的地位,他们将任凭那些掌握着非物质财富的大户们自由处置,至于一般企业家,在理想的结果下所处情况也相类,他们在企业上的主动权将被剥夺,将降落到在同样领导下的一个职员的地位;而其余的一般人民,除了关涉到工业的原料方面以外,就很难参加到工业企业的行列中来。将来在这方面的趋向怎样,是进度的加速呢还是缓和,这是对于财产权利、企业责任以及经济政策方面的感情上的动向问题。如果说在现代局势中活动着的一些经济因素足以决定这种感情的动向的话,那么就这一点而言,这些因素,主要通过由它们所造成的那些在政治上和法律关系上新形势的锻炼,是在间接地起着作用的。

第八章　法律与政治方面的企业原则

公众福利是与企业行为有密切关系的；因为工业是在企业目的下进行管理的，也因为现代社会一贯存在着的牢不可破的习惯、生计的维持、生活上的享受都是以金钱来衡量的。这些原则，除了在控制日常生活费用方面发生影响外，在生活的较大事件中，不论以个人在他的社会关系方面说，以整个社会在它的政治关系方面说，都在很大程度上有着决定性意义。现代的（文明的）制度，有很大部分是以企业原则为依据的。这就是时下的一些名词“经济史观”或“历史唯物论”应用到现代情况时的意义。

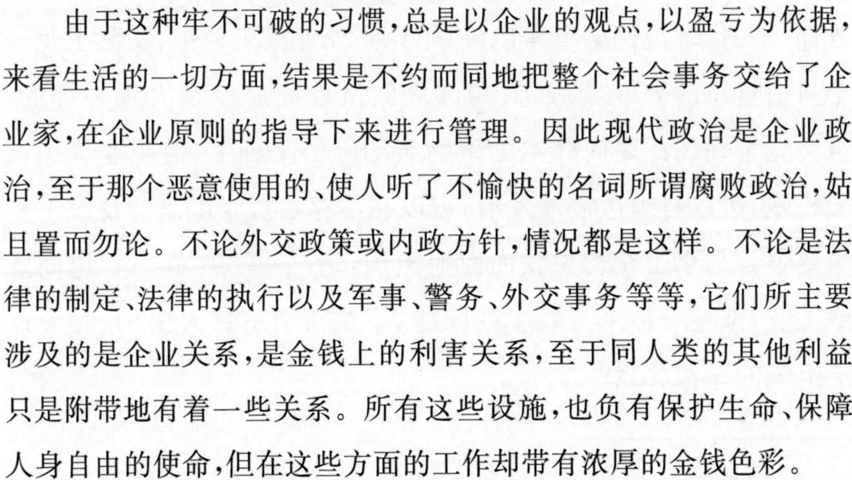

由于这种牢不可破的习惯，总是以企业的观点，以盈亏为依据，来看生活的一切方面，结果是不约而同地把整个社会事务交给了企业家，在企业原则的指导下来进行管理。因此现代政治是企业政治，至于那个恶意使用的、使人听了不愉快的名词所谓腐败政治，姑且置而勿论。不论外交政策或内政方针，情况都是这样。不论是法律的制定、法律的执行以及军事、警务、外交事务等等，它们所主要涉及的是企业关系，是金钱上的利害关系，至于同人类的其他利益只是附带地有着一些关系。所有这些设施，也负有保护生命、保障人身自由的使命，但在这些方面的工作却带有浓厚的金钱色彩。

法律和法律上的裁断，都是以天赋自由权的信条为依据的。英语民族的情形特别是这样，他们的法律的基础是不成文法，而美国的情形尤其在更大的程度上是这样。在欧洲其他国家，关于自然权利的观点，它的势力没有这样地不可动摇，但即使在这些国家，牵涉到企业关系的一切问题时，也显然越来越偏重于自然权利观点。对企业活动来说，天赋自由权的信条特别与它相适应，对任何企业社会所必然流行的思想习惯来说，这种观点是与它一拍即合的。

自然权利的时代思潮是现代企业局势的前奏。小型的工业和商业（“家庭工业”）在十八世纪发展到顶点，在这个制度的锻炼下，使自然权利的观念逐渐成长，终于在社会的常识中及其立法者与司法者的心目中获得了牢固的据点[①]。在小工业时代，工业事项中的实际的、自主的动力是个体劳动者，是他的个人力量、技巧和干劲；在同样情况下，当英国处于资本主义前期，小商业的决定性因素是与他们的顾客及雇员保有直接个人关系的小商人和小雇主的自由裁决和机敏干练。在那个时候，除了受到法规方面或习惯方面一些传统规例的束缚以外，不论在商业或工业中，实际上是一个自由竞争的公开领域，人与人之间所处的地位是大致平等的。虽然竞争在彼此之间并不处于物质均等的基础上，但工业组织极端松弛，可以自由散漫地发展，可以在不存在法令限制的情况下从事竞争。与小工业相关联的商业组织，情况也是这样。不论商业或工业，都是一种个人效率的问题，不是一个不具人格的、有着广泛组织的操作关系[②]。

① 参阅阿士力《经济历史与理论》第 2 册，特别是其中的第 3 章。

② 参阅本书第 4 章。

天赋人权渗入法律与公道的概念以后，对于至少假定是处于平等基础的人们来说，是假定的平等权利，从而使有关的个人，如果将习俗上的那些限制除外，居于实际上可以自由选择的地位。那时的组织并不是机械地严密的，因为工业操作或企业交易的衔接关系，不论在时间关系上、产品或工作的质量与特性上，都不是严格的。对工人来说，对工人的雇主来说，关于工作的场所、步骤、环境、方法或时间等方面，都没有被工业操作或市场的机械情势所限定。生活的标准化在旧制度下是一种传统性质，而不是像近来比较发展的情况下所见到的一种机械性质。但这种传统的标准化，随着时间的推移，却逐渐地失去了势力。

以自然权利为依据的思想动向，渐渐集中于坚持所谓天赋自由的原则。但这种对于天赋自由权的坚持并没有打算废除一切的传统旧习惯。“简单明了的天赋自由原则”指的是除了由所有权形成的习惯依据外，不受其他任何习惯依据的拘束。在经济学上的意义，天赋自由原则就是自由缔结金钱上的契约的原则。“自由不等于放纵”；这在经济学的说法上应该改写成“个人的天赋自由不能推翻财产的习惯权利”。财产权包括在自然权利之内，是与自然权利有着同样的不可丧失性的。天赋自由规定买卖自由，只是在别人也有着买卖的同等自由这一点上受到限制；由此得出的一个显明的自然结果是，除了使用买卖的方法以外，对于别人的进行买卖不得干预。

这种天赋（金钱上的）自由权原则在美国是最最根深蒂固的，在法律精神上对这一点是抓得最牢的。在这个国家里认为金钱上的义务是神圣的，在社会常识中渗透了这种观念，金钱上的义务几乎认为是义务的唯一形态，这种观念获得了常识上的绝对认可——这样的情况是没有一个别的地区能比得上的。在这里，各种各式的义务和权利，不论是家庭、社会或公民方面的，都染上了金钱的色彩，可以用货币价值的方式来完全解除，这也是别处所没有的。不论是艺术家、科学家、作家、传教师、演员、公务员，社会方面对于他们尊敬的程度，大致以他们每周所得报酬的高低为准，这种情况比在别的地区所看到的表现得更为露骨。

由于美国的社会在成长过程中所处的特殊环境，它的民权表现了一种极端的形态，特别着重于金钱关系上的不可侵犯。那些先驱者们，特别是在北大西洋沿岸一带的人们，是形成美国风俗习惯的主要分子，他们带来的是在英国受过些高度锻炼的传统观念，偏于个人自由的倾向，他们就在特别有利于这种倾向的大胆发展的环境下，把这种传统习惯付诸实施。但是曾一度束缚着手工业制度的那些陈规旧制的残余，在这方面他们所带来的却很少。新殖民地的情况不适宜于这种限制着个人创造精神的一些传统规例的发展。美国是那种自力更生的人的发源地，而一个自力更生的人就是一个金钱上的有机体①。

不久，当时机成熟时，这种金钱上的以及其他方面的天赋自由哲学观点，即以固定形式体现在宪法条规中。因此这一点在这个社会的法律结构中比任何别的地区有着更确定的形式，更尖锐的力量。缔约自由可以说是法律信念中的基本意义，是不可侵犯的，不能动摇的；在法律与公道的范围内，是没有人有资格可以侵犯这个首要前提的，对

① 参阅，例如阿士力“美国的经济环境”，载《历史上与经济上的考察》，第405页起。

于这个前提所依据的自然权利哲学观点的是非得失是没有人可以提出疑问的。在社会情况中唯一与它的首要性可以抗衡的因素(已有的思想习惯)是一个含糊、笼统的事物“公众福利”;即使是这一点,也只能在例外情况下对它的权利作有效对抗。在引用公众福利条款的时候,必须认识到,只要在情势许可的限度内,缔约自由的原则是不能动摇的。公民的生命、自由或财产,不经过法律的正式程序也许是不会被剥夺的,而正式程序在进行时则以财产权的不可侵犯为前提。这一点引证到个人之间经济关系上的意义实际上就是:不但个人或个人的团体在法律上不能以任何金钱以外的压力施之于另一个人或团体,而且金钱上的压力是不能阻止的。

但是由于经济情势的逐渐变化,这一绝对的、不可夺取的缔约自由的传统原则,到现在已经渐成陈迹;当然,说它渐成陈迹,指的并不是在法律上而是在事实上。自从在十八世纪、这种按照缔约自由原则在经济生活组织中的习惯上的准则达到了充分发展以后[①],一个新的作为准则的力量,机械操作,侵入了阵地[②]。在机器工业系统下的标准化制度与约束力量,与以前所见到的情况有所

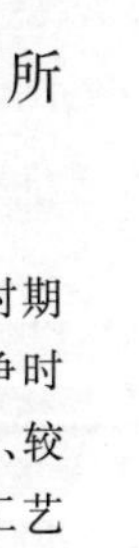

① 以英国的情形而言是在这个时期。在美国则利于天赋自由原则的发展的时期约拖长了将近一个世纪。在美国,一个新的、现代的工艺和企业时代,直到南北战争时期才达到充沛有力的境地。因此天赋自由的传统观念在美国受到的锻炼时期较长、较晚,也是比较新进的、比较固执的。至于在欧洲大陆各国则情况又不同。以现代工艺与企业情况的发展时期而言,它们大致与美国相同,但是直到过渡到现代情况时止,它们在个人主动精神、自由分散的工业以及小商业方面所受到的锻炼,在程度上是差得很远的。它们大部分是在十九世纪中叶以后,在带一些突然的情况下,才从一个中世纪行会和封建习惯下的陈腐破烂的制度,转变到现代工艺和企业原则下带着些(对它们来说)异国风味的制度。

② 参阅上面的第 2 章和下面的第 9 章。

不同，在于它并没有习惯上的认可，并没有哲学上的依据。它并没有成为一个法律上的事实。因此既不可能也不必要在法律观点上来加以考虑。这是一个新的事实，与传统习惯的古旧方式和发挥个人主动精神的较近代方式相对照，它同这两种方式的体制都格格不入。这并不是在法律上存在而是在事实上存在的。它既不属于过去的体系，也不属于现在的法律体系，它既不构成、也不否认"自然权利"，在法律的管辖内它是不存在的。它看来是现实的，是显著的、物质的现实；但不是实在的，在法律上、在哲学依据上它是不实在的。因此它可能行使的一种强制，或通过它的中间作用可能发生的强制，在法律的真实上不是强制。

如果由于工业操作上的衔接关系，使契约条款的履行在实际上不可能时，这种实际上的不可能可以用来作为契约条款无效的辩护理由。但是由于工业操作的关联和相互依存而引起的在物价上、在生计上的金钱压力，在法律和公道的立场上看来，本身并不发生任何问题；只是当立约的一方发生了重大违反契约行为，以致由此发生的压力严重到引起破产、疾病、死亡等情况时，才会间接地牵涉到法律的管辖权限。因此由于工业操作的专门化和衔接关系，以致迫使某部分工人或消费者遭受到物质上的困乏时，这一点并不足以使这些操作的所有人对于他们的业务的是否继续的天赋自由受到限制或被取消；他们要看利润的形势来决定行动，他们是有这样的自由的。企业的前提是利润，并不是生活[①]。

① 在手工业和小商业制度下情形却相反。生活是事业进行中的基本准则；而利润即使占有地位的话也只是次要的。

在机器工业迫使经济生活处于当前事实上的标准化情况下，时常会看到的是，一个个人或一个团体（例如工人团体）在事实上并没有缔约自由的权利。某一个工人要维持他的生活，事实上似乎只有接受提供给他的一个指定的契约，或者就根本没有什么契约。但是这样地由于工业程序的标准化而形成的对于他在选择自由上的强制，既不是对人身的攻击或暴行，也不是对契约的破坏，因此与天赋自由原则并不发生矛盾。事实上工人只有通过工业操作的管理这一个途径来觅取生活，由于这一点，这些操作的所有人就可以对工人的选择自由行使金钱上的压力；但是基于财产权行使的这种压力，既与天赋自由原则没有矛盾，这种金钱上的压迫与法律也没有抵触——因此这个情况在法律的范围以外。在相反情况下，当工人对他们的雇主采取同样行为使他们屈服时，这种行为也同样在习惯法的范围以外——当然，在两方面的情况下，都假定并没有发生干涉个人自由、破坏契约、盗窃、恫吓或使用武力等行为。只要对生命、对人身自由、对买卖自由没有明显的恶意企图，那么法律除了采取戒备措施，防止发生对人身或对财产的侵犯行为以外，是不能干预的。

缔结契约的“天赋的”、习惯上的自由是神圣的、不可侵犯的。依靠了工业操作衔接关系的力量，由于工人们的享受或生计有赖于这些操作的有效进行，这就使企业方面通过所有权的行使，可以否认一个团体或一个阶级在事实上的生活需要；它甚至可以否认整个社会的需要，例如可能发生故意造成煤荒等情况；由于这类享受上、生活上的需要不能列入缔约自由的天赋权利范围，因此就当然不能构成受法律制裁的原因，不能通过法律途径来求得补救。

当工人与他们的雇主或业主发生争执时，法院在这方面的裁决，一再显示了关于工业自由这一点在法律与事实之间的矛盾。这类判决的结果往往是有利于雇主或业主方面的；就是说，判决是偏于对财产权或缔约自由权的支持的。法院曾相当广泛地受到某些评论者的指责，认为这类讼案对业主方面是有所偏护的。还有些吹毛求疵的人认为，一般地说，高级法院比之低级者更加固执不变地偏护着雇主、业主，如果在陪审委员有机会参与的情况下，这种偏护的态度与陪审委员的态度对照时就更加明显。当工人发生损伤事故，要求赔偿，引起诉讼，从而牵涉到雇主的责任问题时，情况也是这样。对于这类判例即使作偶然的检查，也可看出，在判例的大多数情况下，不论按事件的是非曲直而言，或就所涉及的法律条文的立宪性而言[①]，总是以天赋自由的哲学基础为十足依据的。换句话就是说，判例是旨在维持基本的法律与秩序这一面的，而所谓“法律与秩序”，当然是同所有权和缔约权的不可侵犯分不开的。至于高级法院，这是可以大致想得到的，它们对于法学原理有着更密切的接触、更刻苦的训练、更深厚的基础，同时也可以假定，它们在法律天才上有着更高的禀赋；因此高级法院拥护这些哲学原理时，态度就更加明朗、更加坚决。在这些高级的法律专家方面，对于缔约自由是人类不可侵犯的自然权利这一点的认识，已经巩固到这样地步，即使凭着制定的法规，也不能在一个工人面前使这种权利的行使归于无效。由于哲学上的必然性，这种权利的行使，已

① 例如关涉雇主对工伤事故或有碍卫生的厂房设备、机器的保护、劳动者的退职年龄、工作时间的规定等问题的责任时。

经这样牢固地与个人结合在一起，因此不能在法律上转变为不论是立法的或企业组合的集体行动[①]。这种天赋自由原则的极端发展，有时曾引起民众的愤怒；但是他们对于法律原则的理解是不完整的。面临着这样的判例，对于它的逻辑依据追究愈深入，则它的合法意义的暴露也愈加突出。

以高级法院的判例与低级者对比时，其间差别最显著的是前者所作出的与后者的陪审委员所作出的裁决。这种差别虽然在另一方面有重要意义，但对于高级法院裁决的合法性这一点并没有什么关系。在多数情况下，陪审委员是站在群众的无知同情方面替他作辩护的，这与法律与秩序的根本问题是没有什么直接关系的[②]。

关涉到财产权与人类本身之间的争执时，法院在这方面的判例，尤其是对于缔约自由的原则当执行比较严格时，民众的意见决

① 例如，当一个工人受雇以后，发现所使用机器的保安装置不符合法律规定时，作出的解释是他可以行使他个人缔约自由的不可侵犯的权利，从而解除了雇主方面于万一发生事故时的责任。

英国在颁行公司法以前，曾表示不愿意核准或承认股份公司的有限责任，现在对于工人在受雇期间他的个人责任的解除这一点也不愿同意。从法律原则上来看，这两者的性质是差不多相同的。过去认为金钱上的责任是个人的事情，在社会成员赖以结合在一起的共同权利和责任的制度下，个人在这方面的责任是不应解除的。后来完全出于企业需要这一方面的力量，在天赋自由原则下，非个人的、集体的、有限制的责任终于获得认可。在一个主要前提与前提下一个枝节问题这两者之间原则上的冲突中，结果由于事实的发展，后者压倒了前者的主要含义，因而终于获得了胜利。

② 所谓不成文的习惯法，当然是常识在有关各点上的意见的系统表示。但是习惯法以及常识既然是思想习惯上的一种反映，就势必不是现在情况而是出于过去情况的必然结果——这里所指的过去情况是十八世纪——，而民众的同情，像在陪审判例中所显露的，则大都是出于现代经验的结果，这一点与习惯法的基础相对照时，其间的矛盾越来越大。

不是一致支持的。这一个矛盾足以证明，一般群众——外行，陪审委员就是从其中来的——对于作为法律根源的原则还没有足够的理解；这也许部分是由于他们还没有认识到这些天赋自由的原则对法律、秩序与公共福利说来是何等必要的基础。财产的分配，多寡显然不匀，这一点或者使财产比较少的阶级对比较富有的发生了忌妒，从而失去了对财产权支持的兴趣。但此外还有一点，民众的常识观念大部分是从日常生活的体验中得来的，而这种体验与十八世纪相沿下来的自然权利概念已不再完全一致。换句话说，

顺便还可以提到一点，我们时常听到对于一些高级法院的攻击，说它们不公平、贪污腐败，这在个别例子中或者有些根据，但以实际后果而言，这毕竟不是要领所在。大多数法院，实际上简直是整个司法部门，在这方面当然是没有实在嫌疑的。说到底，假使它们果真是不廉洁的——假使一般法院确是为雇主或业主们的利益在腐化情况下进行工作的——，这也并不一定严重影响到关于它们所作出的裁决在总的方针上的结果。假使它们是贪污、腐败或是抱着偏见的，它们在裁判时将作出有利于出得起钱的业主们的决定，在这样做时，就不得不在法律上找出言之成理的理由。这样的理由只能在法律中哲学观点的自然权利基础上找到；假使借助于这样的法理上的推论，理由果然能够找到，那么这是一个裁决的有效依据，是在裁决中哲学依据上的特殊成就。另一方面，假使法院的主持者是“有修养的、高级的法官”，他在裁决中找寻根据时，他所找的也还是那个地方，找出来的结果也只能够还是那个样子。情形势必如此，因为争执的一点差不多必然是财产的法定权利与享受或生活上的物质需要两者之间的矛盾问题；但财产权是现代法律与秩序的基础，而享受或生活上的需要这个问题，在过去的制度中管理着早期工商业的一些法规废除以后，已经处于法律的范围以外。由于争执的问题，其中属于雇主或业主方面违反契约事项者，即使有也很少见，因此作出的判例，出于势所必然，一般就不会不利于雇主或业主的方面——原因在于金钱上的契约缔结自由及其不可侵犯是经济的法律与秩序的基础这一点上。就这类诉讼而言，法院的是否腐败这一点，看来在“民众”方面实际上几乎是一个无甚出入的问题。这个问题除在纯理论上有兴趣外，几乎没有什么别的。通常只有业主在法庭上有地位，这是必然的事理。这种情况说明，就关系到这类的诉讼而言，大概在任何程度上都发生贪污或偏护情况的法院是很少的。要使它们堕落腐化，除了关系到道德品质方面外，还须做一些额外的工作。

在现代局势没有出现以前，在十八世纪的日常生活体验中形成了一种常识观念，在当前习惯法所依据的自然权利概念中就包含了这种常识观念的系统表示；而在现代工艺和企业局势下日常生活体验中所教导成的一种常识观念，却与已有的自然权利观念有些不相一致。

在这方面的已有的观念与现代常识下的意见表示，其间显然存在着一种分歧。但这种分歧既不十分明确，也不是始终一贯的。对于这类问题，现代的态度是模糊的，大都是消极或批评性质的，而且显然是摇摆不定的；但分歧总还是带些顽固性地存在着，在某种限度以内甚至可以说是具有一种有系统的性质的。这种态度对缔约自由，甚至对天赋自由权的一般哲学观点是倾向于（局部的或迟疑的）不承认或不信任方面的。对于已经存在的法律与秩序的基本观点，像这样地表示着三心二意，在社会各种不同阶级中程度上是互有参差的，在工业城市的工人阶级中表现得最率直、流行得最广泛，而在有产阶级与专业阶级以及乡村居民中，则一般地说比较不显著些。这种由于信念上的分裂而形成的阶级类别，以及这一点与现代工业情况的关系，将在下面另一场合接下去讨论。

国家，也就是说政府，曾经一度是为一个王朝或帝王利益服务的组织。那时在内政方面充满着的是王位的更迭、权贵的阴谋、如何适当支持政权的财务措施等等的问题；在外交政策方面目的是在于如何维持朝廷的威信与安全，如何获得军事上的胜利，等等。例如德国、奥地利或意大利那些国家，它们还没有完全实现立宪政治，在政治上的活动，部分还有着这样的情况。但自从立宪政体和议会代表制出现以后，在国家政策中企业目的即占了优势，这种优势程度大致与立宪方式彻底实现的程度相等。一个立宪政府就是一个企业政府。例如在立宪政体下财务执政者所以能不越出宪法范围,主要是由于预算案须经过议会表决这种适应企业的办法;而预算表决时,它的主要意图也就是在于适应企业的目的。为企业谋便利是不会受到质问的,而为增进一个王朝的权力和尊严方面谋便利从而有所耗费的,就可能要受到质问了。

现代政府政策所主要关怀的是促进企业利益,是有着"重商主义"色彩的。这些政府的目的在于扶助商业,十六世纪与十七世纪时重商主义政策也是这样,但在这些时期以后的所谓"商业",除了对外贸易外还包括着许多成分,因此对于企业的政策,它的含意要比以前广泛得多。现代的重商主义政策,以及在这个政策下施行的税则、条约、国内商务上的规则、关于限制商业自由方面的禁令等等,以之与过去法国和德国所施行的重商主义政策对照,表面上虽有相似之处,毕竟不是属于同一性质的。在欧洲大陆一度奉行的"重商主义制度",它的主旨在于维护君王的利益,促进商业是维持君王的权力与尊严的一种手段①。但在立宪政体下的现代重商主义,则把君王或政府看作是实现商业利益目的的手段。随着立宪政体的实现,主动权和自治权从君主移转到了企业家的手里,企业家的利益代替了国家的利益。

代议政体所代表的主要是企业家的利益。政府大都是在相当

① 然而英国的重商主义政策,就是在近代的早期,情况也不是这样的。在重商主义时代的初期立宪制度下,英国政策的真正(公开的)目的总是在于"共和政治"(commonwealth)的(企业)利益。在英国重商主义政治家的心目中,君王的利益居于第二位,不是第一位。

单纯的意志下为企业家的利益尽力的。政府这种对企业家利益的关怀是有理由的,是受到当前民众感情上的支持的;因为人民方面有着这样一种天真的、不可动摇的信念,认为在带些微妙的情况下,民众的物质利益与处于政府同样涵育下的企业家的金钱利益是一致的。这种信念是一种群众的哲学观点,笼统地认为利益是一个整体,而不从企业与根本不是企业家那些阶级的物质福利的关系上来深入看问题。在社会中比较守旧的那些分子,如企业家,上层的和次级的,以及一些专业阶级,对于这种信念特别牢固,而工人阶级等方面则与之相反,他们是沾染着社会主义或无政府主义思想的。但是由于守旧分子包括着有财产和势力的公民以及安分守己的公民的大多数,因此立宪政府在大体上就变成了企业组织的一个部门,受企业家意见的支配,这一点受到人民中很大一部分的认可,其中甚至还包括着一些人,这种人对于这个问题并没有金钱上的利害关系。政府除了管理企业社会的一般事务外,当然还有许多别的事要做;但是它大部分的工作,甚至表面上与企业利益无关的那些工作,进行时也在企业利益的监视之下。一个文明国家的政府,而在某一措施的进行中,对社会中比较显要部分的企业家的利益坚决不加维护,使之受到损害,或者对于这部分利益表面上不表示屈从,像这样的情况即使果然有,也是很少见的。一个政府对于企业的要求,如果没有采取适当政策有所适应,则它在这方面失败的程度,就是测定它衰老无能的准绳。

民众对于政府为企业目的尽力时是赞许的,这种感情的依据可归纳到两点:爱国心与所有权。两者都起源于过去的、与现在情况大不相同的制度。两者的性质都是感情用事的,都认为基于当然的事理，两者不但是行动的自然合法的依据、行为的适当准则，而且对于它们所发生的后果或它们在社会生活目的上的价值是不容怀疑的。在两种思想习惯中，前者的起源更可上溯到早年未开化时代，它与封建时代的忠义、部落间的仇恨这类思想都是有渊源的。在现代情况下，这种思想习惯主要应该认为是一种制度上的残余，但它还是这样地深入人心，因此遇到任何激动时即可引起反应，更不管所发生的争点在实际上的是非曲直[①]。

由于这种从部落时代相沿下来的传统势力，由于这种天然凑合的巧妙安排，这就使人们会感到，企业家既然是属于同一国家的公民，在他们所获得的利益中，在哲学意义上说，他们也未尝没有一份；因此任何助长商业利益的政策，只要获得利益的那些企业家的居留处所在国

① 这种爱国主义或沙文主义的传统思想，充分表现在金钱上休戚相关感觉中的，它的渊源可以概述如此：西欧民族是从部落（氏族的或种族的）系统转变到基督教国家封建制度的，当部落时代，某一个团体在血族关系的基础上结合在一起，处于军事上和经济上攻守同盟的地位。当采邑或（实质上是奴隶的）村落公社代替了部落团体作为一个经济的、政治的单位以后，血族关系的约束仍然存在，但在形式上、力量上略有变更，那种休戚相关的观念的影响，那种“同类意识”（consciousness of kind），也就移转到了新的集体单位，效忠的对象也就由原来的血统上的前辈转为集体中的封建主。到了中世纪或近代早期，像国家这样一个单位涌现以后，它接收了采邑或封建领主的大权，同时也接收了这种效忠观念的意识，于是休戚相关的感觉就扩展到了较大集体，扩展到了继承封建领主自治权的整个国家。在工业城市中制度上虽然有着一系列的变革，发生了行会、手工业、地方政府，等等，发展的一时特征在表面虽然有所不同，实际上精神还是一样的。一旦发生了战争，战时的纪律使人们采取联合行动，因此似乎有一种共同办理企业的外观，战争足以促使休戚相关的爱国观念巩固、有力，使这种观念扩展到保卫国家以及其他利益方面。当烽烟已息，和平的时期比较长久时，就影响了这方面传统精神的发展，爱国的、祸福相共的观念就有了松弛迹象。为了经济上的利害一致，是把国家想象成为一个扩大的封建时代贵族的采邑来看待的：例如在十六到十八世纪英国重商主义者的著作中，以及在今天爱国的商业政策中，就是有着这样的想象的。

境以内，就会使人感到对国民的所有其余部分也是有益的①。

关于支持企业政策第二个感情上的据点，所有权，也同样是出于过去时代的训育，与比较近代的文化局势也同样没有接触，虽然在程度上要低一些。在现在群众意识下的所有权原则，已如前述，是从事工业和小商业时代流传下来的。与爱国的共同一致观念比较，它的起源没有那样的早，流传时也不是那样一线到底、绵延不绝的，因此在文化继承上似乎也没有那样的牢固。据说财产所有权是人类幸福的物质基础，个人的生命、尤其国家的生命是神圣的，在同样情况下，这种财产上的自然权利也是神圣的。在采邑制度下的共同工作和在手工业制度下的共同管理养成了一种生活上与思想上的习惯，这种习惯显然大大有助于在经济利益上利害相共的意识的形成，而且使这种意识巩固到这样程度，使它在后来的资本主义时代，面临着在利益上显然存在矛盾的时候，还能坚持下去。在现在的、企业的制度下，企业利益是个人财富的基础，共同取得的（虚假）意识代替了共同工作的采邑意识。在近代早期的锻炼下形成了所有权制度的意识，从而将财产所有权归之于生产它的工人。后来为了适应竞争性企业的环境，将这一点的哲学含义作了诡谲的转换，把“财产的取得”的意义解释成为“财富的生产”；因此把企业家看成是他所取得的任何财富的推想上的生产者。由于这样诡辩式的牵强附会，于是任何人取得财产时，不但认为对财产所有者有利，而且认为是有利于公益的行动而加以赞许。如果

① 这里还可以附带提到一点，说到休戚相关这一观念是一种过时的意识作用时，绝不可误认为对于这样一种心情在实际上的是非曲直含有任何褒贬之意。

做买卖时不够精明干练，或者用自己的双手做工时未能积累比所生产者更多的物资，就要被看成是不但坐失时机，而且未能尽责，使人发生嫌厌的感觉。当然，这种金钱上的内心感应，一般总不至于发展到唐·吉诃德式的幻觉，在公众心目中总不致存有每个人都应该取得现有综合财富中更多的一个整除部分的想望，但是某个人如果能把综合财富中一个较大的部分转为己有，则其他情形没有变化时，就会使人感到他的行动是极有利于公益的。这就是说，他取得财富时，在公众心目中是理直气壮的，这就使他成为这项财富的在推想上的生产者。

所有权的自然权利基础，基于这样的曲解得以完整保持，从而使人们能够发生一种感觉，认为社会中的企业家，至少在名义上，对综合财富是有所增益的；在事业上成功的企业家对于综合财富、对于整个社会物质福利，至少也同样地认为他是处于这样的关系中。因此两个方面，一方是通过企业策略力求增进利得的企业家，另一方是企业利得所由取得的民众，他们为着一个审慎周详的企业目的，忠实地共同努力，而这个目的就是——把财富积聚在精于理财的那些人们的手里①。

① 关于爱国主义和金钱上的休戚相关这两种相辅而行的意识作用，在若干基督教国家彼此之间并不是没有参差的。这种参差程度与各国经历不同的程度大致相一致。例如欧洲大陆各国，它们在封建时代的战争和分等分级的奴隶制度下，关于臣仆效忠主上这种观念的锻炼，经过时期较长、较晚，也比较严格，因此一般地说，爱国的信心比较坚决、充分，情况也比较普遍；而英语国民则认为货币价值是积极努力的主要目的，企业资力的扩张是对人类的最大贡献，在这方面的信心比较巩固。但是不论在哪一种情况下，结果在国家计划中企业总是居于首要地位，对两种意识作用不论侧重于哪一方，它的国家还是一样安全的。

关于企业利益在政府政策中发生作用的情况，可以就它在政策的下列一个方面的关系加以考察。现在关于战争与扩军备战方面的政策，可以说是企业政治的一个极端表现，同时也是基督教国家国民生活上的一个特征。现代企业的性质是竞争的，也是好胜的，企业的趋向掌握在专心一志以竞争方式经营业务的那些人的手里。任何策略、手段，如果能促进他们自己的利益或妨碍对方的利益，那是他们既不愿意忽视，而且站在企业竞争的立场上，也不容许他们忽视的。在现代局势下，自从工业革命以来[①]，企业竞争已成为国际性的，已扩大到所谓世界市场的范围。在这样的国际竞争中，国家组织与国家政策就特别地引向为较大企业利益服务的方面；由此国与国之间的企业家在商业与工业范围内，即彼此以国家在立法上、外交上与军事上的势力为后盾，从事于金钱利益上的策略斗争。处于一个政府范围内的企业利益，这时可以说是形成了一种浮泛的组织，它的形态或者可称为一种在默契下的企业团体(Ring)或辛迪加，它们在共同了解下团结在一起，从事于对抗外界的企业利益。与这样一种企业团体在计划上、组织上最相近的是有着默契的和公开的政策纲领的现代政党。各个政党之间在目标的细节上是有所不同的，但是那些不仅是一时或表面存在的政党，它们有一点是相互一致的，它们的意志总是在于促进它们所各自认为社会中最好的、最大的、最能持久的那些企业利益。那些获得民众在感情上最广泛支持的企业团体[②]，通过宪法程序，即负

① 工业革命的发生，在英国是在十八世纪的后半期，在欧洲大陆及美国是在十九世纪的后半期。关于殖民地商业，则在英国以及大陆的开始时期都还要早得多。

② 这里用了“企业团体”(ring)这个字眼作为企业利益在政策指导方面这种浮泛组织的名称，其间对于这样一种团体或它的目的与方法，并不含有批评的意义。

责管理政务。它们所以获得这种民众支持,可能是由于健全的企业纲领,也可能是由于企业政策本身以外的原因,如国际仇恨的一时高涨,候选人的深得人心,农产的一次丰收,等等。但是一个政党要在政府组织中持久保持地位,它的唯一稳固的基础是与大多数利益或传统观念相符合的一种企业政策。

在国际竞争中,它的争点不论是在于政治方面或经济方面,最后的凭借总还是军事力量。关于现代政治,有一句俗语说得好,商业是随着国旗前进的。这就是企业家对于国家政策、对于国民生活目的的看法。这句俗语这样说的时候,或者是把事实的因果倒了一个向,但仍然是一语道破了企业奋斗与现代军事政策之间的密切关系。外交,如果在任何目的上要求它有效的话,必须有一个实力的幌子和使用它的决心为后盾。那些主张扩充军备的人(在英国和美国)毅然决然地说明,为了维持企业利益,需要以武力作后援。在欧洲大陆则有些不同,大都以这个论点放在第二位,以爱国狂热、同仇敌忾放在第一位。

武装力量为商业服务时,不但在文明各国企业家之间做买卖时的一般关系上有用,而且在地球上边远地区扩张和维持企业及其利益时也同样有用。先进的基督教国家都是热情的传道者,这些从事宣扬教义的国家在落后民族中进行提高金钱上的文化水准时,它们的企业家在这方面的所得是并不菲薄的。同这些在金钱关系上安于落后、不能弃旧更新的民族做买卖时,尤其是以武力作适当后援时,利润往往是优厚的。但这些民族也往往很不愿意同文明人类发生持久的商业关系。因此为了商业和文化上的目的,就有必要使他们牢固地遵守着文明的行为准则,使商业可以顺利进行。在这个目的上，武装力量是必不可少的。

但是属于这些宣扬教义者的商业利得，在彼此的摊派中，任何企业社会的利得都有被手伸得更长的文明邻邦所攘夺的危险。在这样的争执中，最后没有别的，只有武力可以依靠，争执者在这方面的目的是互相倾轧，尽可能地浑水摸鱼，乘机取利。因此就牵涉到世界市场的企业而言，一个大胆进攻的姿态是必要的，武装力量和军事示威已成为企业经常设备中的一个部分。

关于军事上的努力，只要是在商业要求的支配下，它的目的总是在于为企业作有组织的发展时所必要的和平与安全。有一句话说得非常好听，国际商业关系导致和平；当然，这句话的实际意义指的是迫使顽抗的落后者接受和平条件，使文明国家之间获得修改和平条约的满意结果[①]。

以上关于国际战争本质和企图方面的探讨，结果并没有别的，

① 武装和大规模海陆军事建设，对企业家来说，还有一个附带的、属于比较内在性的魅力，在于它提供了金钱上有利的交易机会。这类交易的关系人之一（官方）对于交易的磋商往往是不怎样热心的。他自己的个人得失在交易中没有什么直接关系，因此在订约实践中关于琐细的讨价还价以及严密监视，等等，态度比较淡漠。还有一点会使他兴趣减低的是，关于海陆军建设事项，一般民众往往习惯地认为难免带有贪污腐化倾向。总之官方的金钱利益与这类建设其间是有些矛盾的，而精明的企业家在这方面却大大地有利可图。

大范围的企业利益方面对于军事设备的扩充是表示欢迎的，因为这方面金钱上的利益由它们享有，而金钱上的负担则主要落在社会其余部分的头上。就最低限度说，在现代情况下，即使外交政策极合机宜，但由此所得的企业利益要想同在这方面所花的代价相均等是极难想象的；不过一般绝不会考虑到这一点，因为代价并不从企业利益中支出，而是从其余部分人民的刻苦耐劳中支出的。但是人民并不介意，他们在兴奋的情况下有着一种信念，认为在这些利益中他们也享有着一些剩余部分，而在某种意味下这个剩余部分还超过了所得利益的全部。

不过是些老生常谈；这些事实情况是尽人皆知的，对于所得出的一些平凡的、明显的论断，大概是不会有人提出疑问的。所以对战争政策的动机与目的方面作了这一些浮泛的讨论，只是因为在这一点上提供了企业在目前和最近将来演变趋向的一个基础[①]。

根据最近半世纪以来欧洲大陆各国和最近二十年以来所有那些较大国家在军备问题上的经验证明，在比较有力量的国家之间一旦展开了军事上的竞争以后，这种竞争就有了累进的性质；因此关于军备的支出规模，在一开始看来好像是绝对不可能的，而不久就会认为是理所当然。直到现在止，关于军费支出与备战狂热的累进无已，并没有松懈迹象。有些国家，对于和平愿望曾有一些表示的，也一个接着一个卷入了军事准备的国际竞赛，它们一个接着一个野心勃勃地要使它们企业家的事业在国际市场上获得进展。一项军备力量，只有在比较雄厚的情况下才是有用的；在竞争政策下，军备的绝对量是没有什么特别意义的。关键在于它在比较之下的量。因此若干国家的军备力量越大，则更大的军备力量的政治需要越大，对于可能受到侵害的仇恨心的激动反映得越快，而对于需要采取攻势的感觉也越强烈、敏锐。这个时候国家的力量将有一部分从工业领域抽出来用之于军事目的，这个抽出来的部分将越来越大。这个趋于战争目的的累积性力量转向，不久即会达到一点，等到这一点达到以后，军备问题就不再是“为了扩充或维持企业经营需要支出的军事费用是多少?”而是“国家资力所能负担的是多少?”的问题。但是累进的趋向并不会在这一点上停止；这只要看一看意大

① 参阅下面第 10 章。

利、法国和德国的情况就足以证明，在那里军费的浩大支出显然已经减损了那些国家的工业效率，但支出负担仍在加重，还看不到它的终点在哪里。英国，特别是美国，还没有这样地近于枯竭，因为它们还有着较大的资源可供吸取，从它们的文化方面、人民方面看起来，工业工作的效率也比较高些。但并没有显明理由可以证明，为什么这两个国家不会同样的从竞赛中走向枯竭的道路，为什么不会在国际大竞赛中终于牺牲工业和企业的综合利益。

这里不免要引起一个问题。企业社会在国际政策中是有很大主动权的，当它们的综合利益由于过度的军费支出而受到损害时，它们为什么不在危险关头起来大喝一声，叫竞赛停止呢？它们为什么不这样做是有好几个理由的。战争以及战事准备的全神贯注，会在社会中酿成对敌人的仇恨心，激发好战心理，使有关当局形成一种独裁的习惯，同时也会使人民抱着热情的、坚决的服从态度。国民的自尊心和国民的对敌仇恨心要求着更大的军事力量，同时从公的人员增多，俸给增加，机构也随之扩大。不论是为了政治或企业目的，战争和扩军备战的锻炼，它及于文化上的影响是大致一样的；不论在哪一个情况下，会由此呈现出一种宫廷的气氛，会产生宫廷体系下所特有的那种气质、理想和制度上的习惯。这种情势越发展下去，企业利益就越会被利用成为一个手段而不是一个目的，例如现代的德国、法国和意大利以及十六世纪与十七世纪时的欧洲大陆各国，情形就是这样。在这样的局势中，君王、官僚、贵族等等，在不管是什么名称的掩蔽下将重新抬头，事情就要转向到人民中这些高级分子的维持和尊严的问题。扩军备战的努力拖长以后，它的奋斗目标势必由企业利益转移到如何维持一个

王朝的主权和荣誉的问题。这时企业利益所处的地位只是财政上的一个手段,企业经营只是为了一个更高的目的在服务,一旦国家陷于破产地位,很有可能走向最后的枯竭和崩溃。

企业是个人的事情,不是集体的事情。在军事政策下,为了维持一个王朝与公家编制所需的战争经费与材料,在这方面的供应,只要企业家个人看到大致有利可图,他就会起来担当这个任务,从企业家的本质来看,在这个时候他是不会退缩的。关系始终是在于他的利润,而不是在于他的生活;而关系到他的利润的问题是:摆在他面前的各种投资门径,哪一种对他比较最有利。只要国家方面对资金或各项供应品的需求,在这方面金钱上的诱因超过了其他行业方面所提供的诱因时,企业家即将毅然决然的适应这方面的需求,更不会考虑到在这样的举动中最后将发生怎样的真正实际结果。再说,资金和企业现在是国际性的或世界性的,这一情况已非常明显,因此任何企业家,或者他对于事实真相不完全了解,但很有可能对于一个敌对国家的国库有所协助,他那毅然决然的情况,将正同协助一个友邦或自己的政府一样;因此在有关各国的一致趋向下,使若干社会陷于同等的、广泛的筋疲力尽地步,这种情况发生的可能性大大增加。按照现代形势的发展,要停止累进性的战费支出,从而避免工业崩溃,避免使国家陷于破产地位,像十六及十七世纪欧洲大陆实行军事和政治上的竞赛时所发生的结果那样①,那么除了来自政治、企业或宗教范围以外的意外变化或文化上的措施以外,别的希望是没有的。

① 关于十六及十七世纪时企业对于战费支出的关系,参阅哀伦堡《孚刻的时代》。

第九章　机械操作在文化上的影响

就文化中的非机械因素如宗教、政治甚至企业而言，现在的情况，在事物的本质上很可以与十七世纪时欧洲大陆的情况相比拟。如果这些文化因素的活动没有受到在以前所不存在的一些势力的阻挠，那么它们的活动所造成的局势，与十八世纪中欧的局势将无甚差别。现代的局势当然在规模上比以前扩大，但这是由于新的工艺的侵入，在工业技术上已处于不同的环境，而不是由于在宗教、政治或企业的概念上有了什么本质上的转变。在那个政局混乱的大时代结束的时候，欧洲大陆比较多事的几个国家的平民生活极度贫困的特有情况当不致再现，但这仍然并不是由于文化发展中的那些精神因素，而是由于工业技术上的情况的变迁。在现代局势中为以前制度下所没有的一个因素是门类繁多的机械工艺。

欧洲中部当十六及十七世纪时，在企业概念和企业方式方法上有了蓬勃的发展，欧洲南部也是这样，但时期还要略为早些；虽然，企业的大发展是以机械工艺为前提的，因此这一局势的实现还有待于后来。不论什么时候、什么地方，只要是出于形势的要求，企业的方式方法和企业经营的装备就会很快地发展起来；这就是

经济史的教训[①]。这里面并没有什么奥妙，工艺上的发展是需要许多年代的累积经验的，而企业方式方法的发展则不必有赖于长期经验。但近代早期在欧洲大陆的这种企业发展以及由这种企业而来的财富蓄积的终归于毁灭，竟不再留有在这一点上重新开始的基础。现代局势在欧洲以及在别处的重新开始，是通过所谓工业革命在英国发端以后借助于英国的已成之局的。自然权利的哲学观点——旧的欧洲大陆制度的最后崩溃，它的关键就在这一点上——也是从英国人那里来的[②]。

以血统或文化传统而言，英国人民跟他们海峡对面或北海对面的邻邦人民并没有多大区别[③]。但自从新文化时代开始，英国由于它在地理环境上的隔离，对于欧洲大陆一般局势是置身局外。因此当近代时期，一直到十八世纪终结，英国社会对于欧洲政局不是参与者，而是居于有关系的第三者地位。当所谓“建国时代”，在英国是对人有所干预，而以有关它的国内事务而言，一般地说是没有受到别人很多干预的。英国——过去是英格兰，现在是大不列颠——的法律与秩序在统一管辖下恢复以后，处于对外隔离、对内比较和平的生活环境，它的文化在比较倾向和平的趋势下取得

① 企业原则的完整体系是以自由制度的历史基础为依据的，因此这些制度的发展一般是假定它们有着长期历史的；但当近代早期，欧洲南部及中部国家，在一个比较不完备的权利制度的基础上，在很短时期内，却完成了效率极高的、虽然是比较不完整的企业制度。参阅哀伦堡《孚刻的时代》；桑巴特《现代资本主义》第2卷第8、14、15章。

② 见上面第4章。

③ 参阅基因(Keane)《过去和现在的人类》第14章；列普来(W. Z. Ripley)《欧洲的种族》；拉坡基(Lapouge)《原始亚利安人》；孟特留斯(Montelius)《史前时期的瑞典》等。

了发展。它在日常生活中的主要意向是工业和商业，而不是一个王朝下的政治和战争。在这种国民经验下所产生的成果是立宪政府和现代工业工艺，还有一个产物是现代唯物主义的科学精神和观点。因此在比较近代的以及现代的情势下，出发点是两重的：(1)基于英国在西方文化上的和平转变，由此所作出的贡献是立宪方式和自由权利意识，还有是属于“工业革命”项下的机械工艺；(2)作为欧洲军事政治活动的一个残余的是爱国理想和对敌仇视。

由于以自然权利与现代工业及科学方法为基础的这个新的出发点，使国际集体关系趋于单一化。诸如政治、工业或文化方面的活动在进行时，已不再是属于大陆的或英国的而是世界的，是包括一切文明社会与文明利益的。因此现在与十六世纪及十七世纪的情况不同，关于工艺、科学、公权等等方面已不再有“隔离医院”，已不再可能与当前的一般文化发展相脱离而单独进行。在现代情势下，任何在活动中的势力，不管它最后所引起的结果是什么，这个结果必然在同样的情况、在大致同样的程度上影响到一切社会。假使结果是玩弄政治，由于扩军备战，再度引向普遍穷困、贵族抬头和全体破产的终局，则这个时候所留下的和平社会，将没有一个会仍然拥有做工的、开店的这方面的储备，能够在文化上、工业上再来一个新的开端。过去那个赖以创业的基础，那个赖以收拾残局、重整旗鼓、改变历史进程的基础，已经在某种意义上被现代工艺所切断。它已经使任何社会，在国际的错综集合体中，不再能和平地置身事外。

但是在今天这个广泛形势范围内有着一个新的因素，机械操作。关于这个机械操作的技术特征，在上面第二章里已作了详尽

叙述。但机械操作渗透了现代生活的一切方面，在机械意义上支配了现代生活。它的支配力量表现在精确的机械量度与机械调节的严格执行，使一切事物、目的、行动以及生活的需要、便利、享受都归纳到标准单位。关于这种彻底机械标准化对企业经营的关系，占了前面几章内容的很大部分。这里所注意的是机械操作对文化发展的进一步关系，是标准化和机械均力这种倾向对人类的锻炼上的影响。

这种锻炼，首当其冲的是从事于机械工业的工人，其次是与这个彻底的机械操作在生活上有接触的社会其余部分。机械操作不论扩展到那里，那里大大小小的工人步调就归于一致。步调的划一，还不完全是由于某一工人所直接从事的具体的各个操作，而多少是由于使某一具体操作与它相适应的更加广泛的操作。事情已不只是某个工人为了获得某种效果而对于一套或若干套机械设计的利用。这一点原来是他在机器使用中早期状态下的职务，他现在的工作也仍然含有很多这种性质。但是对工业中工人的任务作这样的特性描写，并没有抓住在这个情况中现代所特有的特征。他现在做这个工作时是作为有关机械操作中的一个因素的，这个机械操作的进行是控制着他的动作的。当然，他是有关操作中一个有理性的动作者，而机器、高炉、坩埚、车道等等是无生物，是人们设计出来、要受工人监督、管理的，过去如此，现在也依然如此。但是他本人以及他的有理性动作就在操作的含义之内，由于在操作进行中他的那个有理性部分必须参与，这就使机械操作对于他具有了主要意义。操作标准化了他对于机器的管理和指挥。机械地说起来，他对机器的处理不是凭着他的想象爱怎样就怎样的。

他的任务是关心着机器，关心着机器在操作进行中所给予他的工作。他在工作中的思考是归纳到量度和等次的标准单位的。如果他没有能符合精确度量，操作的要求立刻要制止这种错误，要寻根究底，使它绝对符合需求而后已。

结果是工人的理智生活依照机械操作而趋于标准化，他所参与的工业操作越广泛、越完整，则他在这方面的标准化也越纯粹、越合规格。对于这一点不可误认为这样的工作将降低工人的智力程度。没有疑问，还是相反的情况比较近于事实。作为一个工人，他的智力越高，能力也越大，机械操作通常是可以提高他的能力的，他由此得到的锻炼，甚至可以使他从事于不同种类的工作时也具有较高能力。但在机器工业中所需要的、所教导的智力是属于特种性质的。机械操作对于智力是一种严格的、坚决性的锻炼。它需要密切的、不懈的思维，但是倾向于一种量的精确标准关系上的思维。概括地说，别种智力在工人方面是没有用处的；或者比没有用还更坏，因为有了量度关系以外的思想习惯，将有损于他在工作中对量的理解力[①]。

如果他是一个有适当天才、充分锻炼的工人，那他的习惯思维的极限应该就是机械效力，他理解“机械”的意义时，就是像上面所说的那样。但机械效力是一个在因果上准确适应的问题。因此机器工业的锻炼，对于工人在生活和思想习惯上的教导是次第的有条不紊和机械性的准确；它在智力方面的结果是，使工人习惯地侧

① 例如，假使他沉迷于神话等的爱好，将机器或操作加以人格化，像时下的童话故事或牧师说教那样，或对机器装备也赋予意志、仁爱等性格，那他在工作中就一定要出毛病。

重在适当的因果关系方面，同时对于不牵涉这些方面的才能的使用则比较地予以忽视。

当然，机械操作的锻炼使生活和习惯完全陶冶成它自己那样的模型，像这样的情况是没有的，这样一个阶级也是不存在的。在现在各种阶级的人类性格中，由过去遗传下来的禀赋和嗜好还存在着过多的残余，还在发生着与上述不同的结果。机器制度的锻炼虽然严格，它的存在时期还过于短促，而人类的遗传特性和传统习惯则极为广泛、巩固，因此对于机械操作的锻炼要求要达到这样的一个圆满程度，照现在的情况看，其间还有着很大距离。

机械操作迫使人们几乎是无间断地注意着一些现象，注意着一些程序和交互作用，这些现象的性质是不具人格的，这些程序和交互作用，既不是出于人类的爱好，也不是风俗和习惯所形成。机器使神人同形同性的思想习惯完全抛弃。它迫使工人与他的工作相适应，而不是让工作来迁就工人。机械工艺所倚靠的是属于不具人格的、物质因果关系的知识，不是工人的技巧、勤奋或个人力量，更不是工人的那些上级们的习惯和习性。在机器支配的工作范围内，在机械操作支配下的现代生活范围内，事态就在机械的、不具人格的方式下演变着，由此形成的锻炼是目的在于机械效果、对于那些不具人格的事件处理的锻炼。这种锻炼所教导的是，依照不具人格的因果关系作思考，至于以习惯或以习俗相沿的传统标准为依据的那些有效准则，则应置之不顾。在这类工作程序的形成中，在由这类工作所诱发的思想方法的形成中，习惯这个因素是无足轻重的。

什么叫善恶、功罪，机械操作是不能识别的，除非关涉物质上的因果关系；什么叫法律与秩序的基础或拘束力，机械操作也是不懂的，除非是那些可以用压力、温度、速度、抗张强度等等来表示的法律与秩序[①]。机械工艺对于那些陈规旧制是概不认识的；既不晓得什么叫礼貌，也不晓得什么叫教养，对于这类属性的价值都无法利用。它的知识和推论纲要所恃为基础的是物质的因果律，并不是那些自古相沿的风俗习惯或权威法令。它的哲学基础是因果关系法则，在此道中的专家看来，这一法则简直已代替了充足理由原理(law of sufficient reason)[②]。

机械工艺所否认的一系列传统真理或制度上的遗产是非常广泛的，实际上几乎包括了一切。它对于古代的真善美准则固然格格不入，就是对于十八世纪代之而兴的自然权利、天赋自由权、自然规律或自然教等等的传统真理也不过比较对前者稍微接近一些。在任何伪装下的神人同形同性论，这里都没有用处，没有地位。

就这里所讨论的问题而言，在机械工作中的锻炼是思想习惯上的锻炼。因此这些工作在现在的讨论中有关系的是思想作用、统觉(apperception)过程、推理顺序这些方面；它们在文化上的意义正是在于这些方面。它们在这方面的意义是有些按照工作者在工作中所耗的脑力程度为比例的；在文化意义上作用最大的是需要理解并指挥操作的那些工作者，而不是只作为操作中机械的助

① “善与恶”、“功与罪”、“法律与秩序”这类词句应用到工艺上的事实或物理科学上的结果时，显然只是一种隐喻的说法，只是从旧的语法中剽窃得来，用来作为一种比喻的表现的。

② 塔德《经济心理学》第1卷第122—131页，对于现代工作在心理方面的特性作了记述，叙述中对机器工人与手工业工人的工作在心理上的要求与影响还作了对比。这可以说是对有关这一论题的时下常谈的酌中描写，但似乎完全没有针对着论题的要点。

手的那些人们。后者并不是处于机器的锻炼以外，不过锻炼是盲目地加在他们头上的，对于意义不甚明了的一些结果是强使他们无批评地接受的，而不是使他们对机械操作的因果关系有彻底的理论了解的。因此像这样实际的思想习惯的高度训练，应该求之于那些较高级的熟练的机械工作者，或者更应该求之于对操作处于管理或监督关系的那些人们。在这里最有关系的分子是那些在工业操作的指导中行使着所谓机械上的主动权的、也可以说是那些督促着物质现象中因果律的进行的人们，因为他们是必须学会怎样以机械操作的工作为依据来进行思考的①。在思考的进行中，它的哲学根据，它的推理的假定，必须与物质现象的关系相适应；也就是说思考的依据应该是现代物质科学的哲学依据——这种依据可以说它是因果律、累积因果关系、能量不灭、定量不变，或者不论用什么别的措辞来表示这个概念。在这里的研究意义上，

① 大约最近一百多年以来，对于工人思想习惯在这方面的变化，一向看成是智力上的退化或感觉麻痹的现象。对于机器工作在习惯上所引起的变化作这样的刻画是有些过分的。我们不妨说，在工人思想习惯上所形成的这种变化——在方向上、方式方法上以及思想内容上——他的智力在某些意义上是有所提高的，在另一些意义上则有所降低。当然，一般地说，从在机器未出现以前、在智力标志上被重视的那些方面的角度来看，机器的锻炼对于工人的智力是有所降低的；但从关于被机器提到首位上来的那些方面的角度来看，这种锻炼对于他的智力是显得有所提高的。如果他的资质、禀赋生来与机械操作所要求的思想习惯不接近，如果他不是在这方面而是在别的方面有智能，那么机器的训练可以说是降低他的智力的，因为由此阻碍了他所具有的唯一智能的充分发展。由此可见，关于智力训练在结果上的差异是性质、方向上的差异，并不一定是程度上的差异。参阅西摩勒耳《国民经济概论》第 1 卷第 85—86、132 节；霍布森《现代资本主义的演进》第 9 章第 4、5 节；库克·泰勒《现代工厂制度》第 434—435 页；锡德尼(Sidney)与比阿特立斯·卫布(Beatrice Webb)《工业民主制度》第 327 页起；来印候特《工业与工具》第 10 章(特别是第 190—198 页)与第 11 章(特别是第 221—240 页)。

从事于现代物质科学的人，他们的情况与机器工业中高级人员是有些相类的[①]。

关于战争、政治、社会时尚、宗教等等方面的那些由来已久的使命且置之不论，人们所从事的工作可以区别为两个方面，一方面是金钱上的或企业的工作，另一方面是工业的或机械的工作[②]。在早期，实在是直到十九世纪某一未能确定的时期，在工作上这样的区别，并不在任何程度上跟职业间的区别相一致。但是随着时间的推移，在工业中为市场从事生产的情况逐渐成为定则，于是发生了职业的划分或劳务上的分工，其中有一类人就担任了买卖和从事蓄积价值量的工作。当然，这时其余的人们，由于缺乏资历，或由于缺少在这方面的适应性，对于金钱上的工作比较地不适合，就与企业事务分了手，专门努力于关涉到供应市场的这种生产的机械操作。这样就使金钱上的与工业上的活动，或工作之间的区别与职业之间的区别，一天一天地更加吻合起来。不过专业化还没有趋于这样的极端，能使任何阶级完全摆脱金钱上的操心[③]；因为即使以机械工作为固定职业的那些人，也仍然习惯地在工资方面与他们的雇主打交道，在供应方面与别的一些人打交道。因此

① 参阅塞什兰(J. C. Sutherland)，《工程管理精神》，载《大众科学月刊》，1903年1月份，第254—256页。

② 参阅《工业的与金钱上的工作》(载美国经济协会第十三届年会《会议录》)，特别是第198—218页。

③ 斯蒂芬(G. F. Steffen)曾这样说："从企业的观点来看，那些以劳力或资本或土地出租给企业家的人，通常并不是处于绝对被动地位的。他们在企业家手里并不只是无生气的工具。他们所让渡的企业机能，仅仅是限于与企业家所订合同内指定的那个程度。他们是'有企业心的工具'。"——《国民经济杂志》第5卷第256页。

在现代生活中，并没有一个有活动力的阶级是能够真正免除金钱上的工作的。

但是即使是关于工资和供应品的问题，也越来越不需要像以前那样地严格注意。比如关于工资的准则，对一般工人来说，同样的对所谓工程管理的职员来说，已越来越成为一种例行事件，因此关于一些细节上的磋商等，至少已不必像以前那样频繁。关于消费品的购买也是这样。在城市，尤其是工业城市，生活资料的供应也已大部分成为例行事件。零售价格由卖方决定，这样的情况越来越普遍，而且大部分是在无关系于个人的情况下决定的。这一点在百货店业务的实践中尤为明显，在那里由卖方决定价格，与买方接触时以销售员为居间，而销售员对于销售条件并没有决定权。在这方面所已经发生的以及正在进行中的变化，把它与任何工业社会的过去情况相对照，或与我们所惯称作“工业落后”的那些社会的现在情况相对照，都是极为触目的。

关于以处理金钱上的事务为职业的人，企业家，则情形相反。他们对于机械事件和机械操作的免于关怀只是比较的。即使是那些企业家，他们的业务对于工具或商品的处理以及对于机械操作的管理，关系特别疏远，例如银行家、律师、经纪人，等等，然而无论如何，对于日常生活中机器装备的存在这一点也不能不给以相当认识；他们对于所谓“消费方面的机械”，至少在被迫的情况下，不能完全漠不关心。至于那些企业家，他们的业务与工业关系比较直接的，对工业操作大都有些知识，也相当关怀；在相当程度上，他们也习惯地以机械为依据来进行思考。他们的思考，趋向往往是在于金钱上的结论，他们的推理是否有力、是否有效，就在于由此所得出的金钱上的结果如何；他们的严重考虑，自始至终不脱金钱的范围，但在考虑过程中总是带着些机械操作的一般特性的。因此他们要摆脱机械上的考虑，要摆脱以因果律为依据的考虑，事实上是有限制的。

但在作了这一些说明以后，事实还是很明显，从事于企业事务的那些阶级，他们的日常生活中关于上面所说的那些方面，拿它来与从事工业本身工作的那些阶级对比，是大有区别的。在这两个阶级的生活习惯之间是有着极大、极明显的区别的，从而使两个阶级所受到的锻炼也有了巨大区别。这就使两个阶级的思想习惯以及在推理中所凭借的习惯依据和方法，在彼此之间有了分歧。结果是在观点上、在所注意的事实上、在推论的方法上、在思想的有限根据上都有了分歧；而且随着职业分工的继续演进，这种分歧越来越扩大，越来越坚决。因此两个阶级间的相互了解以及对于彼此的信心、理想、知能、缺点等等方面的相互重视，就越来越困难。

企业阶级思想的最后有效根据是财产自然权利的根据，这是一个因袭的习惯事实，它所具有的是习惯上的有效性，不是可以用物质因果关系来表示的事实上的有效性；而从事于机器工业的阶级则习惯地注意于事物的因果关系，这一点与自然权利的神人同形同性论的说法相凿枘，对于惯例上的是和非以及原因和结果并不发生指导作用。

按照着物质因果关系进行的论证与以传统的先例或伦理上的充足理由为依据的论证，两者是不会取得协调的。

从事于金钱上的工作的，在进行思考时以传统习惯为依据，而从事于工业工作的则大都不顾到传统习惯，他们在进行思考时以机械或因果关系为依据。所有权或财产制度(思想习惯)是一个传统事实;关于金钱上的思考——也就是说关于所有权问题的思考——它的伦理就是所有权或财产这个概念、这个假定事物含意下的产物。在这样的情况下所产生的特有的思想习惯,它所倚靠的是目的性或有效性的传统依据,是神人同形同性论,是依照人类关系、裁决自由、选择自由等方面对现象的解释。对自然权利问题作追究时,它那确实性的最后根据总还是相沿惯例或已有判例这些方面的根据。论证总是在法律上的而不是在事实上的论证,在论证的进行中,目的总是在于如何求它有助于在法律上的划分与归纳方面的便利、正确,而不是在于如何追求对一些不关人事现象的事实上的认识或与它同化。这样进行推理的结果是,凭已确认的先例来对新事实作解释,而不是在新现象实事求是的理解下、对过去经验得来的认识作改正。它所努力的是,使事实迁就法律,而不是使法律或一般常规来迁就事实。这样的意向所促成的是,把一般的、抽象的习惯所形成的准则认为是真实的,它的真实性还超过了不关人事的、非传统的事实。这样的推断对抽象的论证、对所谓"以实用为主的"事务管理赋予了力量和依据;它所产生的是,与机械工作有区别的、所谓执行或管理方面的效力。所谓"以实用为主的"效力,意思就是为已有的传统习惯而利用事实以及使已有的一些金钱上的传统惯例在局势中发生更大作用的能力①。

这种依据法律上的推论的训练,从金钱的前提到金钱的结论,

① 另一方面,可参阅来印候特《工业与工具》第 12 章及第 14 章,欺诈与技巧这两个方面在那里被混淆了起来,它的情况与读者所熟悉的关于"管理的工资"的解释很相像,不过比一般说得笼统些、巧妙些。

它所产生的精神状态势必是保守的。这种推论方式对于由习惯形成的假定概认为是确当的，因此对于这类假定或对于这类假定所体现的制度，就不再能抱怀疑态度。它对于别的、更加陈旧的制度，与它自己的（自然权利）假定不一致的，也可能引起怀疑，但这种怀疑绝不会扩大到它自己的情况所依靠的自然权利根据。当然，在同样情况下，倾向于物质因果关系的思考对于它自己的基本假定，因果律，也是不会发生怀疑态度的；但是这种以唯物主义为基础的推论，既不明确支持已被承认的制度，那么在机械工艺锻炼下所形成的态度在目前就不能认为是保守态度。

一般说来，企业阶级是保守的，但这种保守倾向当然不是他们所特有。这种职业，并不是在对事物的推理上显著趋向保守的仅有的职业。实际上有些别的阶级，例如军人、政客、教士、社会上的名流，他们的理知活动倾向于还要久远的传统习惯；因此我们如果把企业工作所受到的锻炼说成是保守的，那么对于那些别的更加带有古风的工作、他们所受到的锻炼就得说成是复古的了[①]。极

① 当然，在任何阶级，个别的例外情况总是有的，但以一般的阶级面貌而言，毕竟是在若干程度上一致的。比如牧师、律师、军人、文官，等等，他们的气质即使不说是复古的话，也公认是保守的。这种一般性的理解在细节上也许不够完整，特别是这样的下结论也许过于笼统；但有一点也毕竟是事实，凡不属这些阶级的人对于这种一般性鉴定的确有切实依据这一点，很少会不立即同意，虽然这种鉴定也可能需要作若干补充。还有，在较早时期以及在文化水平上比我们为古旧的地区，在那里的一切阶级中可以看到更加普遍的一种保守精神。同时，在较早时期以及在旧文化地区，那些在习惯上承认的真理结构以及精神上信赖的或物质以外的事实内容都更加广泛、顽固，在这些方面进行思考时，只凭本身的真确性、不凭以理解为判断依据的情况也更加显著。一般说来，当我们离开现代西欧文化中心，看一看过去未开化的时代或现在未开化的地区时，时代越早、地区越远，则认为根本地、永久地真和善的事物，它们的数目与种类也越加繁多。

端的依照惯例，意思就是极端的保守主义。保守主义的意义就是对现有惯例的支持。在这一点上可以说，现代企业生活的锻炼情况，只是标志着对较高级未开化文化生活的事态作若干程度上的保留，一方面它那保留的程度还赶不上上面所说的几项别的职业。

现代工业工作中的锻炼比较地不受传统习惯影响，但在这一点上，机械工作与企业工作之间的差别也只是程度上的差别。在工业各阶级中，关于事物确实性的传统标准，并不只是因为缺少运用的缘故而不复存在。在这些阶级的工作的实际锻炼中，与传统的、神人同形同性论的思想习惯，不论属于自然权利或任何其他方面是大部分相抵触的。以这类实际锻炼与传统标准相脱离这一点而言，在各种工业工作之间有着很大的差异。大致看工作中机械操作特性的存在程度而定，这方面的特性愈增长，手工业的特性越减低，则与传统标准脱离的现象也越显著。机器与社会生活发生了关系以后，它已成为人类的主人，成为社会文化上的命运的主宰，在这一意义上也许是发明者始料所不及的。

由此可见，机器在智力方面和精神方面的锻炼，在现代生活中影响是非常大的。社会中只剩下一个很小的部分没有跟它接触；但是它的压力是遍及全部人民的，实际上在任何阶级的日常生活中总要在若干程度上受到它的拘束，不过首当其冲的是熟练的从事于机械工作的阶级，他们不论在工作中、在娱乐中是无法脱离它的控制力量的。

机器以及它的精神力量——在工作上它是理想的极致，对于一切传统的有效性它是抱着怀疑态度的——的普遍存在，是今天西方文化跟别的时代、别的地区的文化形成对照的最明显的标志。

它的势力在不同程度上渗透了一切阶级、一切阶层，一般说来，它的强有力的势态现在比以前任何时期更为突出，对于与它直接接触的机械职业阶级，它的力量更为强大①。广泛的机械组织使生活的物质的一面固然在继续前进，它在整个社会中的文化影响也在不断增进中，今后除非别有补救办法，否则这种"现代"色彩的文化倾向，势必沿着这一方面更向前、更快地继续演进。随着工作的分化和专业化，受到这方面进一步严格锻炼的阶级将越来越扩大，对于传统的制度、惯例的信心或忠顺态度将一天天减弱下去。

从事于现代工业工作的人们，在他们自己的日常用度方面，大都极不善于筹算，对于他们私生活方面金钱上的细节不善于照管，这一点是人所共知的。不但工厂中一般工人如此，即拥有高度技术的职工以及工艺专家、发明家也不免于这个情况。这一个准则当然并不是怎样呆板的，但竟具有这样的普遍性，因此很值得注意。在这一点上，可以把现代工业中人与被他们所代替的手工业阶级以及现在的农民阶级，特别是小资产阶级农民作一对比。现在工业阶级在这一点上所以归于失败，不论与早期的手工业者或现代的农民或小农相对比，并不是由于蓄积的机会较少，也不是由于在一般智力上比较缺乏，说到智力，当然现代工人是要占上风的。谈到工业中人不善于蓄积这个问题时，一般总是带着些埋怨的口气，关于应如何养成勤俭习惯这方面的劝告是很多的。但是劝告并没有显著效果。症结似乎在于习惯的性质，而不是在于经过推理而来的一种确切的信心。所以会发生这种不节约的现象，

① 见上面第2章。

其他种种原因也许可供作部分的解释；但在研究时这样入手至少可以说是贴切的，这就是要问：他们所以缺少财产，缺乏节约习惯，究竟在什么程度上是由于缺少金钱上的锻炼、是由于现有工作中的锻炼与节约习惯不相容所造成的。

把仅仅是缺少金钱上的锻炼作为现代工人显然缺乏节约习惯的唯一解释是不适当的；尤其是因为这方面锻炼的缺乏只是部分的、比较的。还有，这些缺乏节约习惯的阶级对于金钱利益大都抱着艳羡态度。所以缺乏节约习惯，实在是金钱上的锻炼的缺乏与现代生活上的肯定要求两者交织的结果。所谓现代特出的浪费这一规律，就是这类肯定要求之一。在现代情况下，要博得社会声望，对于消费品的散漫花费是一个必要条件[①]。这一点所助长的是直接消费而不是储蓄。还有一点，对不利于节约习惯的养成其间或者有着更大决定性作用的是，工业现代大组织对从业员方面的高度流动性的要求。事实上它要求劳动力和劳动单位要跟所使用的机械装备一样，在同样的无关系于个人的情况下，便于迁动、交换或分配。它要求工作人员要跟工业中的原料或半成品一样，在同样的无关系于个人的情况下加以标准化，使他便于分配、交换。由此可见，现代工人要有一个家、一个固定的住所，是环境所不十分允许的。由于情况中这一特点，要从事积蓄的投资于不动产，或者甚至生活上的任何铺陈，这类打算都受到了挫折。还有一点，像自己的住宅这样一类财产是实体的，对所有者是有实际用途、需要经常加以保养、修葺的，而银行储蓄存款作为节约方面的一种鼓励办法，要用以代替住

① 参阅《有闲阶级论》，特别是第 4 及第 5 章。

宅的购置，并不是一个可以胜任的代替品。

机器工业对工作人员所造成的生活状况，使节约习惯受到挫折。它使工人阶级置产买地的念头几乎受到了实质上的禁约，但情形还不止这一点，还有，可以说是由机器工艺所发生的精神上的影响。看来工业阶级对于个人所有权的本性似乎已经丧失。对他们来说，产业的取得已不再是一个享受和力量的自然源泉。所谓财产的自然权利，在他们的心目中已不再像以前那样地了不起。

足以使自然权利精神趋于衰退的还有一点，可以在工业阶级的现在心情中看到，这就是工会主义以及随着在机械操作方式方法下组成的工业而产生的所谓工会精神这些方面的发展。从历史上来看，这方面的发展实际上是从工业革命开始的，它的过程是若断若续的、弛缓的、试探性的，并没有确切的开始日期可指，正同这一革命本身一样。英国是它的发源地，是它的特性形成的所在，在那里它的特性的明确达到了最高度，也扩展成为最大的势力；正同现代机器工业一样，它也是首先在英国兴起，在英国有着最久远的、最巩固的发展历史。在这样的情况下，别的国家是取法于英国的，在形式上、概念上都是以英国为先例的。可是就别的国家工会运动的历史来看，似乎可以表明：与其说别处的工人阶级在组织的典型和方法上借助于英国，不如说他们也是在大致同样的要求与经验下，不得不采取大致与英国同样的态度和行动的。尤其是经验似乎可以证明，如果任何社会在机器工业出现以后，还没有足够时间使它的工人阶级在工作上、生活上按照机械倾向进行广泛的标准化，那就不可能使工会精神或工会准则推广到这个社会。现代企业的方式方法，使工会活动与工人阶级的口味相配合，但并不

是这个方式方法一开始就会使工人们突然爱上了十足的工会典型的。当企业情况发展到某一阶级时,使工会措施作为一个企业前提有了实行的可能,这是一个时期;然后工人团体对于在工会主义精神下、在符合机器工业中人组织工会的意志下采取行动有了准备,这又是一个时期。在这两个时期之间须有一个间歇。要使机器工业的工人赞成工会行动,在这方面感情上、意见上归于一致,这就需要一个在时间上拖得相当长的、也相当严格的锻炼时期。

工会精神普遍存在的一个特点是,当现代工业的机械标准化否认了自然权利的作用时,跟着对于自然权利定则也即予以否认。在美国近来的法院判例以及在英国较早时期——那时它的发展情况正处于与今日美国情况同样的成熟阶段——对同类案件的判例充分证明,一般的工会态度与习惯法下的自然权利基础,其间是有冲突的。工会主义否认对工人缔约的个人自由,否认雇主在适应自己目的的方式下从事经营企业的自由裁决权。关于工会在目的和行动上对已有制度这种加以破坏的倾向,曾有人造出了许多甜言蜜语来加以掩饰;但法院方面,站在它一贯坚定的、惯常的自然权利立场上,对于工会拥护者所提请考虑的那些诡辞巧辩,一概予以断然处理。法院方面是要从根本上推翻这个问题,说工会规章有害于工人,也同样有害于雇主的自然权利,因为它妨碍了个人自由,妨碍了商业发展。因此这种规章,虽然可能是在工业操作中机械标准化体现的事实上的法律与秩序下所强制形成,但它是侵犯以自然权利为基础的法律与秩序体系的。

工会主义是比较近期的工业情况下的产物,是逐渐形成,用以代替从手工业和小商业时代遗留下来的那些旧的方法、旧的工作

布置的。这是一种对早期的工作布置方法进行适应、结合并修改的活动，在这种活动下产生了新的要求和思想习惯，它对于传统惯例的破坏则尽可能减至新局势下所能容许的最低度。一方面是对于工业企业中的产物"生来"应该怎样的、已经存在的想法；另一方面是工业在新的思想习惯下所要求的以及工人在新的精神下所能容忍的想法。从表面上看来，上述活动是对于这两者之间加以折中的一种努力。所以工会主义可以认为在工业机械标准化压力下的一种带些缓和态度的表现。迄今为止，活动是在差不多不断的发展中，不但表现在会员人数方面，也表现在它那方针、计划的范围方面；它对于自然权利这个观点的反对，它的策略变化多端，攻击范围日益广阔，到现在还未达止境。就它对财产自然权利与金钱上的契约的敌对态度而言，一般说来，工会主义的最近的、最成熟的表现，它的性质也是最极端的。

工会主义是有着妥协或折中性质的，这从它所提出的要求的内容可以表明：工资与就业的集体协商，业主与工人之间的争论的公断，工资的标准比率，正常的每日工作时间，男子、女子、儿童有一定的工作时限，关于卫生和安全的罚则，关于意外事故、残疾和失业的工人间的相互保险，等等。从这些方面可以看出，工会主义的方针很少走极端到对自然权利原则下的任何部分的是非曲直公开发生异议。自然权利原则的有些部分是与现代工业系统下的工人生活情况有抵触的，或者是与这些工人所一致存在的感情有抵触的，工会主义所全力以赴的只是在实际上对这些方面不肯放过。

当工会主义对财产的自然权利制度和缔立契约自由采取公开敌视的态度时，它已不再仅仅是工会主义，已变成了别的东西，这个东西可以叫它作社会主义，因为一时找不到更恰当的名称。这样一个抱极端破坏态度的形势，公开拥护工业的机械标准，反对企业习惯法标准，似乎是工会精神所倾向的必然结果，近来有不止一个工会团体，它的态度已接近于这一点，但一般说来，这一点倘使果能达到的话，事情也还在将来。大概的情况是，越到后来的表现向这方面就越接近一步；而其间的领导者以及比较警觉的工会主义工人的团体在精神上对这方面的接近，比他们所正式表示的似乎还要更进一步。

为了说明他们对于构成现代企业关系基础的自然权利原则的态度，可以对工会历史的某些细节作一考察。众所周知，工会差不多一贯地避免为它的会员或职员的行动承担金钱上的责任。它避免采用法人组织形式。一个雇主，如果由于他的工会工人未能履行与工会所订协议中的条款而受到损害，实际上他并没有求偿权。在英国的实践中，这种金钱责任的免除获得了在法律上很大的力量，实际上可以认为还获得了成文法令的支持，直到最近几个月，英国的上院通过了所谓塔夫·凡尔（Taff Vale）决议，却推翻了关于这方面的见解。这是英国最保守的裁判所作出的决议，它对于工会主义的影响如何，因公布未久，还无法加以评论。但大致可以预料的是，由于这一决议对工会所引起的问题当不会是“怎样来依议实行？”而是“怎样来避开这个由法庭造成的金钱上的责任？”显然[①]，在习惯法准则下这个决议是无可指摘的；但同样显明的是[②]，

① 例如亚当斯（W. G. S. Adams）先生在最近一期《政治经济杂志》（1902 年 12 月）曾剀切地指出这一点。

② 卫布先生曾指出这一点（《工业民主制度》，1902 年，第 24—36 页）。

它与工会习惯极端抵触，与工会主义者的态度是完全不合的[①]。

工会主义者对金钱责任的这种规避，在这方面意志的表现，是跟他们对习惯法准则的态度分不开的。工会以及它的工作方法实质上是法律以外的。工会作为被告者时，只是在勉强的情况下出庭的。当工会对成文法令，例如关于正常工作时间或卫生与安全设备的规定等问题采取行动时，它所依靠的主要是刑法。

当然，工会的组成分子，工人们，所以要采取上面所指出的方针，只是由于他们的个人利益使他们不得不这样做；他们的共同需要和共同弱点迫使他们结合在一起，当对付雇主时采取集体行动；他们的要求在法庭上既没有立场，就使他们不得不在法律以外用强制手段来实现他们的目的。但这种反抗态度没有什么别的，不过是借另一方法说明：机械标准化的工业体系强加在工人头上的要求是法律以外的要求，这类要求与企业的口味不合，因此不能用构成企业关系基础的财产与契约的自然权利原则来适应；因此也不能在习惯法的根据上求得满足；因此迫使工人们从另一个观点来看问题，使他们不得不求之于习惯法立场以外的别的原则来获得解决。换句话说就是，这种迫使工会主义者根据现有法律制度

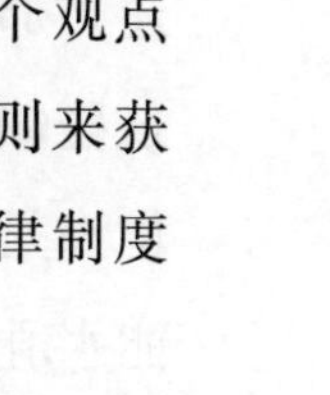

① 英国上院所以会作出这种与工会习惯相背驰的决议，如果要从历史上找求解释，则大致是由于近二三十年来英国帝国主义政策，尤其是南非战争的经验，在感情上造成的保守，或者实在是复古的倾向。南非战争似乎造成了在感情上和制度上发展的一个转折点。从十九世纪七十年代起，受到英国社会注意的各项利益关系，其中帝国主义利益，也就是王朝的利益，提到了最前面。这一点似乎已明确地占了第一位，看来在最近的将来期间将成为英国对内、对外政策的主导力量。同时也可以注意到，英国社会在工业意向、工艺效力和科学精神方面，即不能说是在衰退，却已在松懈下来。参阅霍布森《帝国主义》第2部分第1章及第3章。

以外的条件来考虑情况的要求是一种手段，机器工业的锻炼借此可以实施，并得以有效地改造工人思想习惯。在这样生活要求下的严厉锻炼，迫使工人接受并坚持新的观点。但是工业的机械标准化所贯彻的还不止这一些；它也提供了改变经济生活组织方面的新的条件。工会行动对于经济生活组织的改变，它的目标并不在于天赋自由、个人财产权、个人自由裁决等方面，而是在于标准化生活和机械需要方面；改变的要求并不是根据企业上的便利提出的，而是根据工业、工艺的标准和标准关系提出的。

以上关于工会主义的叙述当然只能算是一个概要，这里也只能容许作这样一个简略的、附带的讨论。所考虑的只是限于工会主义与企业的事物性质上特别相分歧并与它相冲突的几个要点。当然，在工会要求内容中也还存在着金钱上以及其他方面的许多残余，有不少工会主义的论证也还是带着企业口吻的。工会运动中有不少幼稚、生硬、不轨于正的地方是人所共知的，这里无须重述。那些从自然权利的角度来看工会主义的人们，在他们的眼里，这些缺点就显得非常重大；当然，以这些缺点本身而言，受到指责也许是咎有应得的。工会主义与正当生活中的自然权利纲要是不能水乳交融的；但是在文化上的重要意义大部分也就在这里。主要的一点是，新的目的、理想和手段与已有的制度结构不能相容；受到工会主义激动的阶级，不管它怎样粗鲁、盲目，它所努力的是，在机械操作的强制下怎样按照机械操作所形成的新要求构成一个新的制度纲要。

这里关于工会主义特征的讨论主要着重的一点是，在机械标准化工业的锻炼下，在那些直接受到这种锻炼的阶级中，某些自然

权利，尤其是关系到财产和缔约自由的自然权利，已经有一些陷于中止生效的状态。此外也还有一些别的阶级，在一个不定的程度上与工会主义者表示同情，对天赋自由原则同样地表示（温和的、不十分坚决的）怀疑。一旦对于企业原则的不信任提到了这样的高度，以致对一切金钱上的制度感到难以忍受、从而对财产权利的要求不是加以限制而是彻底废除时，人们就说这是“社会主义”或“无政府主义”。在高级工业人士中，这种社会主义的不满情绪是普遍的。对已有的经济和政治结构来说，再没有别的一个文化现象这样的具有威胁性；对那些踏实、老练的事务家来说，再没有别的一个文化现象这样的史无前例，这样的使他感到棘手、感到难以应付。关于社会主义的不满情绪，眼前危险的一点是，日益加甚地不忠于财产自然权利制度的态度；但是还有作为这一点的背景的是，对于从过去相沿下来的制度上的从属物也同样不加重视。有着社会主义幻想的阶级对现有经济组织坚决反对，但对于他们自己在新路线下所决定的带些严格的经济组织却不一定有反感。他们所需要的是以工业而不是以企业方式构成的组织。他们在经济上共同一致的观念似乎并不薄弱，实际上在很多批评者看来还觉得过于强调；但是所倾向的方式是工业的团结、机械的约束，不是金钱上的结合，更不是经济上的是与非的传统原则。

在社会主义者之间对于将来的计划很少一致性。他们的建设性方略是不明确的，不划一的，而且差不多是完全否定性的。在社会主义宣传中这种否定的态度曾受到批评者的毁谤，批评者在这一点上也许是有些道理的。他们对于已有事物的喜欢抱着比较随便的破坏态度及其建设性方略的含糊、笼统、前后不一贯，这些情况在目前讨论的意义上可以作为一种证明——在现行制度下，社会主义者的态度是无法以肯定的语气表示的。这些情况同时也可以证明，社会主义者的理想是很难站得住脚的；但社会主义者的争点，其间的是非曲直，与这里的讨论无关。这里的问题是关于社会主义者不满情绪的本质及其原因；跟比较微妙的、比较意味深长的社会主义者争点的恰当性这一点并没有关系。当前的社会主义是对于已有传统惯例表示异议的一种倾向。这种表示异议的态度，在程度上、方向上各不相同，彼此间出入很大；但在社会主义思想体系的范围内有一点是共同的，即认为过去的制度结构不能与将来的工作相适应①。

社会主义者的不满情绪有人认为是起因于妒忌、阶级仇恨、与别人对照时对自己处境的不满足以及对于自己利益的错误观点。这种批评，就它所说的本身而言，也许是十分有理的。但社会主义

① 就这一点而言，不论无政府主义或社会主义，情况都是这样；还有若干比较小类型的异议者也是这样的。社会主义者和无政府主义者在他们的否定性的倡议中，态度是相当一致的。在抗议中，只在哲学观点的基本要求上以及他们的积极目的上，彼此才分了手。两者之中，社会主义者对现有制度在更大程度上表示着不相容的态度。从现有制度的立场来看，他们在理想上也抱着更加无可救药的否定和破坏态度。这一点指的是近期而不是早期的社会主义者，当然，所指的也只是下层社会的"民主主义的"社会主义者，不是所谓国家或基督教社会主义者。

无政府主义是在自然权利的基础上进行的，因此在这个限度上跟现有财产制度的基本要求相一致。它是在同样的基本要求下的更进一步彻底的打算。它是一种绝对的"天赋自由"制度，甚至对于根据习惯的、因时效而得的所有权也不容许。它的基础是(神圣的、制定的)事物自然法则，它的主要方针是个人不可侵犯的自由和平等，与十八世纪的精神极相近。在这一个意义上，它可以说是浪漫派思想的一个支派。无政府主义是一个法律上的方案，并不顾到机械上的要求，而是完全以自然权利下神人同形同性论的基本要求为根据的。在自然权利的立场上，它非常健全、正确，虽然是极端到无意义、无理性的。

在动机上所以与别的运动有所不同,上述的批评对于这一点并不能针锋相对;就是说,所批评的并不是社会主义的特有征象,而是普通不满情绪的共有现象。历史告诉我们,像这样由实在的或想象的困苦艰难或不公不法所造成的、出于情绪上不满的运动,例子是很多的;历史上记载的过去经验也使我们要以想到,如果是在这样的动机、这样的推理的指引下,像庸俗的批评家目前所硬派在社会主义者头上的,那么那些不满分子所要求的将是,在有利于处境不满的阶级的情况下,对财产进行重新分配,对所有权进行重新组织。但这并不是社会主义者的思想倾向。社会主义者所企望的是财产权的消灭,不是财产权的重新分配。现代社会主义理论对于现在经济学中有关分配理论的整个原则是根本(特别地予以)否认的[①]。

所谓正常的社会主义,较近期的社会主义,比较富于危险性,比较难以应付的,并不以"自然秩序"的哲学基础为依据。它对于社会组织要求改造,但不知应遵循哪一方式使改造实现。它否认以个人自然权利为标准(除了那些为数众多的后起者,尤其是在美国乡村,他们在社会主义影响下,也抱有某种仇恨态度与成见,一度成立所谓民粹主义),但是代替这个废旧标准的却没有任何明确的东西。这一类社会主义者在意见上相一致的一点是,认为社会组织应该由工业系统下的机械要求来决定,但是在这个笼统的通则以外,他们就很少提供。这种机械标准化是不能明确地供作民权的法制基础的。任何性质的、或多或少的民权,在社会主义改造中怎样可以占得一个地位,要看出这一点的确是很困难的。

① 在十九世纪五十至七十年代间发表的马克思和恩格斯的"科学的社会主义",并不是属于这种否定性质的。它是黑格尔哲学的产物,与自然权利的概念相掺和,它所主要考虑的一点在于"对劳动力全部成果的要求"。这种社会主义从来没有严重地侵入德国——黑格尔哲学的发祥地——以外的工人阶级。即使在那个国家,在黑格尔哲学产生以后、社会主义思想获得最有力发展的,也已开始转向到达尔文的思想方法,在这一发展下,马克思的成分越来越减少,越来越不肯定。马克思主义现在已无异是一个形式上的信条。明白公开的社会主义,它的特征就是如上面所说的那样,除非是转变成了机会主义者,跟自由民主主义运动和改革派有了关系。

有些人认为社会主义主张立即消灭财产权，因而感到烦恼，坚决反对。这种心情有两种类型：(1)认为财产权不存在是无法理解的，在社会中共同生活而在生活资料方面没有明确的所有权，这种情况是在实际上办不到的；在保守的批评者的理解中，商品的所有权与商品的存在两者是分不开的。(2)认为生活资料的所有权是人类不可侵犯的权利，是在道义上必然的事理；认为财产权的取消将违反道德上的根本原则。当然，所有这些主张所根据的是这样一个假定：所有权制度是人类天性中的基本作用，是人类生活中事物条理的一个主要因素，是不能废除的。

在现代的社会主义者看来，这种说法已越来越不足信。在这一点上，那些公开自认的社会主义者的态度已有了相当显著的、在累进中的变化。他们的主张已越来越难以作为一个企业前提来表示；他们的要求已越来越难以用金钱上的要求的形式来陈述。关于劳动力全部成果的要求，在社会主义者叫嚷中一度曾占了很大地位，当十九世纪迄七十年代止的期间曾有很大势力，但在最近一代，不论是鼓动者或宣传的信从者对于这一点都已渐渐不再提及。今天关于这一个要求，在社会主义拥护者方面，与其说是论证中的一个出发点，不如说是一种过后的思量，而新进者对于这一点则比较重视，他们在这方面的哲学观点，与其说是社会主义者的坚定立场，不如说是从企业社会的现时常识中得来。对全部成果的要求这一点是自然权利信条中的一项，因此这是社会主义与之分道的对制度局势的一种回忆，而不是社会主义思想上所仰望的未来局势中的一个特征。

这种对所有权的公道的观念弃置不顾的态度，在大规模机械组织工业的罢工者之中也同样可以看到，而这里所说的罢工者是处于公开的社会主义行列以外的。这些罢工者对于既得权利、财产权利、所有人利益等类的考虑，越来越视若等闲。任何人对他自己所有得以任意处理的这个原则，在社会主义的广大阶级中已逐渐失去约束力，显然由于“他自己的”这个概念所依据的精神基础，已被这个阶级的现代经验所破坏。工业中人对于财产处理权的剥夺、财产所有权的没收这类事件的抵触情绪已逐渐减低；而对于万一发生损失时的赔偿问题则越来越轻视。总之，在社会主义分子看来，问题并不是财产权的重新调整将如何着手，而是如何把它们根本废除①。

如果谈到财富分配的公平或不公平的问题，这就在某种基础上假定了财产所有权的有效性，或者至少假定这种有效性有某种基础足以作为讨论所有权的依据。所有权是关于分配是否公平的任何争论的大前提，而社会主义思想占上风的阶级中被一笔抹杀的正是这个大前提。在这方面的公平问题似乎并不属于社会主义者概念的范围以内。社会主义者与保守的评论家之间就是在这一点上——在争论中所共同接触到的一点——有了矛盾，这不但在双方意见最后取得一致上是一个障碍，而且在相互辩难中要获得

① 当富有阶级中的成员对社会主义思想或理想表示赞同时，在他们的意识中大都只是出于一种人道主义的热忱，希望对财富作比较“公开的”重新分配，对所有权组织加以重新调整，使社会中一切成员“适度的”财产权利的保障有所改进。在富有阶级中这类“出格的”人士看来，所谓“社会主义”改革，它的意义大都就是对一切人平均所有权的一种计划。然而对社会主义者来说，这种平均所有权的说法，它的荒诞无稽，与公民有出售选举权的均等权利的说法正不相上下。社会主义者所打算的并不是对所有权制度来一次改革，而是把它赶得无影无踪。

任何实际效果也由此增加了困难。保守派推论这个问题时，在他们所依据的常识观念中就含有所有权这一传统信条作为一个主要事实；而在社会主义思想的常识依据中，这一传统前提并没有确切可靠的地位。由此可见，当双方展开论争时，在构成他们认识与推理的基础的哲学观点上存在着矛盾，要希望获得共通的理解是枉费心机的。双方的先入之见既完全没有共同之处，这就不可能在理解或信念的任何一点上获得真正的一致。

但守旧的改革者与传统习惯的破坏者间仍有很多共同之处。两个阶级的性格都是习惯依据与事实观察的混合产物。但是在两个对立的阶级中，对于这两种在见解上、愿望上对立的基础是在不同程度上存在着的；在保守派方面，习惯基础的最后结论对事物的实际认识具有支配的、压倒的势力，而在破坏者方面则情形相反。现代西方文化，一般说来，与早年时期以及与其他文化地区的情形不同，一般趋向是偏于打破旧习惯的性质的；这里所说的阶级对立，指的只是在西方文化一致性的这个范围以内。两种势力——传统的依据与实际的观察——当它们的势力畸重畸轻、更迭起伏时，一般的文化动向就跟着时而倾向于保守的（复古的）、因袭的状态，时而倾向于比较富于破坏性的、唯物主义的状态。现代的文化趋势则倾向于后者。现代人民，除了相当的但不是很大的一部分以外，他们的思想越来越偏于实际，在愿望方面，浪漫主义和理想主义的色彩越来越减少，在人类关系的见解上越来越不受形而上学的考虑的拘束，越来越不重视表面的礼貌和虔敬的态度。

保守派与破坏者之间的矛盾，不必一定认为它的意义就是两个对立阶级的背道而驰，甚至也不必认为两者在方向上有着很大

的分歧。两者都不能正式认为是复古性质的[①]。一般说来，两者都在朝着一个更加非个人性质的、更加实际的、因袭性更加少的方向前进。在这个混合式的文化发展中，就一般情势而言，侧重事实正在战胜侧重传统习惯的倾向，而残留的习惯依据也已逐渐带有比较偏重事实的特性——例如封建或神权政治的法律原则的被自然权利所代替。由此可见保守派现在的立场实质上并不是带有很大的复古意味的。与一百年前的旧习惯破坏者所处的地位相对照，现代的保守派比较根据事实，受传统习惯的束缚也没有那样严重。

在整个现代错综复杂的文化形态中，有着一种由变化不定的、散漫的情况下转变到比较着重实际的基础的倾向。在整个民众中，精神发展或变化的方向是大致相同的，但变化的程度，即以事实为依据的理想压倒以传统习惯为依据的理想的程度，则在各阶级中参差不一。因此发生了上面所说的阶级矛盾。在平民、工业阶级方面，这种共同性的变化远比其他阶级为显著，以致使他们与保守派之间关于这里所讨论的一点上的文化差异越来越扩大。但是这种在制度上目的与理想的差异虽然发生了严重影响，这种差异仍然是出于动向的进度上的差异，而不是文化趋向上的分歧。

这种在动向进度上的差异，使社会主义民众在今天已经离开了古代的准则这样远（或已达到了这样的一点），以致使他们的思想，特别是关于经济制度方面，本质上已以物质的现实为基础。而在保守阶级中思想上的变化却还没有达到这样程度，可以使他们

① 除非是最近关于保守主义的一些极端表现，这可以近来获得抬头的德国王朝政治、英国保守党政策和美国以掠夺为目的的政治理想等为例。

跳出传统习惯的范围，特别是关于经济制度方面以及关于有经济色彩的各种社会问题方面。在社会主义者方面，这种思想性质上的变化已经这样巨大，以致实际上已形成了本质上的变化；露骨地实事求是已成为他们态度上的主要特征，传统习惯依据则被贬黜到附属地位；这就是说，变化已经是属于一种革命的性质。在保守阶级方面，就关系到这里所讨论的制度上的观念而论，这类的变化还没有达到这样地步，没有形成本质上的变化；这就是说，变化并不是革命性质的。在绅士阶级中，关于这类问题一般的见解，他们所依据的实际上还是金钱制度所由建立、也就是论争所集中的、古代准则。关于那些比较有地位、有身份的阶级，说是在他们方面将出现成熟的革命情绪，目前还不必有此顾虑。就他们在日常生活中的锻炼而言，一般说来，是不大容易发生这样的结果的。

这一点实质上也是社会主义革命论者，特别是先行的马克思主义者那些人的见解。他们的信念——虽然并非完全出于推理上的信念——是，社会主义运动必然是一个无产阶级的运动，那些有地位、有身份，也就是说有财力的阶级，即使他们愿意努力，也不会成为这个运动中的一个有机部分。他们实际上认为富有阶级由于经济环境的逼迫，是不会与社会主义思想沆瀣一气的。这里所提出的论证也许为这个见解加强了力量，但其间是有差别的。以社会主义宣传对象的有效与不怎样有效这两者之间的分界线而言，这里所指出的并不是富有与贫困两个阶级的对照，而是从事于工业的与从事于金钱工作的两个阶级的对照。问题的关键不是在于所有的财物而是在于职业；不是相对的富力而是相对的工作。我们说这是一个工作的问题，因为这是一个思想习惯的问题，工作是从而形成思想习惯的。社会主义在他们自己解释这个区别时说，区别是跟思想习惯有关的；而构成思想习惯的乃是生活习惯，并不是蓄积的财物的法律关系。这种法律关系，在若干经济阶级仇恨心的形成中或者是一个重要因素；但是把这一点作为社会主义思想扩展的原因，似乎并不恰当。

关于社会主义不满情绪的蔓延有一个奇妙的倾向，有些阶级受到影响特别深切，而有些阶级则不然。熟练于机械工作的人们特别容易感染，而处于另一个极端、特别不容易感染的，大概要算是以法律为专门职业的人们。银行家与其他相类阶级的企业家以及牧师、政客所受到的影响也比较少；乡村民众，包括城市郊区人民，尤其显著的是边远乡区的小农民，也同样置身事外[①]；此外城市中的游惰阶级以及半开化或半开化国家的人民也处于相类情况。那些在技术上不熟练的劳动者，尤其是与熟练的机械工作人员少接触的人们，也不受深刻影响。产生社会主义情绪的中心是比较重要的工业城市，组成社会主义不满分子的有力核心的是在高度组织和专门化工业中那些比较勤勉刻苦的工人团体。并不是说社会主义就局促在这个小圈子里，就不会怀着憎恶情绪散布到这个范围以外，但在离开这个中心稍远的场合，情况就显得有些若断若续、不十分坚定，而在这个中心范围以内，它的特性是相当明显的。至于在教育界，特别是那些与物质科学研究相接近的人们，社会主义观念也许会突然发生的。

① 在美国草原地区已实行机械标准化的耕作方法，使用着大量机械设备，那个地方的农民显已相当沾染了社会主义观念。

这种新信念的倡导者，在欧洲农村中，不论对自耕农或农场工人，他们的活动还很少进展。迄今为止的情况证明，农村中的无产阶级实际上是无法攻入的[①]。他们在日常生活中的锻炼，使他们的精神安然寄托在传统习惯和神人同形同性论的基础上，他们所想望的变化总不脱传统习惯范围，这类变化总不外是从他们的生活环境中成长起来，是足以反映这些环境所造成的性格的。

可以指出——虽然这里对社会主义所作的一些解释并没有遍及各个方面，是不全面的——社会主义倾向在人民中作有力的传布只是最近二十余年以来的事，也正是大致在这个期间，机械操作和工业机械标准化，不论以它的范围或以它的工艺要求的限度言，都达到了更加高度的发展；同时社会主义势力的蓬勃增长，也只是限于那些社会，特别是那些阶级，他们的生活是受着机械工艺的严密节制的；而且这种机械工艺的锻炼特别适宜于打破旧风气旧习惯的养成，这一点与社会主义倾向是一拍即合的。社会主义，就它的意义指现代文化中经济基础的灭亡这一限度而言，在时间和空间上处于机械工艺锻炼范围以外的场所发生时，它的情况只是若断若续的、半信半疑的。至于因日常生活的训练，习惯于对物质因果作严重考虑的那些阶级，他们对于所有权的观念，由于他们并没有使用这个制度，由于对事物的理解已有了别的方法来代替，显已

① 例如德国社会主义者对质朴的农村企图攻入时，竟遭遇到这样明显的失败，以致不得不改变策略，不再企图使农民转变成为十足的社会主义者，而采取了折中措施，在他们的新方案内，社会主义的革命性特征，即使没有完全消除，也已锋芒全敛，几乎已不能认识它的原来面目。农民的生活习惯，因此也就是思想习惯，是倾向于手艺，旧的理财方式、个人关系、相沿已久的风俗习惯这些方面的准则的。

渐渐置之脑后①。

机械工艺不但会把工人训练成为唯物主义的、旧习惯的打破者，而且它有着一种选择性的效果。人们的性格，凡是接近或倾向于实质一类的事物、容易与它相适应的，就往往被吸引到机械工作的方面，这类人就特别容易与社会主义思想相融合。凡是实质适应于机械工艺实际工作的，对于习惯制定的真理作无条件接受这一点，就往往格格不入。因此，从事于机械工作（以及物质科学）的人们所以比较容易趋于社会主义或破坏旧习惯的倾向，大致可以

① 如果这里关于社会主义倾向的阶级限制的陈述认为是可以接受的话，那么所述内容对于社会主义倡导者近来所注意的一个问题是有直接关系的。问题是关于无产业的公司职员以及在企业的现代合并以后、他们的地位降为拿薪水度日的经理或厂长的企业家这些人所处的地位。社会主义的代言人，由于他们自己的期望所激起的信心而不是根据客观事实，坚决肯定这类"企业界的无产阶级"，在经济发展过程中必然要投入社会主义阵营。但事实并不在任何程度上支持这样一种愿望。在企业界雇用中的这类无产阶级，并不深切向往于社会主义幻想到这样程度，值得因此引起社会主义倡导者的信心，或引起那些主张维持法律与秩序者的忧虑。这些被剥夺财权的企业界人士，在对于与他们不相融洽的事物的反感下，转而求之于另一些文化上的花样，诸如社会服务社、禁酒、廉洁政治、单一地税、美术工艺、地域化的基尔特制、兼办社会事业的教堂、基督教精神医疗、新思潮，等等。由于工业中巨头们的活动，使企业中个人自由裁决的权限归纳到比较少数人士，使规模较小的营业的负责人降为靠薪水过活的职员与部下，这种情况不必认为即将无可避免地助长社会主义倾向的扩大，除非由于变化的结果，使这些受到影响的人们脱离了金钱或企业方面的工作，使他们服从于机械工业的锻炼。这种由独立地位转为从属地位的企业生活上的变化，显然至多不过是以减低这些有关人们对于财产问题的兴趣；说是因此会使他们对这个问题采取不信任或破坏态度，看来是不大可能的。他们由于丧失了在金钱事业上奋斗的那样竞胜的动机，因此对于这一方面的制度的兴趣有所减退，这是可能的，但对于这个制度本身的适当，他们固有的信心是不会由此动摇的，也不会使他们由此转入严重反动者的行列。他们在生活中所继续受到的训练仍然以传统习惯为根据，那就是说仍然是以法律关系、资力等类为根据的。会计师与公司职员的保守性格几乎跟牧师和律师没有分别，这显然是因为他们在生活经验中的最后习惯依据是大致相同的。

认为是由于从事这类工作的人才是挑选出来的，特别适应于这种锻炼。在工人阶级中是进行着选择的，其间在机械工作上有能力的、比较接近社会主义的，就大致地从其余的人中区别了出来，在机械工作中，在偏重实质主义的思考中受到破坏旧习惯的锻炼；而剩下来的其余部分，一般来说比较最不容易接受革命的社会主义，同时对于适合社会主义运动的锻炼也比较不容易接受。这里所说的选择的性质当然是极为粗略的，在两方面都有着很多例外。

根据以上观察可以注意到：(1)现代工业中的机械操作对社会主义意识的培养，并不是像作初步观察时所感到的那样有力的一个因素，并不是那样使人们思想习惯无可抗拒地形成社会主义观念的；(2)由现代工业方式方法所造成的职业上的区别，使社会主义分子有选择地结合在一起，由此提高了他们阶级团结的意识，加强了他们倾向的一致，使他们有了共同的理想，在信念上、行动上增进了勇气，这是只有当人们结成紧密的团体时才能达到的。

但是不论在哪一种情况下，显明的结果不论是出于选择上的或锻炼上的影响，工业工作对于社会主义发展的关系似乎是同样密切、同样无可否认的。上面所指出的结果似乎是这两种形态的势力的混合产物，至于对这两个要素要加以寻原溯委，在目前讨论中既不可能，也无此必要①。

概括说来，现代社会主义不满情绪与机器工业大致上是结合

① 谈到工作在现代专业化下所发挥的这种显明的选择作用时，在社会主义者与保守派之间还有着一点初看起来好像有些奇特的彼此相异之处；这一个差异跟机器工业的分布也是有着奇妙关联的。在某一程度上——也许是轻微的、不明确的、但决不是误解的——，社会主义者与保守派两者显然属于不同的血统来源。上面曾经指出，

在一起的，这种情绪随着这种工业的蔓延而蔓延，随着这种工业在生活中的占优势地位而获得发扬光大。这两个现象这样的交互作用毫无疑问地证明，它们是在因果上相关联的；这就是说，或者是机器工业直接或间接地引起了社会主义，或者两个现象是各种起因的同一复合体的表现，两者必居其一。前一个说法或已表达了情况的真相的大部分，因此后一个说法就不一定是靠不住的。不论在哪里，只要随着认识的增进和普及、使机械操作和机械工艺成为人们思想体系上的主导因素时，现代社会主义对旧习惯、旧风气的攻势就会很轻松自然地降临。

社会主义倾向所主要影响及的是经济制度本身。但这并不是问题的全部。社会主义这个名词，在使用时如果不附修饰语句，它还有经济问题以外的某种含义。纯粹的社会主义的政治倾向总是极端民主主义的，这些社会主义者对于君主、贵族或任何习惯依据的政体是极度不相容的。在社会主义者眼光中，现有政权是注定

宣传展开得最有力、最广泛的所在是工业城市，与农村形成对照。但是像安蒙（Ammon）、列普来、拉波基、克洛孙（Closson）这样一些学者以及其他一些人，他们的研究如果认为是完全可信的话，那么城市与乡村之间在血统上似乎显然是有区别的；人民由乡村移入工业城市时，在不同的血统间是有所选择的，某一种血统的人们比其他的要占着较大比例。在那些有资料依据的国家说明一点，那种白面金发血胤在城市中比较在乡村中为多。这一点似乎可以证明，这种血胤，或城市中以此类占多数的这种血胤混合，对于机械工作显然比较擅长，比较容易倾向于在唯物主义根据下从事思考，对于急进的革新比较热心，比较不受陈规旧制的束缚。有一点足以加强这一归纳的结果的是，一般说来，凡是白面金发血胤占成分比较高的地区，与这个成分比较不显著的地区对照时，前者的社会主义色彩就比较浓厚。同时关涉到机器工业时，他们在工作上也比较地居于先进地位；还可以附带提到的是，他们一般是新教徒（实际上是无宗教者），不是天主教徒。

有罪的[①]。社会主义者对国家政权的反对带有各种不同的形式，在激烈程度上也有很大差异，但在反对的态度上是一致的。社会主义者对于现有政治组织除了抱破坏性的仇视态度外，关于政治制度这个问题并没有什么一贯性的主张，近来在这方面的宣传实际上比以前更少。对于这一个问题的意见似乎越来越茫无头绪；但使人获得一种印象，社会主义者在这方面的怨恨情绪——如果在这里容许使用这个字眼的话——似已形成一种见解，认为社会相处时最好是不要有什么政治制度。

在家庭关系方面，与旧有准则也有相类的背离。这一点并不限于在社会中公开抱有社会主义观点的那些部分，虽然，一般说来，在抱有社会主义观点的阶级中态度是最激烈的。在广大阶级中，家族的团结关系、家庭生活的传统习俗有显著减弱和崩解的征象。有些敏感的、多疑的人甚至认为风气变化已经严重到这样程度，势将危及家庭生活与伦理道德的基础。这种家族关系崩裂的倾向在社会主义阶级中表现得最惊人，他们都带着全不介意的态度，认为在这一点上是无法矫正的。对他们来说，家庭的传统组织已经在很大程度上失去了任何神圣不可侵犯的意义，这一点已不再是他们稳固的精神财产之一。

这种对家庭传统关系的社会主义的背叛，如果获得进展，则首当其冲的是家庭经济中男性的领导地位。自中世纪一直流传到如今，家庭是属于家长制度的组织，至少在理论上是这样的。男子拥

① 这里所指的当然不是那些与世无争的“非真性的”社会主义派别。曾经有许多好心肠的政治家和牧师为社会主义附加上种种名称，如“国家”、“基督教”、“天主教”等等，用意在于对社会主义的扰攘进行纠正，这些都与这里的论点无关。

有对家务管制的绝对威权。在早年时期他的威权是直接的、绝对的，包括对人身的强制权在内。嗣后主奴的观念渐渐消失，自然权利的观念代之而兴，这种直接的强迫控制被金钱上的自由处理权所代替；因此只有家族中的男性首领有资格对家政进行财产上的管理。这种较后起的传统的男性领导地位，在很大部分的民众中现在已不受到尊敬。在那些工业阶级、也就是有着社会主义观点的阶级中，这种宗法社会的传统所受到的破坏最大。

在制度结构中的这一点上以及其他方面，在工业阶级中显然已失去了精神依据，至于如何作出任何明确布置以代替它的存在现已受到威胁的制度，在这方面的建设性行动还很少迹象可寻。已有的家族制度，它的约束力已渐松懈，对于它极端真纯和优美的信心已经减弱，在这样的情况下今后应该怎么办，并没有一致的意见，倘使果曾有任何意见的话。受到着重现实的思想习惯训练的、从事于机械工作的阶级，在这一点上以及其他相类的关键问题上，关于如何创立新的理想和习惯，除旧以后如何更新，特别缺少自发性。

我们家族制度的精神基础的这种崩溃现象，在工业城市人民中正在潜滋暗长，这种趋向意义深刻，但极少受到注意。不仅如此，在工业阶级范围以外也有所波及；因为在生活和思想习惯上受到机械工艺的锻炼最深刻、最严格的固然是这些工业阶级，但受到这样锻炼的并不止于这些阶级。上述崩溃现象在不同程度上出现于一切现代工业社会，它的显著程度大致按社会现代化与工业化程度成比例。机器是一个平均化者、大众化者，它的目的似乎在于把人们交往关系中、理想中一切 高贵的、尊严的、可敬的东西连根拔尽。

在家庭生活制度这个狭小范围内所发生的情况，在国民生活与理想的较大范围内实际上也在反复重演。生活所受到的锻炼，如果它那最具体的要求并不以传统习惯的确实性为准则，那么在这样的锻炼下，由法律或习惯构成的对上级效忠的观念将受到摧残。而且由效忠观念转化的形态叫作爱国心者，也处于大致相类的不稳定情况。工业制度下那些趋于极端的代表人物，他们所坚守的阶级团结和阶级仇恨的新基础，既不是宗教的、王朝的、地方的，也不是以同种语言为界限的；他们的基础是工业的、唯物主义的。当社会主义者对王朝的和国家的传统习惯抱着漫不经意的态度时，他们无非是在极端地体现着现代工业社会中的时代精神。

关于宗教生活，情况也是这样。在机械工作中培养成唯物主义的、工业的思想习惯的人们，对于建筑在极抽象的、旧基础上的宗教引力，感到越来越不能重视，或者甚至越来越不能理解它的意义。人们生活习惯的形成，如果是由于对无关于个人的因果关系的娴习，而不是由于对个人优势或忠诚的关系的娴习，那么对于一个超自然主宰的个人关系或个人皈依，对这些人来说就不能发生安慰感觉。像“人生主要目的是什么?”这类问题，在这样一些人的心头是不会自然发生而要求获得解答的。他们也不会由于与生俱来的病害而本能地感到自己是罪恶深重的人。的确，要费很大一番气力，才可以有希望使他们相信自己果真是宗教意义上的罪人。关于宗教上罪孽的感觉，他们已有完全丧失的危险。那些由罪孽感觉而牵涉到的虔诚、忏悔等意识，在他们的心情中是隔膜的。说是人们在过去的岁月中在宗教意义上不够纯洁、虔敬，因此犯下了罪，作为一个生死攸关的问题，必须改过自新，力求自赎或借以获得超度——他们在这些方面的领悟是非常迟钝的。教堂和牧师那种慈善为怀的诚恳服务，使受着机械工艺锻炼的人们感到厌烦，觉得是无谓的纷扰。他们的主宰是机器，对于人的方面并不怀有尊敬之意，他们既不了解什么是道德，什么是尊严，也不了解什么是神的或人的传统权利①。

不但在民众情感、民众观察力的发展方向上所受到的锻炼显然是机械工艺的、着重唯物主义的锻炼，而且在机械工业出现以后流行的科学知识的范围与方式方法中，情况也是这样。科学探讨所导向的目的，以及指引着它的现代工业社会的一些原则或观点，都与过去时代或在机器统制领域以外的文化中心有所不同。现代科学对于在它研究范围以内的现象，对于这方面因果律的不具人格的关系，它的追求是专心一志的。

现代工艺与现代特有的文化和政治制度起源于英国，同样情况，实事求是的现代科学，实际上也是在英国发端的。诚然，现代科学运动是当文艺复兴期在意大利开始的，在这个启蒙运动中中欧也有它的一份；但是当战争、政治和宗教的势力在欧洲南部重新获得扩张时，科学精神的这种初期发展已经磨灭殆尽。在西班牙和法国，当建国时代的前期和初期，关于侧重现实的思想也曾有一度相类的试探性的活跃；但也是由于战争与政治的影响，使这些刚露出的萌芽受到摧残，使它在智力上的收获空论的成分多于科学。

① 自然权利、天赋自由和自然教的文化时代，使上帝退到了“造物主”的地位，而机械工艺则又把他驱逐到一些轻微任务的边缘，驱逐到手工业已经隐退的工业区域以外。

在尼得兰的情况也有些相类，不过应作较大保留。英国从未开化状态中脱颖而出，为时较晚，进步的开始比较迟缓，所遇到的物质上的阻力也较大。但是由于英国比较不受战争与政治的侵扰，因此对于欧洲南部有识之士的科学成果能够吸收它们的蕴藏，加以利用，构成了它在建国时代的要素，为现代科学的、工艺的时代打下基础。

关于这个问题，在这里当然只能谈到一些极不完整的、极粗略的大意，而且所涉及的也只是近一百年左右它与机器工业有关系的一个方面。以上所述关于英国在现代科学居于领先地位这一点或者要引起非难，为了现在的目的，关于这一点是否真确，可以不必深究；但可以有把握地说，当机器时代初期，在物质科学上居于先行者地位的是英国，至于现代科学研究的发祥地，无论如何，不会在任何显著程度上处于现代机器工业所在的那些社会的范围以外。

现代唯物主义的科学的流行，在时间和空间上是大致与机械操作的发展相一致的。关于这一点，不论从原因或结果来看，都是没有疑问的；但是就科学与现代工业这两者的关系而言，前者属于后者的结果这一现象比较显著，这就似乎至少在大体上要使人感觉到科学研究工作有了一些暂时衰退的迹象，例如在欧洲南部，那里的人民目标所在，已经由物质方面转移到精神和政治方面的事物[①]。

---

① 自从英国社会的兴趣和愿望由工业问题转向、寄托在帝国主义黩武行为以后，在那里也发生了在科学精神方面比较（微细的、但是可以感到的）衰落的相类情况。

这里所要注意的是，自从机械操作占优势地位以后，与机器时代以前的情形相比较，科学研究在范围和方法方面有了些什么变化。现代科学的起源早于工业革命；科学研究原则（因果关系的解释与精确的量度）的成立早于机械操作制度。但自从现代科学最初发轫以来，在科学研究的准则和精神方面已发生了变化，而科学知识在准则上的变化是跟机械工艺的发展有关的。

作为中世纪在宗教上和政治上的文化智力表现的是经院科学和哲学，我们不需要追溯到这一点。它的特征，与后来的科学对照下是人所共知的。由经院学识转变到现代科学，就它所达到的转变程度而言，结果是适当原因代替了充分理性的原则（性质）。在十八世纪与十九世纪初期比较成熟的科学中起着作用的因果律，包含着两个可以区别的准则：(1)原因与结果的均等（量的均等）；(2)原因与结果的类似（质的均等）。关于前者，如果没有牵强附会，可以举商业会计作为它在实际生活中的类似物，作为一种可能的文化依据，由此使坚持不可侵犯的量的均等这一原则的习惯增加了力量。在似乎相类的情况下，关于后者的优势可举手工业的流行为例，作为它的文化依据。反过来说，它所肯定的是：在结果上是看不出什么的，关键在于原因。在这一意义下可以手工制品为例，在制品中是看不出什么的，关键在于创作者的技能。当现代科学在这个中期时极为重视的所谓“自然原因”，是被认为按照某种“自然规律”起着作用的。自然规律即正常事态的规律，认为是倾向于理性的，是带有些强制力量的。因此“自然”的所为是万无一失的，是不会徒劳无功的，“自然”是以最经济的方法实现它的目的的，是按部就班的等。在自然因果律之下，每一个结果必然有一

个原因，这一点与这里所特别注意探讨的一点正相类似。根据这个见解，既认为物质界，就各个细目来说，就整体来说，都是对事前所悬目的的适应，那么事物的这个“自然条理”就必然是出于冥冥之中的事前设计，这个设计者我们称他为“造物主”。在原因与结果的这个最初的现代准则中有着一个能动成分。在自然规律概念的幕后永远存在着的是造物者的幻影以及他的智慧和技巧。关于在某一情况下所涉及的“原因”，往往并不与结果联系起来看；而对于结果则把它看作是最后结局，并不看作是复杂的因果关系中的一个状态。当处于达尔文进化论以前的早期对这样的因果关系进行探究时，并不是作为一个性质的为善为恶可以在任何点上盲目地变化的累积关系来处理；而是作为对某一个主因的阐明，认为当前所明白显露的一切已包括在这个主因之内。

在一百年前起着作用的因果关系的概念是，认为因与果两者是互相对立的，原因把它自己的特性流传给结果，因此前者对后者是有控制作用、决定作用的。原因是生产者，结果是产品。关于产品出现所经过的程序比较不着重或不注意；注意力所集中的是在于产品以及产品与它所由来的动因的关系。在这样的概念指导下所构成的理论是关于“产生原因”与“结果产品”两者之间相均等的归纳结果。原因“造成”结果，这跟技工制造出他所从事的物品这一点上所了解的意义大致相同。在原因与环境之间有着可以察觉的区别，这跟工人与他的工具和材料之间有着区别的情况大致相同。介于区别的两端之间的过程是动因在起着作用的过程，正与工人对于一件产品自开始至完成这一段过程之间的工作是工人在起着作用的情况大致相同。结果是附随着原因发生的，工人的产品是在他发挥了生产效力以后作为一个结果而发生的。这是一个先后之间的关系，在这个关系中插入了过程，充实了这个时间间隙，与工人的努力相类，其间所需要的是动因的发生作用[①]。

但是随着时间的推移，逐渐养成了适应机械工艺要求的习惯，这种习惯越来越巩固，范围越来越广泛，那种手工业制度下的、半与个人有关的因果关系概念，则渐就衰微。这种衰微情况，首先，也最显著的是表现在与机械工艺关系最密切的物质的、无机的那些科学，但现在在有机科学，甚至精神科学中也有这样的情况。机械工艺是一种机械的或物质的操作，需要将注意力集中于这个操作或操作的要求。在这样的一个操作中，动因是在各项因素中最突出的、最显著的，它把自身的特征渗入产物，至于处于集合体中的其余因素，只是在从属的情形下对这个主导因素的作用有着关系。但在一个工艺家眼光中，当然不把操作仅仅看作是一个起始

① 但是可与桑巴特《现代资本主义》，特别是第1卷第8及第15章相对照。桑巴特认为关于原因与结果的现代科学概念，实质上是企业经营中会计工作锻炼的结果。因此他认为之所以会产生现代科学以及这种科学所特有的实事求是的特点，促成的原因是企业，不是机器工业。毫无疑问，这个见解含有很大的、很有价值的真理成分。为了作因果现象的数量表示以及量的均等原则的牢固掌握，近代初期小商业以及现代商业经营本身的会计工作所提供的训练，看来是最有效的。就仅仅是量的均等这一要素在支配着科学发展这一点而言，这个要素所产生的最圆满结果是实证主义（Positivism）。实证主义在法国获得了最高度、最自由的发展，在那里现代经济文化是商业的，不是机械的。到机械锻炼严重侵入法国以后，实证主义即趋于衰落、死亡。但现代科学并不仅仅是一个计算方法。它所涉及的并不只是量的均等方面的测算，此外还有动因、能动关系、创造力量。动因的概念并不是从会计工作所产生，也不是在它的表象下构成的。动因这个通有的概念、有活动力的概念，它的存在在实证主义之前，它的寿命则较实证主义为长。这个概念在它的早期（十八世纪）状态下与制作技能的意识内容显示着密切关系，在它的后期（十九世纪）的使用中，则与机械效力的意识内容大致相同。

动因发生作用的过程，他所注意的是本体的现实。他只知道根据操作进行思考，至于操作是介于生产原因与产品之间的过程，其间发生着由此到彼的转变作用，像这样的想法他是不熟悉的。操作总是复杂的；总是一个各种势力之间的密切平衡的相互作用，而这些势力是一直在盲目地、不知不觉地，无所容心地活动着的；其间发生了任何显著偏差时，可能立刻发生有累积性的反映，但它的进一步影响则与所以发动操作的目的没有有机关系。总之，在工艺目的上首先要注意的是操作本身，至于主要动因则比较不被重视。

这种机械工艺，以及随之而至的在机械适应与实物教育下的锻炼，在十八世纪末期与十九世纪过程中逐渐上升到主导地位；人们一等到等会了根据工艺操作来思考时，就加快了步子继续进行，从事于机械操作的进一步发明，因此从那个时候起发明才能的进步是属于累积性的，机械操作的锻炼力量也随之继长增高。这种早期的工艺进步当然是发生在英国社会，机械操作首先是在那里获得进展，在那里通过了机器工业的锻炼，教育人们怎样依照机械操作来进行思考。因此现代科学纳入工艺思考范围，开始按照操作而不是按照主要原因等类来构成它的理论，这一点也是发生在英国社会。按类此现象，虽然以某些无机科学，例如地质学而言，在比较早的时期就很明显，然而在这方面采取突出的、决定性行动的，则是将近世纪中期的达尔文以及与他同时的人们[①]。达尔文并没有作许多事前的解释，也没有感到他与他同时代的人之间有

① 达尔文当然不是孤立的。在科学研究、科学理论的兴趣和观点方面的改变，他是群众运动中一个伟大的代表人物。

什么隔阂，即开始对物种进行解释，即开始根据物种形态完成的程序而不是根据物种的区别可能系出于神的创造来作解释[①]。他对于造物主在物种发展中的实际贡献一节并不否认，对于神的力量他只是抱着自然的存而不论态度，因为以物种形态完成程序为立论的依据时，就无法谈到神力。于是达尔文既不乞助于神力，关于人类究竟从何处而来，它的理由，以及人类最后的命运如何等问题也都不作追究，提供了他对人类起源的推定的说明。他的探讨专以程序中的累积性变化为限，这是他的特点。他的成就，以及他对于在累积性变化程序中起着作用的一些因素的特有决定，曾有人加以非难，也许在这方面比较的容易受到批评，但关于他在科学研究的范围和方式方法上以及达尔文作为一个时代的代言人这一点，并没有引起任何异议，除了为数越来越少的在特种训练下或由于生来的禀赋与机械操作的锻炼不相容的那些宗教信徒。现代科学对于事物的元始、造物主的意图、最后的结局、末世论的推断等等是一概付之不闻不问的。

在比较早期的现代科学的两个准则中——原因与结果方面的量的均等与质的均等——，前者现在实际上所指的是累积性变化过程中的均衡接合；实证主义者曾试图将量的均等这一准则作为科学真理的唯一准则，由此使科学理论的地位降低到无异于一个会计体系，这一企图已告失败。关于后一准则，即什么样的原因产生什么样的结果，或者说结果的性质在某些意义上与原因相同，它的重要意义已渐次减低，只是在笼统说辞中适用，已没有什么特殊

---

① 作为一个例子，这就是达尔文在实质上胜过拉马克(Lamarck)的地方。

力量。科学家已越来越习惯于从机械的结构等方面来进行思考，思考的结果是可以转化为工程师的图样与具体设计的。

那些旧的观点，在科学研究和科学概念的智力装备中当然没有被全部排除。一切结果是不能脱离文化形态的，文化形态是由机械操作的观念所构成，但至少在同样程度上也是为传统的观念所构成的。即使是最高明的科学家，也不能与过去完全脱离；这是势所必然的，因此他们毕竟是自己时代下的生物。这些人，特别是对于科学研究的可靠成就全力拥护的人们，其中有很大部分，他们所注意的是在于如何使这些确定成就付诸实施，而不是在于研究的程度，在研究程序中这些成就是工作中暂时应用的。这些人中还有很多部分，以及一些企图在教化的目的上利用科学，例如牧师和自然主义的神话作者等满怀善意的人们，他们仍然将原因与结果的作用加以人格化，认为循着这一途径前进，可以促成很好的改善风气的趋向。但是在实际上扩大科学知识领域的那种研究工作，几乎完全是在因果关系概念的指导下进行的，而这类概念是高度地机械的、不具人格的，在道德方面、美术方面是无可无不可的。只是在那些与现代机械组织下的工业系统有着相当接触的社会，只是在机械工艺的庇护下，这类科学工作才会有所成就。

在机械工业支配下的文化发展，它的形态必然是属于怀疑的，同时也是踏实的，它的性质势必是属于唯物主义的，与道德、爱国、神力的尊敬等观念无所关涉的。在工业区域，尤其是在工业中心，思想习惯成长的方向是这样的；但是到现在为止，西方基督教国家还有许多传统准则原样未动，对于机械工业汹涌浪潮的不断地袭击文化组织，还有提出抗议的很大力量。一方面机械的锻炼对于人民的接触面则越来越广，接触时的密切与强制情况也在变本加厉。因此势所必然，在传统观念的依据下对于受到机械锻炼影响的这种文化趋向的反抗，将随着时间的推移而日趋衰弱。此后除非有与机械锻炼不同源流的别的文化因素异军突起，限制它的发展，抑制它的攻势力量不致过于猖獗，否则这种唯物主义的、实事求是的观念的传播，它的速度将日益增进。

第十章　企业的自然衰落

概括说来，机械锻炼足以使在古旧程度上、在可信程度上不同的一切制度上的遗产陷于瓦解——不论是体现着天赋自由原则的制度，或者是在文明生活中仍然遗留的、含有远古行为准则的一些制度。企业所赖以建立的法律与秩序的基础将由此被切断。这种对已有秩序的破坏，及于文化上的更进一步的影响，当然是极深远、极严重的，但与目前所研究的问题没有直接关系。这里所涉及的问题，只是，在一般文化组织这样的变质情况下企业活力所受到的挫折这一点。不过企业的前途与文化的前途是分不开的，因为文化组织毕竟是一个整体，包含着许多相互关联的要素，其中任何一个要素是不会受到重大妨害的，如果一切其余部分的活动没有受到妨害的话。

以这一点对这里所讨论的问题的关系而言，这个奇妙局势所呈现的是整个"社会问题"。企业的发展是依靠机械工艺作为物质基础的。机器工业在这里是不可缺少的，企业没有了机械操作就无法进行。但机械操作的锻炼足以破坏企业在精神上、制度上的基础，机器工业与企业的继续发展是有抵触的，归根结底，企业与机械操作是不能和平共处、携手并进的。企业原则在它对机械操作的文化影响的斗争中决不能获得最后胜利；因为机械系统如果受到有力的破坏或抑制，将逐渐使企业处于绝境；然而机械系统如果获得自由发展，则企业原则不久也仍然将陷于停滞状态。

企业的制度上的基础——自然权利观念——看来是一个特别靠不住的东西。在变化的环境中无法将它保持，在已经变化的环境下无法使它复原。企业原则是在混合方式下发展的，一面是个人自由与平等，另一面是传统权利，是两者的掺和。在自然权利观念下的制度和法律观点似乎在实质上是暂时性的，在发展和变化中有着较大的伸缩性和可能性，而在环境的任何变迁下，自然权利是特别不牢靠的。俗语说得好，(天赋)自由的代价是一刻不停的警惕、提防。当天赋自由的制度，像现在这样，因社会主义与无政府主义的不满情绪而陷于岌岌可危的情况时，这就没有挽回办法可以把它在制度上的设施重新放到安全的自然权利基础之上。天赋自由制是手工业和小商业和平制度下的产物；但继续不断的和平与工业发展势必引起机械操作与大规模企业，从而使文化发展越出自然权利的局面；这样对于自然权利就一方面使它失去效力，一方面切断了它的精神基础，从而破坏了它的结构。自然权利是和平的工业的副产物，不能依靠武力行动或政治权力来恢复，因为武力和强权是与自然权利的精神格格不入的。自然权利也不能依靠根深蒂固的和平与自由来恢复，因为在持久的和平与巩固的自由时代下，机械操作与大企业将迅速进展居于支配一切的地位，从而使天赋自由的制度陷于崩溃。

这种制度上的力量之间的斗争将作出什么结果？当这样一个问题——称为“社会问题”——提出时，往往引起的是如何补救的问题：为了把文明人类从机器工业所造成的粗陋、鄙野和崩解情势

中挽救出来,应该怎么办?

须知企业和机械操作是现代文化中的两个主动力;因此唯一可望有效的助力是企业经营的作用方面的助力。这并不是说可以作这样的设想,企业社会将会有这样的成算,将为一个预定的文化目标,有计划的、共同一致的努力促使它实现;问题并不是这样,而是通过为企业目的、不是为文化目的的企业经营,在文化成果上将大致会有些什么成就。这不是"应该做些什么"的问题,而是"会发生些什么"的问题。

对文化前途有着高度热情的人们往往会转向一种痴想,他们所想的是,为了能够紧紧保持住认为优良的一些文化遗产,应该做些什么,再进一步是,为了使这一代所禀受的才智能有所发扬光大,更应该做些什么。所提出的实际办法大都是一些姑息手段的建议,一些慈善、审美或宗教感情上的呼吁,借现代文化中某些副产物的名义进行劝告的一些努力等等。他们为了挽回文化上的这种颓势,感到必须有所作为,这类作为在进行时所显示的形式是形形色色的慈善机构、团体、会、社,它们的目的是多种多样的,诸如求社会的纯洁、求政治的廉洁、求教会的普及、为穷苦人谋居处、在娱乐、教育与手艺训练等方面为贫困阶级谋便利、为社会服务社的文化宣传工作谋便利,等等。这类办法,目的在于对某些值得赞许但已渐趋颓废的生活习惯和思想习惯进行挽救,或使它们恢复原有势力,但就这里所接触到的问题而言,与这些却是风马牛不相及的。这里并不是对于这类治病救人的热情努力企图加以诽谤。要给以治疗的一些病症据说是有害的,也当然是有害的;或者如果说并不见得有害,那么这一个问题的是非曲直跟这里的讨论也并无

关系。上述的一些热情努力并不针对这里的本题，因为它所取的形式并不是一个企业性质的措施。一般说来，这类措施跟现代企业中某些别的冒险事业相比，并不是怎样有利的投资事业。一切像这样的善意的措施，如果跟企业与工业要求的方向不相一致，那就不免同息息法斯(Sisyphus)[①]的苦工属于同一类型，结果将徒劳无功；反之，如果这类措施在实际上与企业及工业要求的动作路线相一致，则除了可能认为对已在进行中的变化更有所促进以外，当可获得一些额外的成果。企业进展的方向是无法可以使它改变的，除非是出于企业自身的关系，或者是出于企业赖以进行的工业手段方面的关系。

在机械锻炼下所形成的文化趋向，除了通过企业措施的形式以外，是没有别的方法可以从旁矫正的。如果要谈到关于消除机械锻炼的顽强影响的问题，就终于要转变成为一个企业方面的问题，就要牵涉到企业方面的文化活动和影响，牵涉到当努力于企业本身范围以外的活动时、指导着这样一些活动的企业原则的文化价值问题。这里的问题不是应该作些什么，而是企业原则所展示的方针是什么；操权的是企业家，不是道学家或道德主义者，而企业家的主动权力是跟企业的要求分不开的。即使是企业家自身，也不容许为了人道主义情绪的激动而随便脱离原则，对原则抱着反复无常的态度。因此一般说来，问题仍然是“能够指望企业家在追求利润的动机下对文化发展作出些什么”这样的一个问题。

① 希腊古时哥林多(Corinth)王。他因生前作恶，死后堕入地狱，被罚推运巨石到山巅，但推上又滚下，永远如此，劳苦无已。——译者

企业家也正同有些别的人一样，在慈善的动机下，会慎重其事地有所努力，以期保持过去文化上的优点，使人类在将来能够有更幸福的生活。但就这个方面而言，可以指望获得比较可靠、比较实际的效果的，还是在于作为企业的副产物、随着企业而发生的一些附带现象，由于这类现象并不取决于个人一时的爱好、兴趣或偏见，而是有广大的制度基础的。

企业对于人民习惯与气质方面的影响，从而对于制度发展方面的影响，主要是属于一种残余的性质。上面已经提过，企业工作的锻炼是偏于保守性的，是倾向于支持以自然权利信条为依据的传统习惯的，因为这类工作对于从事于此道的人们养成了他们依据自然权利进行思考的习惯。关于这一点这里无须重复。值得注意的是，在比较严重、比较纯粹形态下的这种金钱上的思想习惯的锻炼，受到这样锻炼的人数比率却在逐渐减低。就从事于企业工作者而言，以领导与部属合计，绝对数字当然不是在减退中，这类人在人口中所占的比例也显然并没减少；但在企业工作范围内，其中的较大部分是从事于处理日常工作的，这部分人是受不到企业管理本身对于思想习惯的进一步实际锻炼的。像这样的企业锻炼机会的减退，如果有一个国家有着这样的情况，那么几乎可以肯定地说，这个国家就是美国。

这种企业锻炼，以它的内容及接触面而言，两者的范围都是有着比较严密限制的。(1)它所要保存或恢复的是有着一定界限的某些制度上的思想习惯，即关涉到财产的自然权利方面的传统见解。因此它所保存的是关于资力、俭约、虚伪等资产阶级的品质。至于与制度有着附带关系的那些比较高贵的、绚烂的贵族品质，在企业生活习惯中是在任何程度上都没有予以重视的。此外如礼节与门第、阶级地位的虚荣、为了维持尊严的拘泥形式或者甚至宗教的热情,这些方面在企业生活中都是得不到发展的。(2)企业生活的锻炼对于人民中很大的一个部分,工人阶级的接触越来越松懈、稀少;因此对于这个阶级在机械操作锻炼下所养成的实事求是的倾向要加以矫正,或者甚至只是企图使它显著地有所减轻,已感到无能为力。

作为一个直接的锻炼因素,机械操作占了企业工作的上风,这是由于它所接触的是社会中较大的阶级,它在灌输它的思想习惯的特点时也比较地坚持不懈。有时为了技术上的原因,也曾试图使工业重回到比较古旧的方法,但任何这类企图似乎总是无望的,因为机械方法如果一天中止是企业所不能忍受的。机械方法在腐蚀着工人的心,恶化着工人的态度,但可以使企业家获得利润,这一点似乎就是问题的关键所在。要直截了当地折回到手工业,或者以任何相类方式使机器工业不复存在是谈不到的;虽然,作为企业活动的一个间接后果,部分地回到比较老式的工业方法也不一定没有可能。

企业原则和企业实践的间接的或附带发生的文化影响是广泛的,也是有力的。企业原则在人们的感情上占着特别有力的地位,他们感到这是真正善良的、正派的。因此在根本与企业无关的有些事业中,也以此为指导的准则、说服的依据。例如在教育制度中,就彻底地、完全地涌入了这个原则。这个原则是作为一个常识因素存在于“教育家”思想中的,因此每当考虑到训导计划时,就很自然地要强调“实用”这一点。“实用”的含义就是有助于个人的利得。不论在公立或私人资助的学校，如果发现了新的训育方针，就要把“实用”这一点搁在心上作为考察的标准；由此产生了虽然不是完全一致的、但是越来越明显的结果，使教导的内容收缩到限于这样一些专门知识，只是可以随时供作实际应用，而不是注意于有系统组织的知识的传授。这里的基本准则是求它如何有助于挣得收入。还有一个属性的准则，实际上是应用于对“文化”的学习有着自由放任余地的那些部分的，这就是养成学习者怎样以适当态度来使用他们所收入的教育上的适应性。因此不免是些半瓶子醋的成就。关于中等和高等学校的现有课程，哪些应该增入，哪些应该删除，目下有许多争论，实际上争论的内容总可以归纳到上述两种目的中之一，这样说的时候与一般论证并没有抵触，却说得很简单、明了。

在学校管理方面，也在很大程度上使用着企业方法；结果关于教师的工作、学生的修业方面都在实行着一种教育的会计制度；因此在这方面到处看到的是机械的常规，对于各种各式的才能都在进行着机械的测验。这样就降低了目的在于培养智力的主动创始精神和对事物要领的理性掌握这些方面的教育的价值。在这样的情况下得来的这类学识，对于思想习惯实在是一个障碍而不是一个帮助。由此所促成的是盲目的信服而不是理性的推究，因此是一个保守因素。

还有一层，在私人资助的学校中，企业家和企业方法加入到人事和管理工作中的越来越多。这是势所必然的，因为这些学校关于学生和捐款这两者都是居于竞争者地位的。这些学校的政策方针就必然要带上些竞争性企业的色彩；关于学样生活中的那些特点，凡是最足以吸引学生和施主的，就必然要格外着重。但是在这方面所认为最切要的一些特点，并不是跟这些学校的公开目的上所认为最有效的一些特点相同的。这就是说，在情势下认为必须达到的标准，并不是作为一个研究学问的学府的最高标准。这些学校出于情势的要求，使它们有必要装点成这样一种礼貌，造成这样一种舆论，从而可以博得财主们的青睐。这些财主就是企业家，绝大部分是上了年纪的人，众所周知，他们的性情一般是保守的，对于一切文化事物的态度如此，对于跟商务有关的那些设施的态度更加是如此。

在教育系统下还有一个影响更大的部门——虽然在技术上是不列入这个系统的——是包括报纸和杂志的各种定期刊物。这是企业的一个领域。企业原则在学校组织中的运用还只是从属性质的。而在这个领域内运用时则更加灵活自如，更加无所限制。

现在的定期刊物，不论是一天生命的或是别的，都是广告的媒介物。广告是作为一种企业的定期刊物的存在依据，虽然没有具体限制，广告是决定它的营业方针的。公家的和一些次要的宣传性质的定期刊物是这个通则的例外，还有科学性的期刊，在一个不定的程度上也可能在范围以外。出版的利润是从广告地位的出售而来的。至于从销售与订阅而来的直接收入，现已看作完全是一种附带的进项。寿命长短不同的各种定期刊物的出版者，他们的目的在于尽可能扩大刊物的销路，使刊物的广告页面可以经过尽可能多的读者的注目。如果别的情况不变，则发行量愈大，广告地位的市场价值也愈高。在这样发展下的最高度的刊物是美国的一类报纸，称为“独立的”报纸。这类刊物特别标榜着一种风格——

别的刊物不久也即在跟着学样——它们在新闻、评论、漫谈等一切的编辑工作中所念念不忘的是:刊出的应该是些什么样的报道,对于时事应该表示的是什么样的意见[①]。

作为一个编辑,他的首要任务是揣摩读者的心理,然后把他们所愿意相信的告诉他们。他就用这个方法来维持或扩充他的刊物的销路。他还有一个任务是要随时留意在刊物的报道或社论中所说的话,不可与广告客户的任何言论或公告内容相抵触或损及他们的地位或信誉,对于任何现在的或可能是将来的有价值的广告户,不可暴露他们的任何缺点或诈欺行为。他就用这个方法来增进刊物的广告价值[②]。结果是不论在刊物的报道栏或社论栏往往表现了极度的庸俗化。

在名义上居于情报采办者和舆论指导者地位的这种有组织的虚伪态度,在那些坚持真理、把拯救社会的希望寄托在真确情报的传播的一些人看来,也许要感到遗憾的。但是这种出于企业局势所需要的虚伪状态,就更深一层的文化效果而言,当然也可能是有益的,正同它相反的有害一样。实际上如果把"有益"作为指有利于对已有秩序的保持的话,它的效果完全可能是有益的,因为指导着这种虚伪状态的是一种愿望,是要避免对已有的思想习惯和成见、偏见的任何损伤。概括说来,一般报纸和杂志的虚伪状态似乎

① 这里使用"应该"这个字眼时,指的当然是在企业观点上的利害得失,不是道德上的拘束力量。

② 作为编辑人员的一个附带工作的是,如果发现了不管是什么特别富有吸引力的题材,而同时它的内容与广告户的利益又无所损害的,那就是他们显示创造才能的机会,就要大显身手,抓住这个题材大肆渲染了。

是一种保守的倾向。

定期刊物不但是新闻、舆论和忠言谠议的供应者，它也供给着时下文艺读物的大部分。在这个部分的工作中，也存在着同样的基本企业原则。努力的目标是不计任何代价争取扩大销路，借以增进广告地位出售时的净收益。杂志中的文艺作品对于广告页面的传达是有用的，从企业家的立场来看，作为一个企业事项，这一点就是文艺作品的唯一用途。

这种期刊文艺在优秀程度上的衡量标准似乎一般是取决于以下几点：(1)每一种刊物在设计时是有它一定的读者对象的，在每一个假定情况下，作品的内容必须与这个刊物所作为读者对象的社会阶层的兴趣、欣赏力以及与它最相接近的理解力相适应；(2)应该有助于对广告所提供各种服务与商品的兴趣的提高，应该能导使读者注意于这样一类的投资和消费，从而使特别是较大的广告户获得利益。至少它对于广告户的目的决不能有所妨碍。在社会享有盛名的杂志，对于在刊登广告的或将来可能诱使它刊登广告的任何形态的企业，决不能有不祥的语调，决不能从中泼冷水[①]。

总之，文艺作品的内容主要是要能够迎合这样一些为数众多的人的脾胃，这些人是有着花钱爽快的习惯的。成功的定期刊物作家是深切了解他们所服务的那个阶级的性格的；诸如作品内容怪僻、作风陈旧、理解错误、观察不够敏锐或表达不够有力等等可能会触犯那个阶级的情况，他们是善于趋避的。关于那个阶级在

① 有些大商行并不是十分积极的广告户，例如美孚石油公司、制糖公司等，对它们就不妨率直地加以谴责，实际上这也是一种巧妙的经营手腕，因为这样可以博得大众的同情，可以使人感到这个刊物的态度的不偏不倚，从而有助于刊物声望的提高。

艺术、道德、宗教或社会等等方面的观念上的爱好或成见，他们在作品的精神上也必须与它们一致。作为成功的定期刊物的服务对象的、也就是决定着刊物文艺的风格的那个阶级，是人民中的一个很大部分，他们的景况是相当优裕的。从文化意义上来说，这就是在守旧观点上、在装模作样的作风上、在势利态度上[①]深浅程度不同的、绅士气派的中产阶级。

一般说来，在这样方式下为了这样的目的所供应的文艺创作，它的保守性与矫饰气味的显著程度，比之与一般读者在感情的平均程度上相投合的，似乎还要略高一筹。这是由于以下的原因。有些读者守旧性的色彩比较淡，对于那种装腔作势、褊狭、势利等等的作风比较的不耐烦，他们在这方面是处于怀疑者和不满者地位的。他们对于在那个阶级中所认为对的、好的一切事物的信心比较的不拘泥，对于没有他们“高明的”那些人也曾经不愿意虚与委蛇，那些人因为比较无知，所以是必须迁就些的；而那些守旧观点比较牢固、讲究排场、趋炎附势的态度比较露骨的人，因为他们比较天真、率直，看到任何跟他们思想习惯不充分顺应的东西就要感到不能忍受而加以拒绝的。

由此产生的结果是，定期刊物文艺一般在风格上相当谨慎小心，与上流有闲阶级周旋的地方比较多，在措辞上、语调上比较与那个阶级相协调，对于现代文化中一些民众的革新，它不以为可的态度，比之它的读者一般的态度还有过之而无不及。因此这类文艺的

① 这里使用“势利”这个字眼时并没有不敬之意。有些人对自己已有的社会地位感觉到不及他所热烈向往的那样高或那样可靠。这个字眼只是作为一个方便的措辞，来表示这部分人士在追求排场、派头时那种性格的要点。

教育意义的倾向是保守的、调和的。文艺内容在智力和知识方面也不得不通权达变，保持在一个适度的低水准上；因为在这一点上，也仍然跟上面的道理一样，最容易取得谅解的是智力比较高、知识比较广博的那些人；这不但是由于只有这类人在这方面的态度上可以通融，而且是在实际上带着一些奉承的意味下得到这类人的默许的。从刊物的立场来说，博得广大读者的欢心是一个首要因素。

上述特征，在定期刊物作品中的有教育意义的部分尤为明显。这种含有教育意义的作品，带着类似艺术、类似科学的性质，出于营业要求的不得已情况，一般是便于读者中较弱的那一部分人的领受的，在无形中有着这样一种巧妙的暗示，认为对于所要灌输的一些内容，读者已经有了基础，因此只需借某些一般性的成果来加以证实。于是到处蔓延的是一些类似技术性的名词和异想天开的牵强附会。目下盛行的那些荒诞不经的动物故事以及关于工业操作的半神话性质的叙述说明了在这方面所造成的结果。

那些在广告营业机构监督下的文艺产品在技巧上是出色的，但在智慧和真正的创造力上是缺乏的。受到鼓励和培养的是讲求体裁和形式的巧妙、漂亮，是怎样用尖锐、辛辣的笔触来表达平凡的语言。这种文艺产物的基本特点是无伤大雅、无原则性，同时是意在使人受到感染的一种漫谈式的乐观态度，这种态度在风格、式样、主题的瞬息的千变万化中是一贯的。

因此可以相信，企业是使定期刊物文艺产生了一种有益的倾向的。它在不触目的情况下，有助于陈旧理想、实利主义、虚骄气质的维持不坠，它使爱国的观念、公平处世的愿望、挥霍的风气受到不断鼓励。

在企业原则支配下的文化锻炼，其间最大的、也是最有希望的一个因素是国家政策；说它是最有希望的，在于它是对破坏主义者的狂想的纠正者。关于企业政策的目的及其实际影响上面已经谈到，但是就这里所谈的一点而言，它的附带的、在锻炼上的影响也是同样重大的。企业利益对国家政策所迫切要求的是一个侵略政策，在这方面从中指引的就是企业家。这是一个好战的政策，也是一个爱国的政策。好战的企业政策的直接文化价值是显而易见的。它足以助长民众方面的守旧精神。当战争时期、不论什么时候在军事编制中以及在戒严令下，民权总是被抹杀的；战争气氛越浓厚，被抹杀得也就越彻底。军事训练是军纪高于一切、绝对的命令、无条件服从的训练。军事编制实质上是奴性的编制。反抗命令是死罪。这种军事训练越贯彻、越广泛，则社会成员对服从的习惯所受到的训练也越有效，那种在滋长中的轻视个人尊严的倾向、形成民主制度的主要弱点的，就可以获得转移。在这方面首当其冲的、受到最有决定性影响的当然是军人，但其余民众也并非置身事外，不过在程度上有差别而已。他们会渐渐地习惯于从战争的角度来看等级、权力、服从等等方面的问题，对于民权的受到侵犯会越来越觉得惯常。试看德国人民的性格在近来所发生的变化，就是一个例证①。

现代的战争政策在开始时是为了和平。目的在使商业得以正常进行。就它最初的动机而言，与十六、十七以及十八世纪的王朝

① 参阅，例如摩里士·来厄(Maurice Lair)《德国帝国主义》，特别是其中的第 2 章及第 3 章。在英国社会也可以看到思想上这种相类的变化。参阅霍布森《帝国主义》，特别是它的第 2 部分第 1 章及第 3 章。

的好战政策是有所不同的。但不管最初的动机或最后的目的怎样，在战争的追逐和以备战为当务之急的情况下，由此发生的在锻炼上的影响是差不多相同的。在以前情况下所追求的目标是战事上的称雄，是关于武装充实、军容整肃方面的高度声望；在另一个情况、现代情况下所追求的是金钱上的称雄，是关于商业资力方面的高度声望。但两种情况相同，在战争环境中，在武力夸耀的气氛中，由于胜利、失败或海陆军力的对比而引起的情绪上的激动，足以使已经衰弱的盲目爱国主义的热情，已经淡忘的理想，重新活跃起来。在同样手法下，这类情况可以导致群众的注意力不再集中于财富分配不均或生活需要等方面，而转向别的一些更加豪迈的、在制度上的危险性比较低的问题。战争气氛和爱国狂热足以使服从和传统威权那些陈旧的品质获得进一步巩固。习惯于好战的、以掠夺为目的的生活方式，是能够用来抵制由和平的工业和机械操作所促成的现代生活流俗化最强有力的锻炼因素，它能够使在衰退中的身份观念、等级不同的尊严感觉重新抬头。战争，以及由战时编制所带来的那种对统治与服从观念的重视，那种在尊严与体面方面划分等级的坚持不懈，始终证明是野蛮的思想方法的有效锻炼。

在这个方面，对于“社会不安宁”以及文明生活中相类的不稳状态，显然寄托着能有所纠正的希望。把那些古旧的品质、习惯，诸如忠诚、虔敬、顺服、不同等级的尊严、阶级特权、传统权利等等逐一恢复以后，可能大大有助于人民的满意和处理事务的顺手，在这一点上的确没有什么重大疑问。这就是一个兴奋的国家政策所寄托的希望。

有一点是很清楚的，战争经验和战争意识所带来的开倒车倾向，并不会倒退到天赋自由的制度。现代企业原则以及民权和立宪政治的现代体制是以自然权利为基础的。但谈到自然权利体系，它的性质是一个中转站。战争意识的培育还在自然权利之前，还要退到更加远的古老局势。它是专制政体、王朝政治、教会统治、少数人享有权利和光荣、平民处于屈从、卑贱地位这类情况下的产物。它所要恢复的并不是天赋人权；它所依据的是神的福祐，上天的恩惠。

基于忠诚和爱国这些古旧的品质，就必然要牵涉到一个国家或一个王朝的侵略和扩张，这些陈旧的意识现在并没有消亡。在衷心向往于世界市场的那些社会中，这类意识所表现的是企业家对外扩张商业的狂热。但一朝为了企业目的而开始了战争冒险政策以后，这类忠义的感情所集注的就必然由企业利益而逐渐移向战争或王朝的利益，这在德国和英国帝国主义历史中可以获得证明。最后结果是王朝的忠义和同仇敌忾的意识日趋活跃，而对企业利益则比较忽视。由这一点出发，很容易发展到为了更高的政治上的要求而甚至牺牲企业家的利润①。

战争和帝国主义政策的锻炼上的影响是兼有一种淘汰作用的影响的。战争不但要求着体格上的训练，而且会发生排除人口中某类成分的作用。一般的从军和军役活动，例如英国、美国以及其他一些文明国家所进行的，它的活动处所大都在低纬度地区，这对于欧洲民族并不是良好的栖息场所。属于那种白面金发血胤的似乎是机械工业的主要支持者，而低纬度地区特别不适宜于这类人

① 参阅霍布森《帝国主义》第 2 部分第 7 章。

的健康。结果军士的生活力和自然增殖率的降低，情况相当明显。在低纬度地区的兵役与在欧洲的情况不同，这类职业的危险性极大，实际上人口死亡率超过出生率。但在比较先进的工业国家，这种兵役是志愿的，英国和美国的情况更是典型的例子，这就是说，前往从军时，这种工作是出于他们自己选择的。这也就是说，这样选拔出来的人才是在对于这种以掠夺为目的的工作在精神上特别相适应的基础上自动地产生的；这些人，一般说来，比留在故乡为国内社会服务、增殖着本国人口的那些人有着更高度的古代未开化的精神、意志。同时由于军队和舰队中所配置的军官，大都是保守的有闲阶级的后裔或职业政治家阶级的子弟，因此关于军官，也有着同样性质的自然淘汰的效果。结果是人口中偏于保守的那个部分，就是在气质上与古旧制度下的状态与奴性体制最相契合的那个部分，在逐渐走向被淘汰、被排除的道路[①]。

① 曾有许多作家讨论到在古代、在现代通过战争所发生的淘汰性的效果。持久战争或好战政策，毫无疑问，总是要发生这样一类的效果的，在从前这一点曾成为一个严重的文化因素。大都认为这样的淘汰性结果，会使“最好的”人才受到毁灭。关于这样的见解，最有力的代言人或者要算是《国家生命的根源》的作者约旦（D. S. Jordan）。这里所谓“最好的”必须看作指的是在那个目的上最好的，而不一定是在其他目的上最好的。在这样的情况下，试以中国和犹太民族为例，对于扰乱和平分子的长期的——虽然在两个情况下并不都是密集的——淘汰的结果，使遗留下来的部分在某些方面固然有着高度效力（“好的”），但在战争方面却不是好的人才。但在目前时机下，北欧民族的情况跟这里所说的有些不同。从种族上来看，他们在战事上最有效力的人才，有很大部分似乎是属于白面金发的那种血统。一般说来，这类分子显然也比较具有工业上的创造力，在机械工艺和科学研究方面有着高度的才能。因此就这些民族来说，由于战事和兵役的淘汰性的影响，显然将使他们的战斗力、经营工业的能力和聪明才智同时有所降低；因此基于这种双重的、累积性的影响，民族力量的衰退，在他们那里将比较广泛、迅速。

这种使保守分子受到淘汰的结果,久而久之,将使每一个继起的世代的掠夺、好胜等等的气质逐渐退化,将使它在军事编制特有的奴性制度下生活时,越来越难以适应。但在目前以及最近的将来,没有什么疑问,关于社会精神、意志方面这种淘汰影响的势力,将为全神贯注于扩军备战的锻炼的相反趋向所大大超过。使情势有利于复古倾向的是老一辈军人带回到国内社会来的文化上的潜力。这些过去的斫轮老手,有着古老的品质,在群众眼光中是可敬的,他们在社会内感受性强的成员中,特别在年轻人中,是起着示范作用的①。

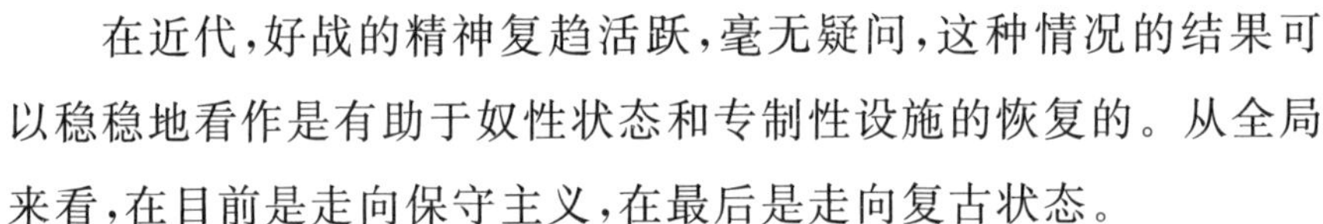

在近代,好战的精神复趋活跃,毫无疑问,这种情况的结果可以稳稳地看作是有助于奴性状态和专制性设施的恢复的。从全局来看,在目前是走向保守主义,在最后是走向复古状态。

利润的追求是以掠夺为目的的国家政策的起因。积聚了大宗财富以后,一方面将促使政府扩大编制,把累积的部分拿到手,另方面将为使用这些收入造成广大、显著的机会;这就是说,由此形成的是重武力的、高压的国内政治,带着些帝国的宫廷生活的风味,崇尚的是一个王朝的尊严气象,一个朝廷的繁文缛节。这并不

① 这些前辈老手们,一方面有着古旧的品质,一方面也有着在和平的文明社会中已逐渐成为陈迹的一些比较顽固的恶习。例如酒色上的放荡、出乎寻常的残暴、过度的蛮横任性等等,这些在文明社会生活中几乎是无可名状的或不可能有的行为,而在军队中是司空见惯、无可责难的。出于事理之自然,这些是同军役分不开的。军役往往使退役军人成为在体格上、智力上以及道德上的病弱者(年金局的纪录可以为证)。但是这些勇敢的人们,由于献身于国家和企业利益,走上了疾病和腐化的道路,对于他们在军役中带来的一些比较不体面的习性是不必过分指责的。还有一层,对于这类积久形成的恶习不必蓄意非难,因为这些也是属于保守方面的,是远古的遗风,是有来历的,因此一般地说,在文化上的意义是有益的。

是一个道学家的幻想，这是一个正常的企业论证，因为这是跟为企业家自己着想的企业利益所趋向的政策相一致的。如果一个国家的（那就是说一个王朝的）雄图大略以及它在战争上的目的、成就、炫耀和锻炼占据了社会生活的很大部分，同时厉行着强制的警察监视制度，那就有很大希望，可以把机械锻炼下发生的使传统制度渐趋于崩解的倾向加以纠正。在偏重身份、地位、忠诚、特权、专断等的政体下，将使制度上的发展回向古旧的传统方式，使文化结构有一种尊严、稳定的气象，这就是不但在社会主义幻想以前、而且也在自然权利观念高涨以前的情况。于是跟着这种古旧的政体而来的其他的一些精神状态大致也将恢复；唯物论的怀疑主义可能要向浪漫主义的人生观让步，而科学家与民众一样，对于现在已在摒弃中的超自然作用的信仰，或者又将复活。当尚武、好战的空气弥漫全国的时候，对宗教的信仰或者又将趋于炽烈，人们对于眼前和将来的遭遇，或者又将乞助于神力，以求得心地的宁静。

但信仰的虔诚，宗教的尊严，跟机械工艺既无所关涉，跟现代科学、跟企业经营也没有联系。现在被企业社会所推进的侵略政策和贵族政治理想，如果获得自由发展，它的必然的结果是，使现代与过去时代有所区别的那些文化特征将不复存在，而企业自身也将趋于衰落[①]。

至于这一个转折点的到来究竟迫近到什么程度，这要看在侵略政策下那种不合科学的、不合企业原则的锻炼胜过机器工业的锻炼到什么程度而定。说是机械工艺和物质科学地进行会干脆地

① 参阅上面第8章。

被抹杀，这是很难相信的，其中的一个理由是，任何社会在文化上丧失了这类要素以后，将失去它对抗敌人时的物质上的暴力。但是另一方面，当走入了企业和一个王朝的侵略政策这个死胡同以后，通过这一过程，唯物主义的精神将趋于消亡，任何一个基督教国家对这一点将如何避免，也是同样难以想象的。这两个相反的动力最后是哪一个占优势，只有天知道；但就可以想得到的将来的局面而言，似乎总不出于这两者之一。似乎可以说到这样为止，企业的全盛统治是昙花一现的统治。两个背道而驰的文化倾向不论哪一个占上风，结果企业总不能免于失败，因为它同两者的优势都是不相容的。

图书在版编目(CIP)数据

企业论/(美)凡勃伦著;蔡受百译.—北京:商务印书馆,2017
(汉译世界学术名著丛书:120年纪念版:珍藏本)
ISBN 978-7-100-14091-1

Ⅰ.①企… Ⅱ.①凡… ②蔡… Ⅲ.①企业经济—经济理论 Ⅳ.①F270

中国版本图书馆CIP数据核字(2017)第138720号

汉译世界学术名著丛书
(120年纪念版·珍藏本)
企 业 论
〔美〕凡勃伦 著
蔡受百 译

商 务 印 书 馆 出 版
(北京王府井大街36号 邮政编码100710)
商 务 印 书 馆 发 行
南京爱德印刷有限公司印刷
ISBN 978-7-100-14091-1

2017年12月第1版 开本 710×1000 1/16
2017年12月第1次印刷 印张 16¾
定价:80.00元